Thomas Bannenberg

Der Leitfaden
für freie unterrichtende, beratende und therapeutische Berufe
(Vierte, vollständig überarbeitete Auflage)

Kurztitelaufnahme der Deutschen Nationalbibliothek

Bannenberg, Thomas: Der Leitfaden
für freie unterrichtende, beratende und therapeutische Berufe.
– 4. vollständig überarbeitete Auflage, 2014 – ISBN 978-3-927400-05-4 – PB.

Stand April 2014

www.leitfaden-online.de

Umschlaggestaltung und Satz: Bannenberg Verlag, Heidelberg
Druck: leibi-druck, Neu-Ulm
Printed in Germany

ISBN 978-3-927400-05-4

ClimatePartner °
klimaneutral
Druck | ID: 53247-1207-1001

Thomas Bannenberg

Der Leitfaden

für freie unterrichtende, beratende
und therapeutische Berufe

www.leitfaden-online.de

Bannenberg Verlag, Heidelberg

Vorwort zur vierten Auflage

Wege gibt es viele – welchen wollen Sie gehen?

Eine selbstständige Tätigkeit zu beginnen, gehört sicherlich zu den besonderen „Abenteuern des Lebens" und stellt uns vor Herausforderungen, die nur zum Teil planbar sind. Aber wir können durch einen solchen Schritt auch viel über uns selbst erfahren und erleben. Gerade für Menschen, die ihr Hobby zum Beruf machen wollen oder ihrer Berufung folgen, ist dieses Buch „Der Leitfaden" gemacht. Er soll eine Hilfe sein im „bürokratischen Dschungel", eine Anleitung zum Anfangen und zum Durchhalten.

Vor allem aber möchte „Der Leitfaden" ein Mutmacher-Buch sein für diejenigen, die ihren Traum leben möchten.

Die Idee, die Sie bewegt, hat die Kraft, alle Widrigkeiten zu überwinden. Damit Sie bei der Umsetzung nicht an Gesetzen oder Vorschriften scheitern, und damit Sie nicht in allen Bereichen „das Rad neu erfinden" müssen, gibt Ihnen dieser „Leitfaden" als Lesebuch Ideen und Anregungen zur Inspiration.

Ebenso kann er Ihnen als Nachschlagewerk bei der täglichen Arbeit helfen.

Wege gibt es viele – entscheidend ist, dass Sie Ihren eigenen gehen.

Und eine Kollegin gibt dazu den Rat:

Starte langsam, denn die Richtung ist wichtiger als die Geschwindigkeit.

In diesem Sinne wünsche ich Ihnen viel Freude bei Ihrem Tun - und viel Erfolg!

Ihr Thomas Bannenberg

Zum Gebrauch des Leitfadens

Wir wollen Ihnen die Übersicht beim Lesen und Nachschlagen im Leitfaden erleichtern.

„Lebenskunst", „Angebot" oder „Dienstleistung" sind Ausdrücke, die Sie im Text häufig antreffen werden. Damit haben wir versucht, all die unterschiedlichen Techniken und Übungsweisen zusammenzufassen, die Sie im Unterricht, in der Beratung oder Therapie weitergeben, wie zum Beispiel Taijiquan, Qigong, Tanz, Feldenkrais, Autogenes Training, Meditation, Rolfing, Yoga, Kunst-, Musik-, Mal- und andere Therapien, Sprachunterricht, Coaching, Training und die vielen anderen möglichen Tätigkeiten. Alle in den Beispielen genannten Namen von Personen oder Einrichtungen sind absolut frei erfunden und dienen lediglich der Anschaulichkeit. Die Ortsbezeichnungen sind auf keinen Fall Ausdruck irgendwelcher negativer Vorurteile, im Gegenteil.
Die deutsche Sprache hat einen wunderbar grossen Wortschatz, der hilfreich ist, um in einer schriftlichen Vermittlung Klarheit zu schaffen. Dazu gehört auch die Möglichkeit, Menschen nach ihrem Geschlecht unterschiedlich zu benennen. Manchmal wurde darauf allerdings verzichtet. Dies geschah nicht in der Absicht oder mit dem Hintersinn, jemanden wegen des Geschlechts zu benachteiligen oder zu bevorzugen. Im Gegenteil ging es vor allem um eine flüssig lesbare Darstellung der manchmal recht komplexen Zusammenhänge. Speziell in manchen zitierten Vorschriften oder Paragraphen haben wir die männliche Form belassen, auch wenn das Gesetz nicht als wörtliches Zitat gekennzeichnet ist. Dadurch wird manchmal der „Charakter" oder treffender: der Zeitgeist des Gesetzes besser erkennbar. Ansonsten gilt natürlich ganz grundsätzlich: Frauen und Männer sind gleichwertige Menschen und als solche sehr unterschiedlich. Diese Unterschiede respektieren wir und niemand sollte für Geschlecht, Rasse oder irgendeine andere Zugehörigkeit benachteiligt werden. Sollte sich beim Lesen trotzdem jemand so fühlen, so bedauern wir das sehr. Natürlich kann der Leitfaden nicht den individuellen Rat der Fachleute aus Steuer-, Rechts- und Unternehmensberatung ersetzen. Wenden Sie sich deshalb mit Ihren speziellen Fragen an entsprechende Stellen. Einen Überblick über Kontaktmöglichkeiten finden Sie unter anderem im Anhang.

Kapitel 1   *Richtig Anfangen!*

**Wege gibt es viele –
welchen wollen Sie gehen?**

Von der Idee zum Konzept

Vom Konzept zum Plan

**Die ersten Schritte sind für
alle gleich**

- Behördlich anmelden
- Gewerbe oder freier Beruf
- Namensgebung

**Exkurs
zum Heilen und Therapieren**

Das ausführliche Inhaltsverzeichnis finden Sie „ganz hinten" ab Seite 202.

Kapitel 2 *Gründen, Erfolgreich sein und bleiben*

①
Rechtsform der Unternehmung

Von Allein bis Verein

Seite 32 bis 35

②
Scheinselbstständig?

Seite 36

③
Gründen mit Plan und Fördermitteln

Seite 36 bis 42

④
Wie komme ich zu „meinem Preis" und wieviel muss ich arbeiten?

- Kalkulation
- Preisfindung
- Marktakzeptanz

Seite 43 bis 49

⑤
Der Idee Raum geben

Ab wann brauche ich eigene Räume, wie gross und wo?

Seite 50 bis 56

⑥
„Helferlein"

Von Mitarbeiter, Mini-Jobbern und angestellten Ehepartnern, Betriebsnummer und Berufsgenossenschaft

Seite 56 bis 59

⑦
Wieviel BWL darf's sein?

Seite 60 bis 71

⑧
Zum Mitreden

Betriebswirtschaftliche Begriffe

Seite 71 bis 73

Das ausführliche Inhaltsverzeichnis finden Sie „ganz hinten" ab Seite 202.

Kapitel 3   *Marketing ist (fast) alles*

①

**„Für die will ich's tun" –
Zielgruppen**

- Welche Angebote wann und wo?
- Eigene Praxis, Studio, Schule – wo?

Seite 77 bis 81

②

**Die eigene Website –
Marketing-Tool Nr. 1**

- Möglichkeiten Website
- Daran müssen Sie denken
- So kommen Sie zur eigenen Website

Seite 81 bis 85

③

Texte und Flyer

- Werbe-Texte schreiben
- Bessere Wirkung bei Anzeigen und Flyern
- Flyer und Plakate erstellen, drucken, verteilen

Seite 85 bis 89

④

**Werbung nicht erlaubt –
Werbung erlaubt!**

Seite 89 bis 90

⑤

**PR – Presse-Informationen
und Anzeigen**

- Besser mit Artikel und Bild in der Zeitung
- Pressemitteilungen schreiben
- Anzeigen in Print-Medien

Seite 90 bis 93

⑥

Gutes für Ihr Marketing

Eine Auswahl hilfreicher Marketing-Massnahmen und Aktionen

Seite 93 bis 99

⑦

Therapie- oder Beratungspraxis

Seite 100

⑧

Kursorganisation

Seite 100 bis 104

Das ausführliche Inhaltsverzeichnis finden Sie „ganz hinten" ab Seite 202.

Kapitel 4   *Hilfe, ich mache Gewinn?!*

①

Gewinnermittlung

E – A = G

Einnahmen – Ausgaben = Gewinn

Seite 109 bis 110

②

Buchführung, ganz einfach

Seite 110 bis 114

③

Betriebsausgaben

Alle Ausgaben, die Sie geltend machen können

Seite 115 bis 136

④

Grosseinkäufe für's Geschäft

GwG und AfA

Seite 136 bis 141

⑤

„Gast-Arbeiter"

Als Deutsche/r im Ausland, als Ausländer in Deutschland

Seite 141 bis 143

⑥

Grenzen und Konsequenzen

Von Übungsleiterpauschale bis Umsatzsteuer

Seite 143 bis 147

⑦

Kein Stress mit dem Finanzamt

Seite 147 bis 158

⑧

Private Tipps

Handwerkerrechnungen, Kinderbetreuung, Umzug

Seite 158 bis 159

Das ausführliche Inhaltsverzeichnis finden Sie „ganz hinten" ab Seite 202.

Kapitel 5 *Versicherungen?!*

Rentenversicherung

Rentenversicherungspflicht
und private Altersvorsorge

Krankenversicherung

Gesetzlich oder privat

Von sinnvoll bis überflüssig

Berufsunfähigkeit

Unfallversicherung

Berufs-Haftpflicht

Betriebs-Haftpflicht

Betriebsversicherung

Rechtschutzversicherung

**Tipp für angemeldete
Teilnehmer**

Das ausführliche Inhaltsverzeichnis finden Sie „ganz hinten" ab Seite 202.

www.leitfaden-online.de

Auf dieser Website zum Buch informieren wir Sie laufend und aktuell über Änderungen bei Gesetzen und Vorschriften, die nach dem jeweiligen Redaktionsschluss erfolgten. Hier finden Sie zusätzliche und für Sie interessante Informationen aus den Bereichen Kurse, Seminare und Unterricht, Beratung und Therapie.

Downloads zum Buch

Im Download-Bereich auf der Webseite zum Buch www.leitfaden-online.de finden Sie verschiedene Kopier-Vorlagen und Verträge zum kostenlosen Herunterladen.

Kostenloser Newsletter

Sie können unseren Newsletter auf **www.leitfaden-online.de** kostenlos abonnieren. So erfahren Sie immer direkt und zeitnah von wichtigen Änderungen und erhalten interessante Tipps und Informationen bequem per eMail zugeschickt. Ihre Mailadresse wird von uns nicht weitergegeben und ausschliesslich für den Versand des Newsletters verwendet. Ihre Anmeldung geschieht über eine besonders gesicherte Datenleitung (ssl).

Haftungsausschluss

Alle Kapitel wurden nach bestem Wissen recherchiert und bearbeitet. Die Inhalte dieses Leitfadens können jedoch nicht die individuelle Beratung und Information durch Fachleute, insbesondere der Rechts- und Steuerberatung, ersetzen. Für den Inhalt und dessen Übertragung auf eine individuelle Situation übernehmen Autor, Herausgeber und Verlag keine Haftung. Bei Unklarheiten über Ihre konkrete Situation in steuerlichen und rechtlichen Fragen wenden Sie sich bitte an entsprechende Fachkräfte. Vielen Dank.

Rechtschreibung

Die Texte dieses Buches entsprechen der internationalen deutschen Rechtschreibung und verzichten auf das „ß".

Richtig Anfangen!
Das sollten Sie bedenken und tun, wenn Sie loslegen wollen

In diesem Kapitel behandeln wir die Fragen, die sich am Anfang stellen: Wie entwickelt man ein Konzept der Tätigkeit (und für wen braucht man so etwas?), wie steht es um die eigene Qualifikation und Ausbildung, was muss wo angemeldet werden vor Aufnahme der Tätigkeit, was muss man bei der Namensgebung für das eigene Geschäft beachten und noch einiges mehr.

Für einen ersten schnellen Überblick nutzen Sie die Grafik auf Seite 14, die den Weg von der Idee bis zur konkreten Umsetzung aufzeigt.

Suche Dir eine Arbeit, die Du liebst –
und Du musst nie mehr arbeiten.

Lao Tse

Kapitel 1 im Überblick:

1 Wege gibt es viele –
welchen wollen Sie gehen?

Seite 15 bis17

2 Von der Idee zum Konzept

Seite 17 bis 21

3 Vom Konzept zum Plan

Seite 21 bis 24

4 Die ersten Schritte sind für
alle gleich
- Behördlich anmelden
- Gewerbe oder freier Beruf
- Namensgebung

Seite 24 bis 27

5 Exkurs
zum Heilen und Therapieren

Seite 27 bis 29

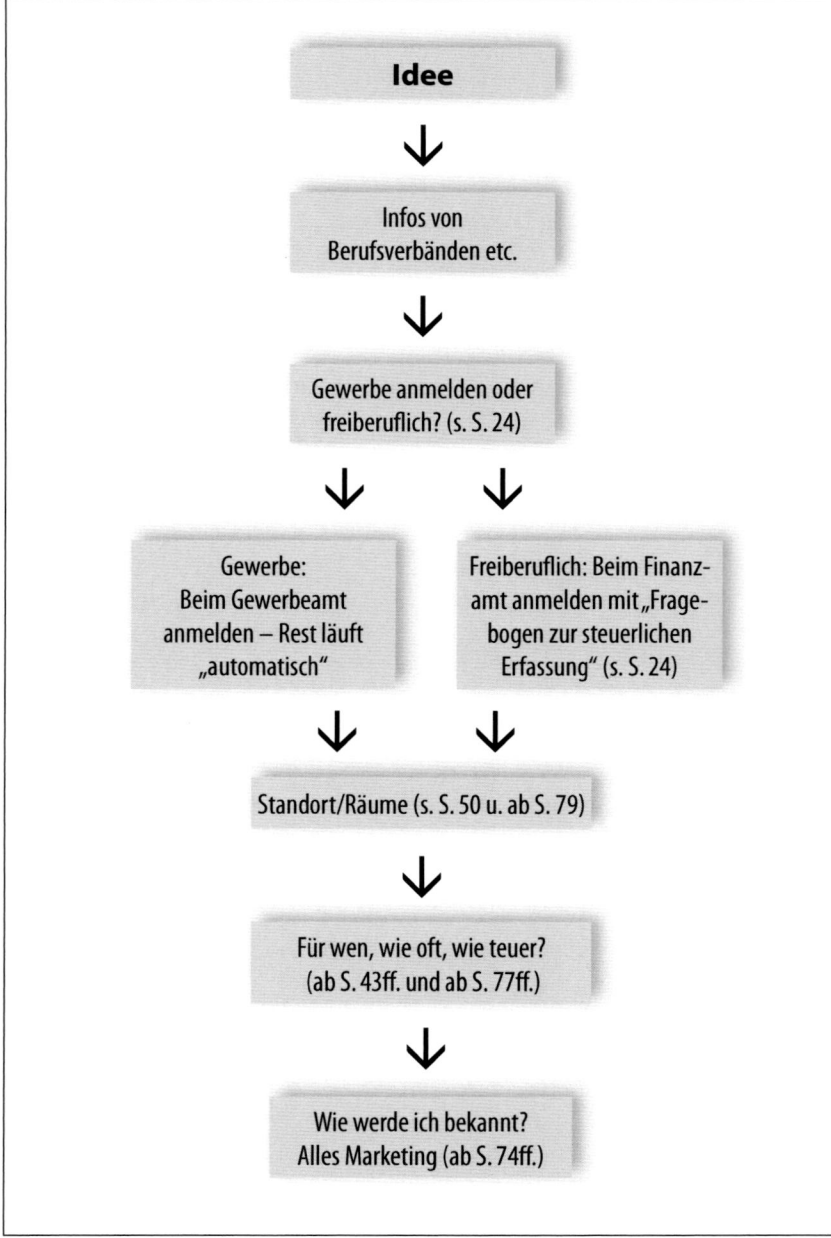

Wege gibt es viele – welchen wollen Sie gehen?

Natürlich können Sie „einfach loslegen" mit Ihrem Angebot in Unterricht, Beratung oder Therapie. Es ist jedoch sinnvoll, wenn Sie sich im Vorfeld klar werden über Ihre Motivation und Ihre Vorstellungen, über Ihre Möglichkeiten und Stärken. Benutzen Sie dazu die nachfolgenden Fragebereiche. Denn diese können dann die Grundlage bilden für Ihr Konzept, für Ihr Marketing, kurz, für die Ausrichtung und Orientierung Ihrer gesamten selbstständigen Tätigkeit. Nehmen Sie sich ein wenig Zeit für das Durcharbeiten. Vielleicht nutzen Sie dazu einen freien Tag. Antworten Sie auf die einzelnen Fragen eher spontan. Seien Sie aufrichtig sich selbst gegenüber – denn egal, was Sie als Ergebnisse Ihrer Überlegungen aufschreiben: es wird Ihnen nützen!
O.k., sind Sie bereit? Dann geht's los!

„Was ich bin und was ich will"

Frage 1: Wer bin ich?
(Antworten Sie spontan und schreiben Sie – auch unstrukturiert – alles auf, was Ihnen bei dieser Frage einfällt.)

_____

_____

Was sagen meine Freunde und Familie, wer ich bin?

_____

_____

Frage 2: Was bin ich?
(Und wieder spontan und unstrukturiert alles aufschreiben, was Ihnen einfällt.)

_____

_____

Was sagen meine Freunde, was ich bin?

_____

Frage 3: Was ist Ihnen wichtig (in Ihrem Leben und bei Ihrem Tun)?

_____

_____

_____

_____

Frage 4: Was lieben Sie?

_____

_____

_____

_____

Frage 5: Was fällt Ihnen leicht?

_____

_____

_____

_____

Frage 6: Was ist Ihnen wichtig in Bezug auf Ihre Lebenskunst, Beratung oder Therapie?

_____

_____

_____

_____

Frage 7: Was ist Ihnen wichtig in der Vermittlung Ihrer Lebenskunst, Beratung oder Therapie?

_____

_____

_____

Können Sie den Inhalt Ihrer Antworten aus den Fragen 6) und 7) in ein oder zwei Sätzen zusammenfasssen? Dann hätten Sie einen zutreffenden „Leitsatz" für Ihr Angebot. Siehe dazu auch „Das Konzept" auf Seite 21 in diesem Kapitel.
Bewahren Sie die Antworten auf diese sieben Fragen auf, Sie werden sie beim Konzept und beim Marketing (s. Kapitel 3) wieder brauchen.

Von der Idee zum Konzept

Klären Sie nun im zweiten Schritt die folgenden, eher pragmatischen Fragen zum Beginn einer selbstständigen Tätigkeit.

Was wollen Sie?

Unterrichten, therapieren oder beraten, klar. Was ist dabei Ihre Absicht? Was wollen Sie bewirken? Und mit welchem Ziel? Wollen Sie Ihre Dienstleistung nebenberuflich, also neben einem anderen (Haupt-)Beruf ausüben oder wollen Sie dies hauptberuflich und dann – in den allermeisten Fällen zwangsläufig – selbstständig tun? Sicher wollen Sie kein kostenloses Angebot machen. Aber wissen Sie schon, wie Sie dann die Höhe Ihres Honorars kalkulieren? Mehr dazu finden Sie im nächsten Kapitel.

Wo stehen Sie in Ihrem privaten und beruflichen Umfeld?

Wie viel Zeit bleibt Ihnen neben Familie, Partnerschaft und Ihrer sonstigen beruflichen Tätigkeit?
Wie steht Ihre soziale Umgebung zu Ihrer Idee, selbstständig zu unterrichten, zu beraten oder eine therapeutische Praxis zu eröffnen?
Klären Sie diese Fragen für sich und besprechen Sie Ihr Vorhaben mit Ihrem Partner/Ihrer Partnerin beziehungsweise der Familie. Bedenken Sie, dass Sie gerade in der Anfangszeit in Ihrem privaten Umfeld Rückhalt und Unterstützung gut gebrauchen können. Und – gegen familiäre Widerstände lässt es sich auf Dauer nicht erfolgreich arbeiten.

Ab wann wollen Sie wie viele Kurse, Seminare, Sitzungen oder Beratungen anbieten?

Auch wenn Sie vielleicht im Moment noch gar keine Kontakte geknüpft haben zu Veranstaltern wie der örtlichen Volkshochschule, einem Bildungswerk oder zu therapeutischen Einrichtungen, erstellen Sie für sich einen Zeitplan. An welchen Tagen sind Sie vor- und/oder nachmittags, wann abends frei, um überhaupt Kurse oder Beratungen geben zu können? In welchem Umfang wollen Sie Ihre Dienstleistung anbieten? Allein oder mit anderen? Wollen Sie nur für Veranstalter tätig werden oder selbst Kurse organisieren? Mehr dazu lesen Sie unter „Kursorganisation" im Kapitel „Marketing ist (fast) alles".

> Ihr erster Schritt in die Selbstständigkeit lautet also:
> Ziele klären und – am besten schriftlich – formulieren.

Erstellen Sie einen Terminplan für Ihre Aktivitäten, in dem Sie festhalten, wann Sie was erledigen beziehungsweise angehen wollen. Hier halten Sie auch Vorstellungstermine bei möglichen Kooperationspartnern, Multiplikatoren und bei den Veranstaltern vor Ort (VHS und andere Bildungsträger) fest.
Bis wann wollen Sie die einzelnen Schritte erledigt haben und wann soll Ihr erster Kurs, Ihre erste Sitzung oder Beratung stattfinden?

▶ **Hinweis:** Nachfolgend Anmerkungen und grundsätzliche Überlegungen, was „das Selbstständig sein" angeht. ◀

„Als Selbstständige/r müssen Sie viel arbeiten"

In fast allen Büchern und Broschüren zur Existenzgründung wird eine Bereitschaft zu 60-80 Stunden Arbeit in der Woche gefordert. Der Autor dieses Buches hält das für einen Mythos. Die Quantität sagt noch nichts über die Effizienz und Qualität aus. Sicher müssen Sie in den ersten Monaten der Selbstständigkeit mit überraschenden Aufgaben oder Problemen rechnen, die zusätzlichen Einsatz erfordern. Kalkulieren Sie deshalb Ihren Zeitbedarf realistisch und mit „Puffern", aber achten Sie auch auf Ihre Regenerations- und freien Zeiten. Und Sie müssen nicht alles selber und alleine machen. Tun Sie das, was Ihnen leicht fällt. Und alles andere lassen Sie idealerweise von Menschen erledigen, denen das leicht fällt, was Ihnen schwer vorkommt. Warum sollten Sie sich mit der Erstellung einer Tabellenkalkulation quälen, wenn das jemand in Ihrem Umfeld gerne „mal schnell" für Sie erledigt? Warum wollen Sie unlustig über Buchhaltungsaufgaben sitzen, wenn das für relativ wenig Geld jemand professionell übernehmen kann? Mediengestalter und Grafiker kosten vielleicht Geld, aber sie werden Ihnen eine Anzeige und einen Flyer gestalten, der Beachtung findet, weil diese Fachleute wissen, worauf es ankommt. Tun Sie möglichst nur das, was Ihnen leicht fällt. Das wird Ihre eigentliche Tätigkeit sein – und damit werden Sie erfolgreich sein.

„Gibt es genug potentielle TeilnehmerInnen, KlientInnen und Interessierte an meinem Angebot? Und wieviel andere, die die gleiche oder eine ähnliche Dienstleistung anbieten?"

Grundsätzlich kann man sagen: Wo es schon 94 ähnliche Angebote gibt, ist auch noch Platz für das 95. Aber ein Markt kann natürlich auch „übersättigt" sein, das heisst, zu viele gleiche oder sehr ähnliche Angebote konkurrieren um eine stagnierende Anzahl von Interessierten. Spätestens in einer solchen Situation müssen Sie sich deutlich profilieren und das Besondere gerade Ihres Angebotes herausstellen. Wie Sie das machen können, lesen Sie im Kapitel „Marketing ist (fast) alles?!" Wo Ihr Angebot (Technik, Lebenskunst, Therapieform oder sonstige Dienstleistung) noch gänzlich unbekannt ist, müssen Sie dagegen zuerst einmal aufklären, informieren und neugierig machen. Denn leider zieht nicht jedes Angebot auch gleich eine Nachfrage nach sich. Grundsätzlich ist es also gut, wenn Sie einige andere Anbieter am Ort haben, aber genügend Interessierte, so dass auch Ihr Angebot angenommen wird.

„Muss ich Marktforschung machen?"

Das klingt nach grossem Aufwand und teuren Spezialisten. Für unsere Belange geht es darum, dass Sie herausfinden, wer und wie viele insgesamt am Ort oder in der Region das Gleiche oder etwas Ähnliches wie Sie anbieten. Zu welchem Preis geschieht dies und in welchen Räumen? Wie wird dafür geworben und wie ist deren Resonanz? Was schreibt die Presse darüber und was sagen „die Leute" dazu? Wenn es kein vergleichbares Angebot zu Ihrem gibt, so versuchen Sie, die Preise mittelbar festzustellen. Also: Was sind die Leute am Ort bereit, für ähnliche Angebote zu zahlen? Das kann für Unterrichtsangebote bedeuten, dass Sie sich erkundigen, was privater Gesangsunterricht, Tanz-, Reit- oder Tennisunterricht kosten. Für Beratungs- und Therapieangebote gehen Sie entsprechend vor. Dazu kommen Abfragen beim statistischen Landesamt (die meisten Landesämter haben die Webadresse www.statistik.bundesland.de, manche weichen jedoch davon ab. Stichwort für die Suchmaschine: statistisches Landesamt), denn dort können Sie alle möglichen weiteren, relevanten Daten abfragen: wieviel wird in Ihrer Region verdient, wie hoch ist das Durchschnittseinkommen, die Zahl der Erwerbslosen, Rentner, Kinder, das Durchschnittsalter, Haushaltsgrössen uvm. Aus diesen Daten können Sie je nach Ausrichtung Ihres Angebotes einiges ableiten und für Ihre weitere Planung nutzen.

„Neugründungen/Schliessungen"

Diese können ein Indikator für Potential am Ort sein, müssen es aber nicht. Wie oben schon erwähnt, können durchaus mehrere Angebote nebeneinander bestehen, wenn die Nachfrage gross genug ist. Hat eine Schule oder Beratungspraxis geschlossen, muss das auch nicht unbedingt bedeuten, dass dieses Angebot am Ort „nicht läuft". Hier wäre es hilfreich, mehr über Art, Umfang und Stil dieses Anbieters zu erfahren. Wo wurden dessen Kurse oder Beratung angeboten? Ist die Schliessung vielleicht nur deshalb geschehen, weil der/die InhaberIn weggezogen ist? Und – versuchen Sie auch, aus den Fehlern anderer zu lernen.

Beispiel: Ein Yoga-Lehrer hatte über viele Jahre am Ort nur drei Kurse angeboten. Als er sich zur Ruhe setzen wollte und dem Autor die Kurse übergab, begannen im Einzugsgebiet der südwestdeutschen Kleinstadt mit etwa 34.000 EinwohnerInnen zeitgleich (!) mit dem Autor noch vier andere Yoga-Lehrerinnen Kurse zu geben. Nach zwei Jahren gab es mit ihm insgesamt acht Yoga-Lehrende, die Kurse und Seminare anboten. Allerdings klagte niemand über geringe Nachfrage. Im Gegenteil: da sich die einzelnen Stile und zeitlichen Angebote stark unterschieden, arbeiteten alle AnbieterInnen gleichermassen erfolgreich mit vollen Kursen. Konkurrenz belebt eben nicht nur das Geschäft, sondern kann eine latent vorhandene Nachfrage sogar noch steigern. Erreichte der Yoga-Lehrer des Autors über Jahre nur jeweils vierzig Übende, kamen die anderen nach zwei Jahren in allen angebotenen Kursen am Ort bereits auf über vierhundert Übende!

„Du kannst machen, wozu Du Lust hast", *sagt Arel Moodie, ein junger amerikanischer Unternehmer, der „Unternehmer sein" lehrt. Zitat aus der Zeitschrift „impulse" (Heft April 2012): „Selbstständiger Unternehmer sein, bedeutet für mich, die Probleme anderer Leute zu lösen – und damit Geld zu verdienen. Sie sollten also nicht nach einmaligen Möglichkeiten suchen, sondern nach Problemen. Deren Lösung ist dann die einmalige Möglichkeit!"*

Erstellen Sie Ihr Konzept

Wie Sie es nennen, ist nicht so wichtig: Konzept, Geschäftsplan oder „neu-deutsch"
Business-Plan. Der Inhalt ist entscheidend und soll zuerst einmal Ihnen selbst hel-
fen, den Überblick zu bekommen und zu behalten. Natürlich ist ein schriftliches
Konzept bzw. Geschäftsplan bestens geeignet, um Ihre Idee anderen vorzustellen.
Damit Sie alles Wichtige berücksichtigen, können Sie sich an den nachfolgenden
Punkten orientieren. Je nach Ihrer Ausgangslage (Gründungszuschuss durch die
Agentur für Arbeit oder Anträge für andere öffentliche Fördergelder, mehr dazu
s. Kapitel 2) können Sie aufgefordert werden, weitere Punkte in Ihren Plan mit
aufzunehmen.

Tipp: Erstellen Sie Ihr Konzept nicht nur einmalig zu Beginn Ihrer selbstständigen
Tätigkeit. Überprüfen Sie sich selbst daran immer wieder, mindestens einmal
besser zweimal jährlich; sind Sie auf dem geplanten Weg vorangekommen, wo
möchten Sie korrigieren? Was hat sich an den Rahmenbedingungen im Laufe der
Zeit geändert? Konnten Sie reagieren?

Das Konzept – der Geschäftsplan

Die nachfolgenden Fragen 1) bis 4) sollten Sie auf jeden Fall beantworten und
zwar unabhängig davon, ob Sie Ihr Konzept Dritten vorlegen müssen oder nicht.
Und gerade dann, wenn Sie zunächst „nur im Kleinen" anfangen wollen sollten
Sie die Fragen beantworten. Denn dadurch können Sie sich selbst mehr Klarheit
verschaffen und Ihre Position finden.
Die Fragen 5) bis 8) sind notwendige Bausteine für einen Geschäftsplan, wenn
dieser auch Banken oder anderen Stellen vorgelegt werden soll.

1. Kurzbeschreibung des Projektes/Vorhabens
Skizzieren Sie auf max. einer halben A4-Seite Ihre Geschäftsidee (Was wollen Sie
anbieten?) und erläutern Sie Ihre Hauptmotivation (Was bewegt Sie, genau das
anzubieten?). Hierhin gehört auch Ihr Leitbild oder Ihr Leitsatz, den Sie ableiten
konnten aus den Antworten zu Frage 6 und 7 aus dem ersten Fragebereich („Was
ich bin und was ich will") auf Seite 15.

2. Anvisierte Zielgruppe(n)
Für wen wollen Sie vor allem tätig werden? An wen wollen Sie sich wenden?
Für Ihre Vorüberlegungen können Sie auch bedenken, für wen Sie auf keinen
Fall arbeiten wollen, aber das schreiben Sie natürlich nicht in Ihre schriftliche
Ausarbeitung des Konzeptes. So ergeben sich schon erste Überlegungen für Ihr
späteres Marketing: Wie kann, wie muss diese Zielgruppe angesprochen werden?

Wo kann ich sie erreichen? Welchen Standort müssen Sie wählen, damit Sie Ihre Zielgruppe erreichen und von ihr gefunden werden können?

3. Vorteile Ihres Angebotes – Nutzen für Ihre Kunden (s. Frage 5, S. 16)

Beginnen Sie mit Ihren Antworten auf die folgenden Fragen:
Was fällt Ihnen leicht?
Was macht Ihnen Freude?
Wofür „brennt Ihr Herz"?
Und dann: Was haben die Menschen davon, die Ihre Dienstleistung in Anspruch nehmen? Nennen Sie die drei bis maximal fünf wichtigsten Vorteile und versuchen Sie, allgemeine Aussagen differenziert zu formulieren. Statt „bessere Gesundheit" könnten Sie schreiben, was genau sich verbessern kann, statt „Steigerung des Wohlbefindens" konkret benennen, in welchem Bereich (körperlich, emotional, mental) sich Steigerungen (gegenüber wem/was?!) zeigen können.

4. Eigene Kompetenz

Schreiben Sie, warum Sie sich gut vorbereitet fühlen, über welche Fähigkeiten Sie verfügen, welche Aus- und Fortbildungen Sie erfolgreich abgeschlossen haben. Was haben Sie bisher in Ihrem Leben gelernt, erfahren, erlebt? Macht das nicht auch einen wichtigen Teil Ihrer Kompetenz aus? Vergessen Sie deshalb nicht die „unbelegten" Qualifikationen: Auslandsaufenthalte, die Jahre als Familienfrau u.ä. Denn: Wer einen Haushalt mit fünf Personen organisieren kann, wird auch seinen „eigenen Laden" gut hinbekommen.

5. Rechtsform

Starten Sie alleine oder mit einem oder mehreren Partnern? Gründen Sie als Einzelunternehmer oder als Gesellschafter einer Kapitalgesellschaft? Das legen Sie hier dar. Ausführliche Informationen dazu finden Sie im Kapitel 2.

6. Investitionsbedarf

Egal, ob Sie viel oder wenig benötigen, um loslegen zu können, kalkulieren Sie nicht zu knapp und schreiben Sie es hier auf. Wenn Sie Fördergelder bei Ihrer Bank oder Sparkasse beantragen, wird auf diesen Punkt natürlich besonders eingegangen. Sind Sie vorbereitet und können Sie die Investitionen betrieblich begründen? Verschiedene Fördermöglichkeiten werden ebenfalls im zweiten Kapitel beschrieben.

7. Renditevorschau

Auf der Basis der zu erwartenden Entwicklung erstellen Sie eine Vorschau für die ersten drei bis fünf Jahre. Wieviel Teilnehmende oder Klienten brauchen Sie, um Ihre eigenen monatlichen Kosten der privaten Lebensführung (einschliesslich Versicherungen) zu erwirtschaften. Wieviel Zeit brauchen Sie, um Ihren Kundenkreis zu vergrössern bzw. zu erweitern? Welche Massnahmen mit welchen Kosten sind dafür nötig? Die Ergebnisse dieser Berechnungen finden hier Eingang und werden am besten tabellarisch dargestellt. Wenn Ihnen das zu aufwändig erscheint, wenden Sie sich an entsprechende Berater zur Gründung oder auch an Ihre auf Gründer spezialisierte Steuerberatung. Mehr zur Gründungsberatung finden Sie im zweiten Kapitel.

8. Marktforschung

Dazu gab es weiter oben (s. S. 19) schon ein paar Anregungen. Hier im Geschäftsplan geht es vor allem um die folgenden Fragen: Wie viele „Marktteilnehmer" (potentielle TeilnehmerInnen und andere Anbieter) gibt es an Ihrem Ort bzw. in Ihrer Region? Wie sieht die Einkommenssituation in Ihrer Region aus, wie hoch sind Durchschnittseinkommen und die Arbeitslosenzahlen? Wie viele Neugründungen/Schliessungen hat es in Ihrem Marktgebiet an Schulen/Beratungs- oder Therapie-Praxen in den letzten Jahren gegeben? Was bedeutet das für Ihr unternehmerisches Handeln? Beschreiben Sie hier kurz Ihre „Marktforschung" und deren Ergebnisse.

Die eigene Qualifikation und Ausbildung

Eine solide und anerkannte Ausbildung sollte die Grundlage einer selbstständigen Tätigkeit bilden. Zum einen gibt sie Ihnen selbst die nötige Sicherheit, um mit unterschiedlichen Menschen, ihren Bedürfnissen und Erwartungen zufriedenstellend arbeiten zu können. Zum anderen ist Ihre Ausbildung auch immer ein Teil Ihrer „Visitenkarte".

Gerade im Bereich der staatlich nicht geregelten Berufsausbildungen ist dies ein wichtiges Entscheidungskriterium für Ihre zukünftige Kundschaft. Mit dem Nachweis einer fundierten Ausbildung grenzen Sie sich am besten ab gegen die sogenannten „schwarzen Schafe", die es in diesem Bereich leider auch gibt.

Beispiel: Ein sicherlich sehr extremer Fall, mit dem der Autor konfrontiert wurde, kam heraus, als der Geschäftsführer eines Bildungswerkes besonders intensiv nach seiner Ausbildung und seinen bisherigen Tätigkeiten als Yoga-Lehrer fragte. Nachdem der Autor nachweisen konnte, wo, wie lange und bei wem er seine Ausbildungen erhalten hatte, erklärte der Geschäftsführer, warum er so darauf insistiert habe. Ein halbes Jahr vorher hatte er nämlich schon einmal ein Angebot von einem „Yoga-Lehrer" erhalten. Da das Bildungswerk in diesem Bereich gerade eine grosse Nachfrage festgestellt hatte, freute man sich, einen nach dessen eigenen Angaben „erfahrenen Kursleiter" gefunden zu haben. Umso grösser war das Entsetzen nach Beginn des ersten Kurses, als einige Teilnehmerinnen sich über den Stil des Unterrichts empörten. Aus einem Buch vorlesend (!) wurden die

Übungen angesagt und zwei Frauen erkannten den „Kursleiter" dann ausserdem als Teilnehmer eines Wochenendseminars für Yoga-Anfänger, das ein halbes Jahr vorher stattgefunden hatte. Dort hatte er sich vorgestellt als jemand, der „noch nie vorher Yoga oder Ähnliches" geübt habe. Auf Nachfrage durch den Geschäftsführer gestand er, dass er sich gedacht habe, es könne doch nicht so schwer sein, Yoga zu unterrichten ...

Für Einrichtungen der Erwachsenenbildung wie Volkshochschulen und Akademien ist der Nachweis einer Ausbildung, die von einem zuständigen Verband anerkannt wurde, zumeist Voraussetzung, um dort überhaupt als Honorarkraft tätig werden zu können.

Auch die Teilnehmenden selbst erwarten eine kompetente, gut ausgebildete Therapeutin bzw. Kursleiterin und entscheiden sich bei unbekannten Namen eher für die besser ausgebildete Lehrerin oder Therapeutin. Der gute Ruf einer Ausbildungsschule überträgt sich in gewisser Weise auch auf Sie und das kann besonders in der Anfangsphase hilfreich sein. Über die verschiedenen Möglichkeiten, die Kosten der Ausbildung steuerlich geltend zu machen, lesen Sie mehr im Kapitel „Hilfe, ich mache Gewinn!", ab Seite 106.

Die ersten Schritte sind für alle gleich

Behördlich anmelden, bevor man loslegen kann?

Ja, die Aufnahme einer selbstständigen Tätigkeit muss beim zuständigen Finanzamt angemeldet werden. Damit wird dann auch die Steuernummer erteilt, die im Geschäftsverkehr stets angegeben werden muss. Für die Anmeldung füllen Sie den sogenannten „Fragebogen zur steuerlichen Erfassung" aus. Das dafür zu verwendende Formblatt finden Sie mit einigen Erläuterungen im Anhang ab Seite 183 ff.

Gewerbe oder freier Beruf?

Entgegen weit verbreiteter Meinung sind Sie als selbstständig tätige LehrerIn oder TherapeutIn nicht verpflichtet, einen Gewerbeschein zu beantragen. Vielmehr haben diese Tätigkeiten meistens den Status der freien Berufe. Im Paragraph 18, Absatz 1, Satz 1 des Einkommensteuergesetzes werden die freiberuflichen Tätigkeiten aufgeführt. Sie unterliegen nicht der Gewerbeordnung (GewO), was dort festgestellt wird im Paragraph 6. Im Partnerschaftsgesellschaftsgesetz (PartGG) wird ein freier Beruf wie folgt definiert: „Die freien Berufe haben im Allgemeinen auf der Grundlage besonderer beruflicher Qualifikation oder schöpferischer Begabung die persönliche, eigenverantwortliche und fachlich unabhängige Erbringung von Dienstleistungen höherer Art im Interesse der Auftraggeber und der Allgemeinheit zum Inhalt." Hm, ist noch nicht so ganz eindeutig? Dann helfen vielleicht die Durchführungsbestimmungen zum Einkommensteuergesetz (EStG) weiter. Die sprechen nämlich von vier Möglichkeiten, um festzustellen, ob ein freier Beruf vorliegt. Es sind dies die sogenannten „Katalogberufe" und die diesen ähnlichen Berufe. Diese sind allesamt im EStG aufgelistet. Dazu zählen unter anderem die Heilpraktiker, Diplom-Psychologen, Heilmasseure, Hebammen, die rechts-, steuer- und wirtschaftsberatenden Berufe. Es folgen die „Tätigkeitsberufe", wo sich wohl die meisten wiederfinden werden. Denn hierunter wird über die ausgeübte Tätigkeit eine Zugehörigkeit zu den freien Berufen hergestellt. Als da sind „... die selbstständig ausgeübte wissenschaftliche, künstlerische, schriftstellerische, unterrichtende oder erzieherische Tätigkeit". Und dann gibt es noch die Auflistung der sogenannten „neuen freien Berufe", die sich in den letzten Jahren gebildet haben. Hierzu gehören neben vielen anderen die freien heilpädagogischen Berufe (Atem-, Sprech-, StimmlehrerIn, Logo- und MotopädIn und andere), die freien rechts- und wirtschaftsberatenden Berufe, die freien Medien-, Informations- und Kommunikationsberufe, die Kulturberufe und die Beratungen.

Eine genaue Auflistung finden Sie im Internet auf der Seite des Instituts für Freie Berufe an der Friedrich-Alexander-Universität Erlangen-Nürnberg unter http:// www.ifb-gruendung.de.
Warum ist die Unterscheidung zwischen „gewerblicher" und „freiberuflicher" Tätigkeit so bedeutsam?
Nun, für freiberuflich Tätige genügt eine einfache Buchführung. Dazu lesen Sie mehr im Kapitel „Hilfe, ich mache Gewinn". Sie müssen keine Gewerbesteuererklärung abgeben und auch keine Gewerbesteuer zahlen. Und Sie sind kein Pflichtmitglied bei der Industrie- und Handelskammer (die ab einer bestimmten Umsatz- bzw. Gewinnsumme einen Jahresmitgliedsbeitrag erheben darf).

Namensgebung

Natürlich soll „Ihr Kind", nämlich Ihr Geschäft, Ihre Schule, Ihre Praxis auch einen Namen haben, mit dem Sie nach aussen werben wollen. Es wird Sie wohl nicht überraschen, dass auch diese Frage schon geregelt ist, oder?
Die Möglichkeiten der Namensgebung für Ihr Unternehmen sind zunächst abhängig von der von Ihnen gewählten Rechtsform. Dazu erfahren Sie mehr im folgenden Kapitel „Gründen, Erfolgreich sein und bleiben".
Wahrscheinlich starten Sie aber zunächst als sogenannte „EinzelunternehmerIn". So werden Sie bezeichnet, wenn Sie sich alleine selbstständig machen und dafür keine sogenannte Kapitalgesellschaft gründen, also keine GmbH oder Aktiengesellschaft.
Im Auftritt nach aussen, also bei der Werbung, beim Briefpapier und bei Flyern etc., müssen Sie als EinzelunternehmerIn auf Folgendes achten: Sie dürfen eine

sogenannte „Geschäfts-Bezeichnung" verwenden, müssen dazu aber auch Ihren Nachnamen und einen ausgeschriebenen Vornamen angeben. Welchen Ihrer Vornamen Sie wählen ist egal, es muss also nicht zwingend der Rufname sein.

Beispiel: Unsere Beispielperson soll Lisa Amelie Müller heissen und den Rufnamen Lisa haben. Sie will sich selbstständig machen als Meditationslehrerin. Sie kann nun nach aussen auftreten als „Lisa Müller, Meditationslehrerin", „Meditations-Praxis Lisa Müller" oder auch: „Meditations-Praxis Amelie Müller", aber auch: „OM – Meditations-Schule Lisa Müller" oder „Schwebende Wolke, Meditations-Studio Lisa Amelie Müller".

> Der Familienname, ein ausgeschriebener Vorname und eine frei gewählte Bezeichnung, die auf das hinweist, was Sie tun beziehungsweise anbieten, müssen nach aussen immer gemeinsam angegeben werden.

Sie dürfen aber keine Firmenbezeichnungen verwenden, wenn Sie nicht im Handelsregister eingetragen sind. Die Bezeichnung „Die Meditationsfirma" wird wohl niemand verwenden wollen, aber schon die Benutzung des firmentypischen „&"-Zeichens bei zum Beispiel „Meditation & Innere Kraft Lisa Müller" ist nicht gestattet.

Beispiel: Vor einigen Jahren bekam eine Einzelunternehmerin erheblichen Ärger mit der ortsansässigen Industrie- und Handelskammer, weil sie ihren Büro- und Kopierservice, den sie gerade eröffnet hatte, mit „Büro & Kopierservice Elke Mahler" nach aussen bewarb. Das Firmenlogo bestand zudem aus den farblich und grafisch gestalteten Buchstaben „B & K", eben mit dem kaufmännischen „&" dazwischen. Sie wurde in einem aussergerichtlichen Vergleich gezwungen, ihren gesamten Bestand an gedruckten Geschäftspapieren, die mit der beanstandeten Bezeichnung versehen waren, nicht mehr zu verwenden. Das Werbeschild am Haus musste sie ebenso ändern lassen wie die Aufkleber auf ihrem Auto.

Gleich, ob Sie beraten oder unterrichten wollen, die Bezeichnung „Praxis", „Studio", „Büro", ja selbst „Schule" dürfen Sie ohne Beanstandung führen. Bei einem „Institut" wird erwartet, dass Sie in irgendeiner Form auch wissenschaftlich tätig sind. Das können Erhebungen, Veröffentlichungen oder sonstige Forschungen sein. Bei einer „Akademie" wird ein grösserer Lehrbetrieb erwartet mit meist mehreren Lehrenden, die allerdings nicht unbedingt fest angestellt sein müssen. Wird in einer „Akademie" geforscht, unterrichtet und ausgebildet, so entspricht dies der allgemeinen Erwartung.

Vorsicht ist geboten, wenn Sie zu Ihrer Geschäfts-Bezeichnung den Namen Ihres Wohnortes hinzufügen. Denn dann wird eine gewisse Bedeutung und Grösse

Ihres Unternehmens in Relation zur Grösse des genannten Ortes oder Stadtteils vorausgesetzt. Eine „Kölner Qigong-Schule Ludger Mamms" ist deshalb nicht verboten. Aber neben „Herrn Mamms" müssen noch einige andere unterrichten und diese Schule sollte ausserdem entweder die älteste oder aber die grösste Qigong-Schule in Köln sein. Wäre dies nämlich nicht der Fall, so könnte man von einem Verstoss gegen das Gesetz über unlauteren Wettbewerb (UWG) ausgehen. Entsprechend bedeutsamer wird dies noch bei regionalen Bezeichnungen wie zum Beispiel „Beratungs-Praxis Thüringen" oder „Niedersächsisches Institut für Kontemplation und Tiefenentspannung". Und die Bezeichnung „Deutsches Institut für ..." oder „Gesellschaft für ... in Deutschland" sollten Sie Verbänden oder entsprechend grossen Organisationen überlassen, die tatsächlich eine bundesweite Verbreitung haben oder auf absehbare Zeit anstreben.

Exkurs zu Heilen, Therapie, Beratung

Der gesamte Bereich der sogenannten Heilkunde ist gesetzlich geregelt. Dies gilt im Wesentlichen auch für die Therapie. Im Paragraph 1, II des Heilpraktikergesetzes ist definiert, dass die Heilkunde durch „... jede berufs- oder gewerbsmässig vorgenommene Tätigkeit zur Feststellung, Heilung oder Linderung von Krankheiten, Leiden oder Körperschäden bei Menschen ..." ausgeübt wird. Aus Paragraph 1, I ergibt sich, dass unter Heilkunde die Tätigkeit des Heilpraktikers, Arztes und des Zahnarztes fällt. Im Paragraph 5 ist schliesslich festgelegt, dass das „unbefugte Ausüben der Heilkunde" strafbar ist.
Das bedeutet, dass Sie mindestens die Zulassung als HeilpraktikerIn haben müssen, um Dienstleistungen anbieten zu können, die „heilen" oder „therapieren". Andere Berufsgruppen wie die sogenannten Heilhilfsberufe (zum Beispiel Physiotherapeuten) dürfen nur auf ärztliche Anweisung tätig werden.
Durch das Urteil des Bundesverfassungsgerichtes vom März 2004 gibt es ein wenig mehr Klarheit für die Bereiche des spirituellen bzw. geistigen Heilens sowie schamanischer oder anderer ritueller Anwendungen.

Aus der Urteilsbegründung (Aktenzeichen: 1 BvR 784/03), die einem als Geistheiler Tätigen die Berufsausübung mittels Handauflegen erlaubt hat, ohne eine Heilpraktikerzulassung erworben zu haben, können die folgenden Zitate für ähnliche Fälle hilfreich sein: „... Ein Heiler, der spirituell wirkt und den religiösen Riten näher steht als der Medizin, weckt im Allgemeinen die Erwartung auf heilkundlichen Beistand schon gar nicht. Die Gefahr, notwendige ärztliche Hilfe zu versäumen, wird daher eher vergrössert, wenn geistiges Heilen als Teil der Berufsausübung von Heilpraktikern verstanden wird ..." Und weiter: „Jedenfalls zielen die Heilpraktikererlaubnis und die ärztliche Approbation nicht auf rituelle Heilung. Wer Letztere in Anspruch nimmt, geht einen dritten Weg, setzt sein Vertrauen nicht in die Heilkunde und wählt etwas von einer Heilbehandlung Verschiedenes, wenngleich auch von diesem Weg Genesung erhofft wird. Dies zu unterbinden ist nicht Sache des Heilpraktikergesetzes ..." Und weiter: „Je weiter sich das Erscheinungsbild des Heilers von medizinischer Behandlung entfernt, desto geringer wird das Gefährdungspotential, das im vorliegenden Zusammenhang allein geeignet ist, die Erlaubnispflicht nach dem Heilpraktikergesetz auszulösen ..."

Weiter wird darauf hingewiesen, dass sichergestellt sein muss, dass ein Heiler nicht vom Arztbesuch abrät oder darauf hinwirkt.

Dazu folgen konkrete Angaben: „Es muss gewährleistet sein, dass der Beschwerdeführer die Kranken zu Beginn des Besuchs ausdrücklich darauf hinweist, dass er eine ärztliche Behandlung nicht ersetzt. Das kann etwa durch einen gut sichtbaren Hinweis in seinen Räumen oder durch entsprechende Merkblätter, die zur Unterschrift vorgelegt werden, geschehen. Es ist Sache der Behörden, auf die Einhaltung derartiger Aufklärungsverpflichtungen hinzuwirken und sie durch Kontrollen der Gewerbeaufsicht durchzusetzen ..."

Und den Status eines selbstständigen Heilers klärt das Gericht auch gleich mit: „Eine gewerberechtliche Anzeigepflicht vor Aufnahme der Heilertätigkeit kann solche Kontrollen erleichtern ..."

Es wird also vom Bundesverfassungsgericht im entschiedenen Fall davon ausgegangen, dass die Tätigkeit eines Heilers keine einem Arzt oder Heilpraktiker ähnliche Tätigkeit darstellt und deshalb gewerblich ist.

Was in der Konsequenz bedeutet, dass Heiler sich als Gewerbetreibende beim zuständigen Gewerbeamt ihrer Gemeinde/ihres Landkreises anmelden müssen.

Für den Bereich anderer Therapieformen besteht jedoch weiterer Klärungsbedarf. Zwar sind im Psychotherapie-Gesetz und den Psychotherapie-Richtlinien die „klassischen" psychotherapeutischen Methoden und Ansätze aufgelistet und deren Anwendung und Abrechnung mit den Krankenkassen geregelt. Aber es bleibt ein weites Feld, das „irgendwie" auch zur Therapie gehört, aber gesetzlich nicht genau erfasst ist. Die Psychotherapie-Richtlinien schliessen zum Beispiel einige Formen direkt aus. Dazu gehören unter anderen Psychodrama, Transaktionsanalyse und respiratorisches Biofeedback.

Vielleicht lässt sich für diese Techniken die Position klären durch die Frage:

Was ist schon Therapie, was ist noch Beratung?

In der allgemeinen Rechtsauffassung geht man zum Beispiel davon aus, dass eine Therapie auf einen längeren Behandlungszeitraum angelegt ist. Damit ist eine Anzahl von zwanzig und mehr Sitzungen gemeint, die „TherapeutIn" und „PatientIn" miteinander vereinbaren. Nun wird dadurch nicht zwangsläufig jedes zeitlich kürzere Angebot zu einer „Beratung". Aber: Die Dauer ist ein wichtiges Unterscheidungsmerkmal zwischen Beratung und Therapie. Wenn Sie keine Zulassung zur Ausübung der Heilkunde erworben haben, sollten Sie auf jeden Fall in der Werbung und Aussendarstellung Ihres Angebotes sehr vorsichtig mit den Begriffen „Behandlung", „Heilen" und "Therapie" umgehen. Denn diese weisen in der sogenannten „allgemeinen Verkehrsauffassung" auf eine heilkundliche Tätigkeit hin. Und wie bereits erwähnt, ist die unerlaubte Ausübung in Deutschland strafbar. Um die ganze Problematik noch etwas „abzurunden", sei erwähnt, dass Sie sich in Deutschland sehr wohl in einer Therapieform ausbilden lassen dürfen, auch eine Abschlussprüfung mit Zeugnisübergabe dürfen Sie ablegen, aber ohne Zulassung zur Heilkunde dürfen Sie nicht damit werben, dass Sie „TherapeutIn" sind. Prüfen Sie also unbedingt Ihre Schriften, die Sie zur Werbung und Information in die Öffentlichkeit geben, damit Sie nicht gegen das Heilpraktikergesetz verstossen. In der praktischen Ausübung zeigt auch die Rechtsprechung, dass es fast unmöglich ist, trennscharf zu unterscheiden zwischen Beratung und Therapie. Es kommt also vor allem auf Ihre Darstellung und die Benennung Ihres Angebotes an.

Gründen, Erfolgreich sein und bleiben.

Was Selbstständige wissen sollten

Als Selbstständiger muss man sich um alle möglichen Dinge kümmern, die mit der eigentlichen Tätigkeit wenig zu tun haben. Es ist auch kein wirklicher Trost zu wissen, dass das allen anderen Selbstständigen ebenso ergeht. Denn auch der Döner-Laden an der Ecke hat, wie der Drogeriemarkt daneben und der Architekt in seinem Büro darüber, eine Betriebsnummer, muss seine Preise kalkulieren, beschäftigt MitarbeiterInnen usw.

Kein Trost also, aber immer auch ein gutes Gesprächsthema unter Selbstständigen! Damit Sie Bescheid wissen und mitreden können, geht es in diesem Kapitel um alles „rund um das Geschäft", das Formale also, um Regeln und Vorschriften.

Kurz: um Grundlagenwissen, das Sie erfolgreich machen kann.

Egal, ob Sie unterrichten, eine Praxis eröffnen oder führen, Seminare geben oder Beratungen anbieten: die Themen dieses Kapitels gehen Sie immer etwas an.

Das Leichte ist richtig.
Beginne richtig, und es ist leicht.
Fahre leicht fort, und es ist richtig.
Der richtige Weg, das Leichte zu finden,
ist den richtigen Weg zu vergessen.
Und zu vergessen, dass er leicht ist.

Dschuang-Tsu

Kapitel 2 im Überblick:

1

Rechtsform der Unternehmung

Von Allein bis Verein

2

Scheinselbstständig?

3

**Gründen mit Plan
und Fördermitteln**

4

**Wie komme ich zu „meinem
Preis" und wieviel muss ich
arbeiten?**

- Kalkulation
- Preisfindung
- Marktakzeptanz

5

Der Idee Raum geben

Ab wann brauche ich eigene
Räume, wie gross und wo?

6

„Helferlein"

Von Mitarbeiter, Mini-Jobbern
und angestellten Ehepartnern,
Betriebsnummer und Berufsgenossenschaft

7

Wieviel BWL darf's sein?

8

Zum Mitreden

Betriebswirtschaftliche Begriffe

Rechtsform der Unternehmung

Im ersten Kapitel wurde bereits ausgeführt, dass selbstständig unterrichtende, beratende, therapeutische und heilende Tätigkeiten in aller Regel zu den freien Berufen zählen. Die sogenannte „Rechtsform" beschreibt die Art, wie die Unternehmung ausgeübt wird, und bestimmt Art und Umfang der Haftung. Auch für die freien Berufe gibt es dafür mehrere Möglichkeiten.

Einzelunternehmen

Sie arbeiten alleine, haben keinen Kapitalgeber, der bei der Führung des Unternehmens Mitspracherecht hat, und es gibt keinen direkt am Unternehmen beteiligten Geschäftspartner. Das ist typisch für Einzelunternehmer. Die Haftung ist unbegrenzt und kann sich auch auf das gesamte Privatvermögen erstrecken. Die meisten ExistenzgründerInnen und Selbstständigen im Bereich Unterricht und Beratung sind Einzelunternehmen.

Vorteile: Niemand „quatscht rein" in die Geschäftsführung; allein verantwortliches Arbeiten; relativ günstig bei Finanzierung und Kreditbeschaffung, da unbegrenzte Haftung.

Nachteile: Alles ist alleine zu entscheiden, im schlimmsten Fall kann die Haftung auch auf das gesamte Privatvermögen „durchgreifen". Das kann zum Beispiel der Fall sein, wenn Aufträge oder Buchungen nicht zustande kommen und dadurch Kredite nicht mehr bedient werden können. Werden diese in der Folge von der Bank gekündigt, geht die Haftung buchstäblich „bis zum letzten Hemd".

Büro- oder Praxisgemeinschaft

Dies ist eigentlich noch keine Rechtsform im oben genannten Sinne, sondern die einfachste Form einer Zusammenarbeit. Zwei oder mehr Selbstständige mieten zum Beispiel gemeinsam Büro-, Seminar- oder Praxisräume an und richten ein gemeinsames Sekretariat ein. Dies geschieht einzig, um Kosten gering zu halten oder um die Räume überhaupt mieten zu können. Es gibt einen (am besten schriftlichen) Vertrag, der genau regelt, wer welchen Miet- und sonstigen Kostenanteil wann und an wen zu zahlen hat – und das war's.

Vorteile: Alle bleiben rechtlich und steuerlich selbstständige Einzelunternehmen. Manche schön und günstig gelegenen Räume sind zu gross für einen alleine. Gemeinsam mit anderen wird für jeden Einzelnen die zu zahlende Miete geringer. Die Kosten für die Infrastruktur des Büros mit Kopierer, Fax und Telefonanlage, Teeküche usw. können günstig geteilt werden. Ohne dass jemand ins eigentliche

Unternehmen mit einsteigt, arbeitet man doch nicht mehr allein, hat Austausch und AnsprechpartnerInnen.

Nachteil: Ist nicht alles genau und schriftlich geregelt, kann es im Streitfall kompliziert werden. Was, wenn jemand auszieht? Oder wie sind die Besitzverhältnisse an gemeinsam angeschafften Gegenständen geregelt? Ausserdem sollte eine solche Zweckgemeinschaft darauf achten, dass sie nicht als GbR angesehen werden kann.

Die GbR oder BGB-Gesellschaft

Die sogenannte „Gesellschaft bürgerlichen Rechts", abgekürzt „GbR", ist sehr häufig bei den freien Berufen anzutreffen. Zum 2. Januar 2002 wurden im Bürgerlichen Gesetzbuch (abgekürzt BGB, deshalb auch „BGB-Gesellschaft") die entsprechenden Paragraphen (§§ 705 ff.) neu gefasst und diese Rechtsform gestärkt. In einer GbR arbeiten alle Beteiligten auf gemeinsame Rechnung und auf gemeinsames Risiko. Die in die Gesellschaft eingebrachten Beiträge und die gemeinsam erworbenen Gegenstände werden Gemeinschaftseigentum. Gegenüber den AuftraggeberInnen treten die PartnerInnen der GbR als Gesellschaft auf. Die Haftung erstreckt sich auf das gesamte Vermögen aller Gesellschafter.
Für die GesellschafterInnen einer GbR gibt es verschiedene Möglichkeiten, Haftung, Geschäftsführung, Vertretung nach aussen, Kündigung und einiges mehr zu gestalten. Deshalb sollten sich Interessierte an dieser Rechtsform vorab rechtlich gut beraten lassen. Sie sollten sich unbedingt einen schriftlichen Vertrag für die GbR ausarbeiten lassen, in dem der Wille aller Beteiligten (auch rechtlich bindend) zum Ausdruck kommt. In einem GbR-Vertrag müssen folgende Punkte auf jeden Fall festgelegt werden:
– wer sind die Gesellschafter der GbR,
– wer bringt was bzw. wieviel mit ein in die Gesellschaft,
– wie ist die Haftung geregelt,
– wie wird der Gewinn verteilt,
– wie können einzelne die Gesellschaft wieder verlassen (Kündigung),
– was passiert, wenn sich die Gesellschaft ganz auflöst.

Partnerschaftsgesellschaften

Seit 1994 (mit einigen späteren Änderungen) gibt es das „Gesetz über Partnerschaftsgesellschaften Angehöriger Freier Berufe", auch kurz „Partnerschaftsgesellschaftsgesetz" oder abgekürzt „PartGG" genannt. Der Paragraph 1 bestimmt, dass die Partnerschaft eine „Gesellschaft (ist), in der sich Angehörige Freier Berufe zusammenschliessen. Sie übt kein Handelsgewerbe aus. Angehörige einer Partnerschaft können nur natürliche Personen sein." Zwar sind die Grundzüge ähnlich der vorgenannten GbR, aber die „Partnerschaft" ist unabhängiger von den einzelnen

Beteiligten und hat wesentlich mehr den Charakter einer eigenen Rechtsform als die GbR. Die Haftung erstreckt sich auf das gesamte Vermögen. Allerdings kann bei einem Haftungsanspruch aus einem Auftrag, den nur einzelne Partner bearbeitet haben, die Haftung auf diese beschränkt werden. Ein schriftlicher Partnerschaftsvertrag ist gesetzlich vorgeschrieben und sollte entsprechend der obigen Ausführung bei der GbR unbedingt mit Hilfe eines in diesem Bereich sachkundigen Rechtsbeistandes aufgestellt werden. Die Partnerschaftsgesellschaft muss in das Partnerschaftsregister des zuständigen Amtsgerichts eingetragen werden.

Der Paragraph 11 des PartGG enthält eine wichtige Vorschrift, was die Namensgebung angeht. Danach dürfen „den Zusatz ‚Partnerschaft' oder ‚und Partner' nur noch Partnerschaften nach diesem Gesetz" führen. Mehr zur Namensgebung siehe auch S. 25.

Kapitalgesellschaft

Die beiden bekanntesten Formen einer Kapitalgesellschaft sind die „Gesellschaft mit beschränkter Haftung" oder „GmbH" sowie die „Aktiengesellschaft" oder „AG". Diese Gesellschaften sind selbst rechtsfähig (juristische Personen) und können klagen und verklagt werden. Sie sind im Gegensatz zu den bisher vorgestellten Rechtsformen in gewisser Weise unabhängig von ihren jeweiligen GesellschafterInnen. GmbH und AG sind ausserdem firmenfähig und werden in das Handelsregister eingetragen. Die Haftung der Gesellschaft beschränkt sich auf maximal die Höhe der Einlagen. Auf das persönliche Vermögen der GesellschafterInnen wird im Haftungsfall in der Regel nicht zugegriffen. Beide Rechtsformen, GmbH und AG (bei der noch die sogenannte „Kleine AG" zu unterscheiden ist), werden in eigenen Gesetzen geregelt, nämlich im GmbH-Gesetz und im Aktiengesetz.

Um eine „Gesellschaft mit beschränkter Haftung" zu gründen, werden mindestens 25.000 Euro an sogenannter „Gesellschaftseinlage" benötigt. Die Haftung der jeweiligen GmbH ist nämlich immer beschränkt auf die Höhe dieser Einlagen. Diese Einlage muss nicht unbedingt aus einer Geldsumme auf einem Konto bestehen (oder wie im Film im Koffer zum Notar getragen werden). Es können auch Geräte, Maschinen oder Fahrzeuge als Einlage in die Gesellschaft gebracht werden. Allerdings darf dieses Gesellschaftskapital nicht aufgebraucht werden.

Die GmbH ist für die meisten Unternehmungen im Bereich der freien Berufe ungeeignet. Bei grösseren Projekten mit mehreren Beteiligten wie zum Beispiel einem „Gesundheits-Haus" ist sie aber durchaus empfehlenswert. In der Kombination der GmbH mit einem Kompagnon oder/und einem Kommanditisten ergibt sich die „GmbH & Co. KG". Diese Variante bietet sich an, wenn sogenannte „Stille TeilhaberInnen" mit Kapital in die Gesellschaft einsteigen, sich aber ansonsten an der Geschäftsführung nicht beteiligen wollen.

Die „Unternehmergesellschaft (haftungsbeschränkt)", gerne auch „Mini-GmbH" genannt, ist eine besondere Form der GmbH. Sie kann bereits mit einer Stamm-kapitaleinlage von einem Euro gegründet werden. Es gibt einige abweichende Vorschriften zur GmbH. Aktiengesellschaften haben bei uns den Hauch der „grossen weiten Geldwelt". Internationaler Börsenhandel und der DAX fallen uns ein. In der Schweiz ist hingegen die AG eine sehr weit verbreitete Unternehmensform. Auch in Deutschland lässt sich schon mit einem Grundkapital von 50.000 Euro eine soge-nannte „Kleine Aktiengesellschaft" gründen. Entgegen der verbreiteten Annahme müssen Aktiengesellschaften übrigens ihre Aktien nicht an der Börse handeln lassen. Wenn sich für Ihre Unternehmung eine dieser beiden Möglichkeiten anbietet, so lassen Sie sich steuerlich und rechtsanwaltlich beraten, denn es sind unter anderem besondere Buchführungs- und Veröffentlichungspflichten zu beachten.

Verein

Immer mal wieder kommt die Frage auf, ob denn nicht ein Verein als unterneh-merische Rechtsform die Lösung mancher steuerlicher „Probleme" sei. Dahinter steckt der Gedanke, dass Vereine keine Einkommensteuer und meist auch keine Umsatzsteuer zahlen müssen. So weit so richtig. Mancherorts bekommen Vereine kostenlos oder sehr günstig Räume zur Verfügung gestellt und können ebenfalls kostenlos unter den „Vereinsnachrichten" in den örtlichen Tageszeitungen werben. Allerdings ist ein Verein auch eine eigenständige, also eine juristische Person, die von den Vereinsmitgliedern relativ losgelöst ist.
Spielen wir also die „Vereinsvariante" an einem Beispiel mal durch:

Beispiel: Der Verein „Wellness Dülmen e. V." hat als Satzungsziel die „Verbreitung eines ganzheitlichen Gesundheitsbewusstseins" und strebt dieses Ziel an durch „vielfältige Beratungs- und Kursangebote". Die Einnahmen, die der Verein durch diese Kurse macht, sind tatsächlich einkommensteuerfrei. Gehen wir davon aus, dass auch keine Körperschaftsteuer (das ist sozusagen die „Einkommensteuer" für juristische Personen) zu zahlen ist, dann ist jetzt die Vereinskasse schön voll – und die Kursleiterinnen und Berater haben noch nichts. Zahlt der Verein jetzt ein Honorar an diejenigen, die die Beratungs- und Kursangebote für den Verein durchgeführt haben, dann entstehen bei denen wiederum Einnahmen, die – na klar – einkom-mensteuerpflichtig sind. Zum Steuersparen taugt also die Vereinsvariante nicht! Bei der Durchführung grösserer Veranstaltungen wie zum Beispiel Kongressen und ähnlichem können Vereine durchaus selbst steuerpflichtig werden. Fragen Sie in diesen Fällen zunächst eineN SteuerberaterIn, der/die sich mit Vereinen auskennt. Es gibt natürlich viele gute Gründe, einen Verein zu gründen. So zum Beispiel, um mit anderen ideelle Ziele zu erreichen oder bestimmte Ideen zu verfolgen – mal ganz abgesehen von den vielen Freizeitvereinen. Zur Gründung und Führung eines Vereins gibt es im Anhang zwei Buchtipps.

Scheinselbstständig?

Sie haben gedacht, Sie machen sich selbstständig – und stellen sich jetzt vermutlich die Frage: was ist nun „scheinselbstständig"? Zunächst: Nicht eine Person, sondern lediglich ein Vertragsverhältnis kann „scheinselbstständig" sein. Und das ist es dann, wenn jemand weisungsgebunden tätig ist, also nicht selbst entscheiden kann bzw. darf, wann welche Arbeit in welchem Umfang und für wen erledigt werden soll. Dazu kann dann noch die Arbeitssituation als solche herangezogen werden: Ist der Beschäftigte in den Betrieb des Auftraggebers integriert mit Arbeitsplatz und Dienstplan, dann wird deshalb auch eine Scheinselbstständigkeit vermutet. So kann also ein und dieselbe Person in einer Tätigkeit selbstständig sein und in einer anderen (vielleicht sogar ähnlichen) nicht, sondern eben scheinselbstständig sein. Geprüft wird die Annahme einer Scheinselbstständigkeit meist von der Deutschen Rentenversicherung (DRV) im Rahmen einer Betriebsprüfung vor Ort. Geprüft werden darf bis zu vier Jahre zurück und dementsprechend können dann auch Nachforderungen durch die DRV entstehen. Die gehen dann aber zuallererst an den Auftrag- bzw. in dem Fall dann Arbeitgeber. Deshalb wichtig für Sie, wenn Sie selbst Auftraggeber sind:
Beschäftigen Sie selbst freie MitarbeiterInnen, stellen Sie sicher, dass diese ebenfalls „echte" Selbstständige sind. Denn wenn diese „scheinselbstständig" tätig sind und Sie als Arbeitgeber gelten, könnten Ihnen daraus hohe Nachforderungen seitens der Sozialversicherungsträger entstehen.

Gründen mit Plan und Fördermitteln

Fördermittel zur Existenzgründung

Auch der sprichwörtliche gute Rat auf dem Weg zur Selbstständigkeit muss nicht teuer sein. Denn bereits die Beratungen, die erst zu einer Existenzgründung führen, können durch staatliche Fördermittel subventioniert werden. Wenn dann die Geschäftsidee gereift ist und es „ernst" werden soll, können weitere Fördertöpfe von Bund und Land, manchmal auch der Region oder Stadt, aber auch der Europäischen Union geöffnet werden. Aber wie kommen Sie da heran?

Den Zuschuss für eine Existenzgründungsberatung beantragen Sie am besten schon mit Hilfe des/der von Ihnen gewählten Beraters/Beraterin. Der Antrag muss aber formal auf jeden Fall vor (!) Aufnahme der ersten Beratung eingereicht und bewilligt werden.
Wenn Sie nicht wissen, wo Sie in Ihrer Nähe eine fachkompetente Beratung bekommen können, so fragen Sie nach bei Ihrem Berufsverband, beim örtlichen oder regionalen Amt für Wirtschaftsförderung oder beim „Rationalisierungs-

und Innovationszentrum der Deutschen Wirtschaft e. V. RKW". Auf der Website
www.rkw.de klicken Sie am besten zunächst auf Ihr Bundesland. Dort wird eine
Übersicht gegeben über alle dort abrufbaren Programme zur Gründung – von
Beratung bis Finanzierung.
Auch die bundeseigene KfW bietet bei ihrem Programm „Gründercoach" einen
Zuschuss zum Beraterhonorar an. Vorteil hierbei vor allem: Die Förderung kann bis
zu fünf Jahren nach der Gründung genutzt werden! Alle Informationen finden Sie
auf der Website www.kfw.de unter dem Suchbegriff „Gründung". Die bundeseigene
KfW-Gruppe legt seit Jahrzehnten Förderprogramme auf für Gründerinnen und
Gründer. Eine vollständige Übersicht finden Sie auf deren Website.

Die „klassischen" KfW-Förderprogramme für Existenzgründungen

ERP-Kapital für Gründung:
zinsgünstige Darlehen zur Verbesserung der Eigenkapitalausstattung von Grün-
dungsvorhaben bis maximal 500.000 Euro. Dementsprechend ist keine 100%-För-
derung möglich, aber für die bewilligte Darlehenssumme gibt es eine 100%
Haftungsfreistellung für die Hausbank.

StartGeld:
zinsgünstiges Darlehen für Gründungen speziell kleiner Personen- oder Kapitalge-
sellschaften, auch für Heilberufe, bis maximal 100.000 Euro, wobei Investitionen,
auch Betriebsmittel wie Geräte und Maschinen, bis zu 100 Prozent finanziert
werden. 80 % Haftungsfreistellung für die Hausbank.

Informationsseite: www.existenzgruender.de
Diese Website wird vom Bundesministerium für Wirtschaft und Energie betrieben
und gibt eine ziemlich vollständige Übersicht über alle Aspekte von Gründung,
Finanzierung und mehr. Hier gibt es Adressen, Checklisten, Downloads, nützliche
Links usw.

Alle finanziellen Förderprogramme müssen Sie über Ihre Hausbank (da, wo Sie
Ihr Girokonto haben) beantragen. Dort können Sie sich natürlich auch beraten
lassen. Aber bedenken Sie dabei, dass die Hausbank lieber eigene Kredite vergibt
als fremde. Denn damit verdient sie mehr und das ist nun mal das Geschäft einer
Bank: Mit Geld Geld zu verdienen.
Andererseits gibt es in manchen grösseren Städten und Regionen vereinbarte
Kooperationen zwischen Banken und dem Amt für Wirtschaftsförderung, die
zusätzlich zu den oben genannten Programmen noch weitere, speziell auf die
Region zugeschnittene Programme aufgelegt haben. Fragen Sie gezielt im Bank-
Gespräch danach.

www.Mein-Mikrokredit.de

Mit dem Mikrokreditfonds Deutschland wollen die Bundesministerien für Arbeit und Soziales sowie das für Wirtschaft und Technologie den Zugang zu Kapital für Kleinstunternehmen und Gründungen verbessern. Ziel des Fonds ist der Aufbau eines flächendeckenden Mikrokreditangebots in Deutschland. Seit dem Start im Jahr 2010 wurden schon über 8.500 Kredite vergeben. Alle weiteren Informationen, Downloads und Ansprechpartner „vor Ort" finden Sie auch auf der Website: www.mikrokreditfonds.de

In sieben Schritten durch das Finanzierungsgespräch oder: „Kommen Sie zur Bank – vergessen Sie den Businessplan nicht"

1. Vereinbaren Sie vorab einen Termin mit einer/einem der FirmenkundenberaterInnen Ihrer Bank oder Sparkasse. Gehen Sie von einem Zeitbedarf von ca. einer Stunde aus.
2. Bereiten Sie sich gut auf das Gespräch vor. Dazu gehört vor allem Ihr Konzept oder „Businessplan" (mehr s. Seite 20). Es sollte anschaulich und verständlich geschrieben sein. Vor allem nicht zu lang, also maximal fünf Seiten, mit Grafiken oder Tabellen höchstens sieben Seiten. Eine übliche Gliederung sieht wie folgt aus: lebenslaufartige Angaben zur Gründerperson, Darstellung der Geschäftsidee, Marktanalyse, Finanzplan mit Aufstellung der Kosten der privaten Lebensführung, der geschäftlichen Ausgaben und der Umsatz- und Renditevorausschau, gegebenenfalls Finanzierung und einer abschliessenden Zusammenfassung. Machen Sie möglichst genaue Angaben über beabsichtigte Investitionen, Rentabilität, Umsatz- und Gewinnvorausschau, beginnen Sie mit den Ist-Angaben und enden Sie mit Ihren Plandaten.
3. Sie können mit Ihrem Berater zum Bankgespräch gehen, aber tragen Sie selbst Ihren Plan vor. In manchen Fällen konnte schon ein Berater hilfreich vermitteln zwischen Banker und GründerIn. Dennoch ist es wichtig, dass Sie selbst sich in diesem Gespräch überzeugend präsentieren.
4. Treten Sie dementsprechend auf. Sie gehen nicht mit einer Bitte zur Bank. Sie führen vielmehr ein Gespräch auf gleicher Augenhöhe, denn es treffen sich zwei potentielle zukünftige Geschäftspartner. Gehen Sie mit dieser Einstellung einer geschäftlichen Partnerschaft in das Gespräch, sind Sie bestens gerüstet. Die Frage nach der Kleidung ist zwar nicht so entscheidend, aber bedenken Sie die „Signale", die Sie je nach Kleiderwahl setzen. In Bankkreisen sind Kostüm und Anzug nun mal Standard für die Angestellten. Inwieweit Sie sich diesem „Dress-Code" annähern, sollten Sie vor allem danach entscheiden, ob Sie sich in der von Ihnen gewählten Kleidung für diesen Anlass wohl fühlen.
5. Bestehen Sie auf Informationen zu den öffentlichen Förderprogrammen, aber lassen Sie sich auch über „hauseigene Kredite" beraten. Lassen Sie sich von

der Beraterin die Vor- und Nachteile erklären und lassen Sie sich individuelle Berechnungen geben für einen besseren Vergleich.

6. Es ist natürlich hilfreich für Sie, wenn Sie sich schon vorab informiert haben über die möglichen Programme. Bei Unklarheiten, unverständlichen Fremd- oder Fachwörtern fragen Sie immer gleich nach.

7. Holen Sie sich von mindestens einem anderen Kreditinstitut deren Finanzierungsangebote, um vergleichen zu können, bevor Sie sich endgültig entscheiden.

▶ **Wichtig!** Beachten Sie unbedingt, dass die wichtigste Voraussetzung bei vielen öffentlichen Förderprogrammen darin besteht, dass noch nicht „gegründet" wurde! Die Mittel müssen also „vor Aufnahme der selbstständigen Tätigkeit" beantragt und vorher bewilligt sein. Erst dann können Sie starten.

„Gegründet" haben Sie übrigens schon, wenn Sie auf dem Brief zusätzlich zu Ihrem Namen die Geschäfts-Bezeichnung ergänzen oder einen Stempel mit dieser zusätzlichen Angabe haben anfertigen lassen! ◀

Gründungszuschuss der Agentur für Arbeit

Gerade dann, wenn der Mensch viel Zeit zum Nachdenken und Austüfteln einer Geschäftsidee hat, fehlt dem Gründergeist oftmals das Geld, insbesondere in der Situation der Arbeitslosigkeit. Dass dies kein schlechter Startplatz in die Selbstständigkeit sein muss, belegen immer wieder Erhebungen: Laut dem Wirtschaftsmagazin „impulse" hat sich die Zahl der ExistenzgründerInnen, die sich mit einer Starthilfe der Agentur für Arbeit selbstständig gemacht haben, in den zehn Jahren von 2000 bis 2010 mehr als verdreifacht. Dass diese öffentlichen Mittel gut investiert sind, zeigt die Statistik: Am Ende der Förderung hatten sich neun von zehn Unternehmen erfolgreich am Markt behauptet und obendrein hatte im Schnitt jeder zweite Jungunternehmer noch einen zusätzlichen Arbeitsplatz geschaffen.

Welche Voraussetzungen müssen Sie nun erbringen, wenn Sie sich aus der Arbeitslosigkeit heraus selbstständig machen wollen?

Sie müssen bis zur Aufnahme der selbstständigen Tätigkeit arbeitssuchend gemeldet gewesen sein und Leistungen von der Agentur für Arbeit bezogen haben. Allerdings ist es im Einzelfall auch möglich, aus einem noch ungekündigten oder bereits gekündigten Arbeitsverhältnis heraus, vor Beginn der Arbeitslosigkeit, den Gründungszuschuss zu beantragen! Suchen Sie in diesem Fall unbedingt vor Ablauf des Beschäftigungsverhältnisses „Ihren" Berater in der Arbeitsagentur auf, um die Vorgehensweise, Anträge etc. zu besprechen.

Eine sogenannte „fachkundige Stelle" muss bestätigen, dass Ihr Vorhaben Aussicht auf wirtschaftlichen Erfolg hat (die sogenannte „Tragfähigkeitsbescheinigung").

Das können Unternehmens- oder Steuerberater machen oder auch der eigene Berufsverband. Stimmt danach die Arbeitsagentur dem Antrag zu und sind alle Unterlagen eingereicht, kann es losgehen. Der „Gründungszuschuss", wie diese Leistung heisst, wird gezahlt zur wirtschaftlichen Sicherung während der Startphase einer Gründung.

Voraussetzung ist, dass Sie noch einen Anspruch auf Arbeitslosengeld haben von mindestens 150 Tagen (also ca. fünf Monate).

Der Gründungszuschuss wird dabei in zwei Phasen geleistet:

Für die ersten sechs Monate wird der Zuschuss in Höhe des zuletzt bezogenen Arbeitslosengeldes gewährt „zur Sicherung des Lebensunterhalts". Zusätzlich gibt es 300 Euro monatlich „zur sozialen Absicherung".

Nach Ablauf dieser ersten Phase können für weitere neun Monate 300 Euro pro Monat zur sozialen Absicherung gewährt werden, wenn eine intensive Geschäftstätigkeit und hauptberufliche unternehmerische Aktivitäten dargelegt werden. Während dieser Zeit ist der Antragsteller bereits nicht mehr arbeitslos gemeldet und braucht deshalb der Arbeitsagentur nicht mehr zur Verfügung zu stehen. So ist es möglich, sich ganz auf die neue Tätigkeit zu konzentrieren. Hat die Existenzgründung Erfolg und der/die neue Selbstständige kann auf eigenen Füssen stehen und von den erzielten Einkünften leben, braucht der Gründungszuschuss nicht zurückgezahlt zu werden. Hat es mit der Selbstständigkeit aber nicht geklappt, so kann nach Ablauf der Überbrückungszeit ein eventuell verbliebener Restanspruch auf Arbeitslosengeld immer noch wahrgenommen werden. Der Gründungszuschuss wird auf das Arbeitslosengeld nicht angerechnet. Mehr auch unter www.arbeitsagentur.de, Suchbegriff „Gründungszuschuss".

Wer kann beim Start helfen, unterstützen und beraten?

Für alle Fragen, die sich für Sie auf dem Weg in die haupt- oder nebenberufliche Selbstständigkeit ergeben, gibt es Antworten. Sie müssen nur „den richtigen Leuten die richtigen Fragen" stellen. Scheuen Sie sich nicht zu fragen! Nutzen Sie Ihre Möglichkeiten und wenden Sie sich an Fachleute. Denn wer am Anfang der Selbstständigkeit damit beginnt, das sprichwörtliche Rad neu zu erfinden, verliert einfach zuviel Zeit und vor allem Energie, die nachher im eigenen „Geschäft" für das Wesentliche fehlt.

Berufsverband

Fragen Sie Ihren Verband nach Erfahrungswerten. Mancher Verband hat eigens beauftragte BeraterInnen dafür. Andere Verbände können an Mitglieder vermitteln, die sich bereits erfolgreich selbstständig gemacht haben und gerne weiterhelfen.

Unternehmens-, Betriebs- oder GründungsberaterInnen

GründungsberaterInnen können Ihnen gerade am Anfang den Weg weisen. Fragen Sie aber bereits vor Aufnahme einer solchen Beratung nach den spezifischen Kenntnissen zu Ihrem Angebot. Viele GründungsberaterInnen sind nämlich auf einzelne Branchen oder Bereiche spezialisiert. Erkundigen Sie sich bei Unternehmens- und BetriebsberaterInnen, ob sie auch bei Gründungen weiterhelfen und ebenfalls nach den branchenspezifischen Kenntnissen beziehungsweise Erfahrungen.

Finanzberater der Bank oder Sparkasse

Nutzen Sie die (kostenlosen) Angebote der institutionellen BeraterInnen bei allen Fragen der Finanzierung. Dazu gehören nicht nur die weiter oben schon beschriebenen Förderangebote, sondern auch die Beratung zur Finanzplanung Ihrer selbstständigen Unternehmung.

Steuerberater

SteuerberaterInnen helfen nicht nur bei steuerlichen Fragen rund ums Finanzamt. Sie können Sie auch bei vielen Fragen der Betriebsführung, der Liquiditätssteuerung und zum Geschäftsaufbau beraten. Auch hier gilt: Fragen Sie bereits vor der Beratung nach branchenspezifischen Kenntnissen und nach Erfahrungen mit anderen MandantInnen, die sich in ähnlichen Bereichen wie dem Ihren selbstständig gemacht haben.

Rechtsanwalt

Juristische Beratung werden Sie meist nicht benötigen. Aber insbesondere bei der Festlegung auf die Rechtsform der Unternehmung und bei Verträgen kann eine juristische Beratung hilfreich sein. Für solche Beratungen können Rechtsanwälte ein frei vereinbartes Honorar verlangen. Lassen Sie sich deshalb vor der Beratung den zu erwartenden Kostensatz nennen.

Behalten Sie diese Zahlen im Blick

Die nachfolgende Tabelle zeigt einige Gewinn- bzw. Umsatzschwellen, die Sie unbedingt im Blick haben sollten, um Überraschungen zu vermeiden. Mehr Informationen zu den einzelnen Grenzen finden Sie unter den angegebenen Seitenzahlen, teilweise in anderen Kapiteln dieses Buches.

Start	Familien-versicherung	Kurse, Seminare, Unterricht	Weitere Infos finden Sie auf Seite ...
Bis 2.400 € Honorar		Max. Übungsleiter-pauschale (Kurse nur VHS und Sportverein)	Seite 143
ab 4.740 € Gewinn	Eigene Kranken-versicherung		Seite 170
ab 5.400 € Gewinn		Rentenversicherungs-pflicht	Seite 162

		Kurse, Beratung, Therapie	
ab 17.500 € Umsatz		Umsatzsteuerpflicht, Ende des „Kleinunternehmens" nach §19 UStG	Seite 145

Zahlen jeweils pro Jahr.

„Den eigenen Preis finden"

Kalkulation – Preisfindung – Marktakzeptanz

Mit einer Kalkulation erfassen Sie alle Kosten eines Dienstleistungsangebotes. Dabei geht es weniger um die Frage nach der richtigen Technik, sondern, wie es Johanna Joppe ausführt, um „die richtige Sichtweise". Sie hat in ihrem Buch „Kampf den Renditekillern" (erschienen im Campus-Verlag, 2002) neun Kalkulationsregeln aufgestellt, die sich auch auf den Bereich der freiberuflichen Dienstleistung für Sie als Unterrichtende, Berater oder Therapeutin anwenden lassen.

1. Alle Zahlen aufschlüsseln

Wer nur grobe Zahlen wie den gesamten Umsatz betrachtet, übersieht leicht Fehlentwicklungen in einzelnen Bereichen oder bei einzelnen Angeboten. Deshalb: Alle Zahlen aufschlüsseln, etwa Umsatz und Gewinn für jede einzelne Dienstleistung oder jedes Kursangebot für die einzelnen Kunden und Zielgruppen. Verschaffen Sie sich laufend einen Überblick über Ihre gesamten Kosten, nicht nur über die „grossen Posten". Wieviel haben Sie in den letzten Monaten für Werbemassnahmen ausgegeben? Wieviel Einnahmen sind dadurch entstanden? Wie hoch sind Ihre laufenden Ausgaben für Büromaterial, Fahrten, Fortbildungen etc. Je klarer Sie alle Kosten überblicken können, um so leichter werden Ihnen die notwendigen Entscheidungen fallen.

2. Erfassen der gesamten Ursache-Wirkungs-Kette

Wer etwa Gewinneinbussen ausschliesslich mit einer Massnahme bekämpft wie verstärkter Werbung oder gar Preisreduktion, kuriert nur am Symptom, dringt aber nicht zur Ursache vor. Fragen Sie doch einfach mal Ihre TeilnehmerInnen, am besten regelmässig, was ihnen gefällt, und – was Sie besser machen könnten. Oft sind es Kleinigkeiten, die bisher treue Kunden veranlassen, nicht mehr zu kommen. Bedenken Sie, dass jede Massnahme positive und negative Effekte hat. Spielen Sie mit unterschiedlichen Szenarien und deren Folgen und rechnen Sie die jeweiligen Konsequenzen durch. Durch Abwägen möglichst aller Aspekte verschaffen Sie sich mehr Entscheidungssicherheit.

3. Erheben Sie laufend Ihre Zahlen

Viele Unternehmer entscheiden auf Basis veralteter Quartals- oder Halbjahreszahlen. Das kann leicht zu falschen Schlüssen führen, die teuer, wenn nicht gar existenzbedrohend sein können. Deshalb: Mit entsprechenden EDV-Programmen (oder einer konsequent aktualisierten Tabellenkalkulation) oder durch betriebswirtschaftliche Auswertungen, die Ihnen Ihr Steuerberater leicht erstellt, die aktuellen Daten mindestens quartalsweise erheben.

Tipp: Lassen Sie sich eine solche „BwA: Betriebswirtschaftliche Auswertung" in Ruhe erklären. Denn darin liegt der Schlüssel zur Erkenntnis Ihrer Betriebsführung, für Ihre weitere Planung und zukünftige Aktivitäten.

Und: Sie sollten nicht nur eine gute Therapeutin oder Lehrerin sein, sondern auch wissen, warum Sie damit erfolgreich sind – und wo Sie noch Potential haben. Das Argument des Zeitmangels gilt nicht bei der Auseinandersetzung mit Ihren eigenen Geschäftszahlen! Wenn eine gravierende Fehleinschätzung die Existenz nicht mehr nur bedroht, sondern bereits „der Laden" geschlossen ist, haben Sie genug Zeit. Aber dann ist es zu spät.

4. Alle Daten integrieren

Wer nur wenige Zahlen betrachtet, setzt vielleicht weiter auf Verlustgeschäfte oder schlägt ein lukratives Angebot aus. Deshalb sollten Sie immer bedenken: Jede Zahl beeinflusst die anderen. Berücksichtigen Sie bei jeder Entscheidung auch die versteckten Kosten wie zum Beispiel erhöhten Werbungsaufwand oder unbezahlte Vor- und Nachbereitungszeiten. Das gilt insbesondere für die Kalkulation von neuen Kursen und Seminaren oder bei speziellen Aufträgen, die von Ihren „normalen Angeboten" abweichen. Lassen Sie sich schon bei der Auftragsanfrage nicht unter Druck setzen. Nehmen Sie sich die Zeit, die Sie brauchen und erstellen ein solides Angebot, bei dem Sie Ihre Zahlen und Fakten im Blick halten.

5. Den Cash-Flow im Auge behalten

Ohne ausreichende Liquidität (s. S. 65 „Immer gut bei Kasse bleiben") können Investitionen bei plötzlichen Zahlungs- oder Buchungsausfällen trotz ansonsten guter Auftragslage schnell zur Zahlungsunfähigkeit führen.

Deshalb: Stellen Sie für jedes Projekt und für jedes Angebot den erwarteten Einzahlungen die dazugehörigen Ausgaben gegenüber. Und sortieren Sie diese jeweils nach Fälligkeit. Arbeiten Sie mit dem Zwei-Konten-Modell (s. S. 66), um Ihre Liquidität zu verbessern.

6. Renditefelder erkennen

Viele Selbstständige entscheiden nach Sympathie, welche Zielgruppe oder welches Angebot sie fördern wollen. Das kann Sie eventuell teuer zu stehen kommen. Es geht ja nicht darum, sich zu „verbiegen". Aber gerade eine „schwierige Zielgruppe" kann auch Potential bieten für die eigene Entwicklung. Deshalb: Ermitteln Sie laufend, mit welchen KundInnen oder Angeboten Sie den meisten Gewinn machen. Und mit welchen arbeiten Sie am liebsten zusammen? Überprüfen Sie Ihr Unternehmen regelmässig anhand der kombinierten Anwendung der ABC/XYZ-Analyse (s. S. 61ff.).

7. Simulieren Sie alle Entscheidungen

Wer sich bei der Bewertung neuer Projekte ausschliesslich auf alte Zahlen stützt, verdrängt mögliche Risiken. Deshalb: Simulieren Sie die geplanten Projekte oder Aufträge nicht nur im Kopf, sondern auf dem Papier oder am Computer, um alles zu erfassen. So erkennen Sie schnell die Faktoren, die Ihre Entscheidung beeinflussen. Danach wissen Sie auf solider Basis, was zu tun ist.

8. Entwickeln Sie mehrere Szenarien

Wer für ein Projekt oder einen Auftrag nur ein Szenario aufstellt, wird bei plötzlichen Veränderungen leicht handlungsunfähig. Deshalb: Niemand kann die Zukunft vorhersagen. Nur wer positive und negative Szenarien entwickelt, kann schnell und sicher reagieren. Entwickeln Sie immer auch das „Worst Case-Szenario": Was ist, wenn wirklich alles schief läuft, was denkbar ist? Wenn Sie auch dazu noch Ideen haben und Möglichkeiten finden, gehen Sie viel entspannter und tatkräftiger an die Umsetzung.

9. Rechnen Sie mit Personenstunden

Viele Selbstständige orientieren sich nur an der Anzahl der Aufträge oder Buchungen. Ob die persönlichen Kapazitäten und Ressourcen reichen, wird nicht beachtet. Deshalb: Rechnen Sie mit Personalstunden und nehmen Sie diese als Grundlage für Ihre Akquisitionsplanung und Ihre Preiskalkulation. Auf diese Weise können Sie auch frühzeitig feststellen, für welchen Bereich Sie eventuell wie viel Personenstunden „einkaufen" müssen – in Form von (freien oder festen) MitarbeiterInnen.

Und wie viele Kurse oder Beratungen müssen Sie geben?

Das hängt natürlich zuerst einmal davon ab, ob Sie hauptberuflich davon leben oder „nur" neben einem Angestellten-Job tätig werden wollen. Es gilt jedoch schon zu Beginn daran zu denken, dass Sie sich nicht überlasten sollten – auch wenn es Ihnen grosse Freude macht, zu unterrichten oder Menschen in Ihrer Praxis zu helfen und sie zu unterstützen. Aber wer hilft Ihnen und unterstützt Sie? Berufliche Aktivitäten und freie Zeit für Ihre Familie und für Freunde sollten in einem für Sie ausgewogenen Verhältnis stehen. Schnell bringt man am Anfang eine grosse Anzahl an Terminen zusammen und „rennt" von Kurs zu Kurs, von Sitzung zu Sitzung. Zeigt sich das auch auf dem Konto, wird man eher noch darin bestärkt, es so weiter zu machen. Aber bedenken Sie den Wert von Müssiggang und einem guten Gespräch mit Freunden. Danach geht doch meist vieles leichter, oder?

Also, zur einfachen Orientierung können Sie davon ausgehen, dass Sie mit acht bis zehn Kursen pro Woche über zehn Monate im Jahr soviel einnehmen, dass Sie davon leben können. Eine gute Kalkulation vorausgesetzt, aber das hatten wir ja schon ... Wenn Sie beraten, als Coach tätig sind oder therapeutisch arbeiten, sollten zwei bis drei Sitzungen pro Nachmittag/Abend (vier bis fünf am Tag) an vier Tagen in der Woche genügen, dass Sie davon leben können.

Und wie kalkulieren Sie nun Ihr Honorar?

Da es keine festgeschriebenen Honorarsätze gibt, sind Sie bei der Berechnung der Höhe Ihres Honorars für Unterricht, Beratung und Therapie relativ frei – aber auch auf sich selbst gestellt. Zwei Aspekte sollten Sie auf jeden Fall in Ihre Berechnungen mit einbeziehen. Zum einen müssen mit dem Honorar sämtliche Kosten, die Ihnen entstehen, abgedeckt sein. Und zum anderen sollten Sie einen örtlichen Vergleich anstellen, um festzustellen, was die Menschen in Ihrer Gegend bereit sind zu zahlen.

Das Honorar für eine (Zeit-)Stunde Gruppen-Unterricht sollte bei mindestens 50 Euro netto liegen. Eine Einzel-Stunde Beratung, Therapie oder Unterricht sollte mit mindestens 70 Euro zu honorieren sein. Zahlen Sie Miete für den Raum, sind Sie umsatzsteuerpflichtig, müssen Sie Werbung machen, telefonieren etc., so müssen Sie diese Kosten anteilig noch zum Honorar addieren.
Fragen Sie sich, wie viel Sie sich selbst wert sind!

Beispiel: Kalkulation Preis je Stunde
Wir helfen Helga
Helga wird sich in den nächsten drei Monaten selbstständig machen als Entspannungspädagogin. Die Ausbildung hat sie nebenberuflich erfolgreich abgeschlossen und wird anfangs alles von zu Hause aus organisieren. Für die einzelnen Kurse und Seminare wird sie Räume stundenweise anmieten. Ein Auto hat sie bereits, einen Computer auch. Nur wieviel sie für die Kurse nehmen soll, da hat sie keine Ahnung. Wir helfen!

Tipp: Egal, ob Sie Kurse, Seminare, Beratungen oder Therapien anbieten: kalkulieren Sie Ihren Preis auf die immer gleiche Zeiteinheit, nämlich auf eine Stunde (= 60 Minuten). Von dieser Einheit aus können Sie schnell einen Kurs berechnen, auch den Preis unterschiedlich langer Kurs-, Beratungs- oder Therapie-Einheiten (zum Beispiel 75 oder 90 Minuten, Seminar mit vier Stunden usw.).

Welche Kosten fallen für Helga an, die sie sich mit dem Kurspreis bezahlen lassen muss? Die Raumkosten, die Fahrtkosten, anteilige Telekommunikation, Werbung in Form von Flyern und Aushängen, Kurs-Ausstattung (Sitzkissen und Decken), Bücher, Kerzen und Duftöle. Sicherlich noch das eine oder andere mehr, aber wir wollen hier ja exemplarisch eine Kalkulation „für alle" erstellen.
Im ersten Schritt müssen alle Kosten auf eine Stunde „heruntergerechnet" werden. Da Helga die Räume immer nur stundenweise nutzt, zahlt sie auch nur einen Stundenpreis, den sie gleich übernehmen kann. Für unser Beispiel gehen wir von 10 Euro pro Stunde aus. Wie Sie bei eigenen Räumen den Preis je Stunde errechnen, steht auf S. 52ff.

Die Fahrtkosten fallen auch je Kurseinheit an, können also ebenfalls so übernommen werden.

Die Telekommunikationskosten (Telefon, Mobilfunk, Internet) müssen in ihrem Anteil geschätzt werden. Hier sagen wir: 1 Euro, denn Helga hat eine Flatrate.

Die Kosten für den Flyer werden ebenfalls auf die Stunde berechnet. Wie?

So: Wieviel Kurse werden im Flyer beworben? Beispiel: Sechs Kurse.

Also: Flyerkosten : 6 = Kosten Flyer je Kurs.

Konkret: Flyerkosten 180 Euro : 6 = 30 Euro Kostenanteil Flyer je Kurs.

Dieser Kostenanteil geteilt durch die Anzahl der Kurseinheiten ergibt den Anteil pro Stunde.

Konkret: 30 Euro : 6 Kurseinheiten = 5 Euro je Einheit usw.

Der Stundenanteil am Material wird schon etwas komplexer, aber jetzt nicht abschrecken lassen! Helga hat nämlich für ihre Ausstattung mit Kissen und Decken und ein paar anderen Dingen insgesamt 800 Euro ausgegeben. Sitzkissen halten in der Regel im Kursgeschäft zwei Jahre. Also lautet die Frage: Wieviel Kurse wird Helga in den nächsten 24 Monaten anbieten? Na, sagen wir mal 20. So rechnen wir zunächst mal aus, wie hoch der Anteil für Material am einzelnen Kurs ist.

Konkret: 800 Euro Material : 20 Kurse (in 2 Jahren) = 40 Euro Material je Kurs.

Unser Kurs hat sechs Einheiten, also rechnen wir wie folgt:

40 Euro Anteil : 6 Einheiten = 6,67 Euro Materialanteil je Kurseinheit.

Die Kosten für Kerzen und anderes „Verbrauchsmaterial" wie Duftöle, Blumen usw. werden entsprechend berechnet.

In dieser Kalkulation fehlt bisher aber noch der wichtigste Anteil. Welcher?

Na, Helgas Honorar pro Stunde!

Sie hat den „Leitfaden" gelesen und setzt also an: 50 Euro für eine Stunde Kurs.

Nun müssen alle oben ausgerechneten Beträge addiert werden, dann ergibt sich Helgas Preis für eine Kurs-Stunde. Dann lassen wir mal die Zahlenkolonne kommen: Raumpreis 10 Euro + Fahrt 4 Euro + Telekommunikation 1 Euro + Flyeranteil 5 Euro + Material 6,67 Euro + Kerzen/Duftöl 1,33 Euro + Honorar Helga 50 Euro = 78 Euro.

In unserem Beispiel kostet also eine Kurs-Stunde bei Helga 78 Euro.

Diese Summe muss durch alle Teilnehmenden insgesamt hereinkommen.

Aber wieviel werden kommen? Tja, das kann man nie so genau wissen, zumal nicht am Anfang. Fangen wir mit der nachfolgenden Frage an:

Wie viele Menschen haben im Raum Platz? Und wie viele Kissen und Decken hat Helga dabei? Nehmen wir mal an, es können maximal 15 Menschen teilnehmen und soviel Material hat Helga auch zur Verfügung.

Aber werden auch wirklich so viele Leute kommen? Hm. Wer soll das schon wissen? Zumal wenn man keinen Freundeskreis hat, der die berüchtigte „Werbetrommel" rührt und versichert, dass mindestens 14 Interessierte kommen werden?

Die Empfehlung, gerade für den Anfang:
Kalkulieren Sie mit zwei Drittel, in diesem Fall also mit 10 Teilnehmenden.
Dann sieht die Rechnung wie folgt aus:
Die Gesamtkosten für eine Kursstunde bei Helga betragen
78 Euro : 10 Teilnehmende = 7,80 Euro pro Kursstunde, die die Teilnehmenden zu
zahlen hätten. Für den gesamten Kurs also: 7,80 Euro x 6 Einheiten = 46,80 Euro
Teilnehmerbeitrag für den gesamten Kurs.
Das wird Helga noch runden und so schreibt sie den Kurs aus zum Preis von
48 Euro. Das sind noch keine 50 Euro, aber auch nicht gar so „krumm" wie der
eigentlich errechnete Preis.
Kommen nun mehr als die kalkulierten zehn TeilnehmerInnen, kann sich Helga
freuen, denn diese Einnahmen wird sie ja nicht für die Kosten benötigen. Das
wäre eine echte Mehreinnahme. Aber Vorsicht! Werden auch wirklich alle Kurse
voll? Was, wenn weniger als die kalkulierte Zahl zusammen kommt?
Wenn zum Beispiel nur acht oder neun Anmeldungen hereingekommen sind?
Dann lässt sich dieser Kurs nur schlecht absagen, denn das würde eine relativ
grosse Zahl Interessierter enttäuschen. Und Enttäuschungen und schlechte Erfahrungen werden um ein Vielfaches häufiger weiter erzählt als positive Erlebnisse!
Also entscheidet sich Helga, auch diesen Kurs stattfinden zu lassen. Und sie weiss,
wo am Ende das Minus abgezogen wird, genau: bei ihrem Honorar. Dafür kann
sie aber acht oder neun (neue) TeilnehmerInnen von der Qualität ihres Angebots
überzeugen. Und das wird sich – da dürfen wir uns mit Helga sicher sein – aus-
zahlen. Beim nächsten Kurs.

Was macht Helga mit den Einnahmen?
Alle Kosten, die wir für Helga erfasst haben, müssen natürlich verteilt werden.
Der Vermieter des Raumes bekommt sein Geld, die Fahrtkosten sind laufend zu
bezahlen. Aber was ist mit dem Geld für das Material und die Flyer? Und muss
Helga nicht vom Honorar auch noch etwas übrig behalten für Steuern, Versicherungen usw.? Lesen Sie dazu mehr in diesem Kapitel unter „Immer gut bei Kasse
bleiben" ab Seite 65.

Und Helgas Beispiel soll auch an Ihrem Ort funktionieren?
Als Anhalt, was die örtliche Kaufkraft hergibt, erkundigen Sie sich, was die Ein-
zelstunde Tennis oder Golf kostet oder was die Klavierlehrerin oder andere Leh-
rerInnen so nehmen. Grundsätzlich muss es keinen Unterschied geben zwischen
Gruppen- und Einzelunterricht oder Therapie. Die Zeit, die Sie tätig sind, bleibt
ja gleich. Und es ist diese Zeit, die Sie sich honorieren lassen.
Haben Sie Kontakt zu anderen Lehrenden, Beratenden oder TherapeutInnen in
Ihrer Region, so können Sie sich dort auch Rat holen.
Nur die Volkshochschultarife sollten Sie nicht als Anhalt nehmen. Die sind eindeutig
zu niedrig und werden zudem durch Steuergelder subventioniert.

„Das bin ich mir wert"

Sabine Asgodom ist eine angesagte Trainerin für Selbst-Management und Selbst-Marketing (www.asgodom.de). Sie hat einen Fragebogen entwickelt um festzustellen: „Das bin ich mir wert". Dazu beantworten Sie die nachfolgenden Fragen:

1. Was will ich im Jahr verdienen?

_____

2. Was muss ich dann im Jahr brutto verdienen?
(Nettoverdienst plus Steuern, Versicherungen, sonstige Abgaben, Kosten für Büro, Telefon, Porto, Büromaterial, Auto, Reisen, Hilfskräfte, Fachzeitschriften und Bücher, Fortbildung etc.)

_____

3. An wie viel Tagen möchte bzw. muss ich mein Geld verdienen?
(365 Tage im Jahr abzüglich aller Samstage und Sonntage bleiben 261 Tage, ohne Feiertage bleiben 248, abzüglich sechs Wochen für eigene Ferien und Fortbildung bleiben 218; „Bürotage" zur Organisation und für die Routineaufgaben jeweils einer pro Woche, also 46 im Jahr, bleiben 172 Tage zum Geldverdienen)

_____

4. Wie viel muss ich dann pro Tag verdienen?

_____

5. Markt-Check:
Gibt der Markt einen solchen Tagessatz, Monats- bzw. Jahresverdienst her?
Wenn ja, dann geht's los!

_____

Wenn nein, woher haben Sie die Informationen, dass dem wirklich so ist? Und wenn es tatsächlich so ist: was können Sie tun?

Es gibt immer Möglichkeiten.

_____

_____

Der Idee Raum geben

Egal, ob Sie Kurse geben, therapeutisch oder beratend tätig werden wollen, Sie brauchen einen Raum, in dem Sie arbeiten können. Das muss aber nicht gleich ein „eigener" Raum sein. Denn gerade am Anfang, wenn Sie noch nicht abschätzen können, wie Ihr Angebot am Ort angenommen wird, würde ein eigener Raum gleich monatliche Kosten für Miete und Nebenkosten entstehen lassen, so dass vielleicht Geld für anderes fehlt. Starten können Sie in jedem Raum, der geeignet ist für Ihr Angebot. In Stadtmagazinen und Kursblättern Ihrer Region werden in den Kleinanzeigen regelmässig Räume zur stundenweise Nutzung angeboten. Und Taiji oder Yoga können Sie gut in jedem Raum mit geeigneter Grösse anbieten, der nicht mit Stühlen oder Möbeln vollgestellt ist und einen sauberen Boden hat. Das kann der Gruppentherapie-Raum einer bestehenden Praxis sein oder die Jazz-Dance-Schule um die Ecke. Das Gleiche gilt natürlich, wenn Sie sich mit Beratung oder Therapie selbstständig machen wollen. Kolleginnen sind häufig froh, wenn Sie in Zeiten ihre Räume nutzen, in denen sie ansonsten leer stünden. Denn genau das ist das Grundproblem mit eigenen Räumen: Können Sie die Räume noch nicht so oft füllen, dass Sie mit Ihren eigenen Angeboten (Kurse oder Beratungen) lässig die monatliche Miete „einspielen", legen Sie schnell drauf. Denn die Miete ist jeden Monat fällig, egal, ob Sie die Räume nutzen oder nicht.

Erst wenn Sie regelmässig an mindestens drei bis vier Tagen in der Woche einen Raum für mindestens vier Stunden brauchen, lohnt es sich, an eigene Räume zu denken. Brauchen Sie einen Raum weniger als vier Tage die Woche, ist der Leerstand nämlich schon höher als Ihre Nutzungszeit. Das können Sie natürlich dadurch ausgleichen, dass Sie Ihre Räume in diesen Zeiten anderen zur Verfügung stellen. Aber am Anfang sollten Sie sich auf Ihr eigentliches Vorhaben konzentrieren. Also: Wollen Sie einen Kursraum vermieten oder wollen Sie in einem eigenen Raum selber Kurse anbieten? Ihre Antwort? Danach entscheiden Sie.
Welche Anforderungen Sie selbst an Räume stellen sollten, erfahren Sie auch im folgenden Kapitel, ab Seite 79. Dort geht es um Lage, Nähe zu Ihren potentiellen Interessenten und einiges mehr.
Hier soll es weitergehen mit Überlegungen zur Grösse eigener Räume für Kurse bzw. für Therapie oder Beratung.

Eigene Räume für Kurse/Seminare

Stellen Sie sich folgende Fragen aus Sicht Ihrer zukünftigen Teilnehmerinnen: Müssen diese sich umziehen vor dem Kurs, eventuell duschen nach dem Kurs? Dann brauchen Sie eine entsprechende Fläche für Umkleide und Garderobe. Zehn Menschen können sich gut auf acht Quadratmetern umziehen, aber es ist dann auch schnell „kuschelig", anders betrachtet: „eng". Kommen Männer und Frauen zu Ihnen, sollten Sie überlegen, zwei getrennte Bereiche zur Verfügung zu stellen. Dazu kommt mindestens eine Toilette. Die sollte natürlich auch über ein Waschbecken verfügen. Und: Nein, es braucht nicht zwingend eine nach Geschlecht getrennte Toilette.

Der Kursraum selbst sollte so gross sein, dass Sie mindestens 15 Teilnehmende für Ihr Angebot unterbringen können. Da die Fläche pro Teilnehmer je nach Technik stark variieren kann, hier nur ein paar Anhaltspunkte:

Für Yoga, Taiji und ähnlichem gehen Sie von einem Raumbedarf von ca. zwei Quadratmetern pro Person aus (Ihren Platz müssen Sie mitrechnen!). Dazu addieren Sie 15-20 Quadratmeter „Verkehrsfläche", also den Raum zwischen den Matten, den Schwenkbereich der Tür und ggf. der Fenster. Rund um Ihren Platz werden Sie meist auch mehr Raum haben (wollen) als die Teilnehmenden untereinander, denn Sie kommen ja auch noch mit Material, Unterlagen usw. So können Sie ausrechnen, ab welcher Grösse ein Raum für Sie überhaupt in Frage kommt. Für Yoga und Taiji sollte der Kursraum also mindestens 45-50 Quadratmeter haben (15 Teilnehmende x 2 qm + 15-20 qm).

Gestalten Sie Ihr Angebot hauptsächlich im Sitzen (mit oder ohne Stuhl), so rechnen Sie mit 1,5 Quadratmetern je TeilnehmerIn – und wieder ca. 15 Quadratmeter für den Abstand zwischen den Stühlen, Ihren Bewegungsraum von Stuhl zu Flipchart oder Musikanlage usw. (s. oben).

Wenn Sie vorhaben, auch längere Seminare zu geben, über einen Tag oder ein Wochenende, so planen Sie gleich die Möglichkeit ein, dass sich Ihre TeilnehmerInnen in den Pausen einen Tee kochen können und vielleicht auch ausserhalb des Kursraumes beisammen sitzen können.

Und wieso mindestens 15 Teilnehmende?

Auch wenn Sie erst einmal mit deutlich weniger Teilnehmenden Ihre ersten Kurse starten, was ist, wenn Sie mit Ihrem Angebot gut ankommen und erfolgreich sind? Dann wird man Sie weiter empfehlen, mehr Anfragen für Ihre Kurse werden kommen. Das ist schön, oder? Aber wenn Sie nur einen Raum für acht oder gar nur sechs Teilnehmende haben, sind Sie schon an seiner Kapazitätsgrenze. In der Folge müssen Sie also einen zweiten Kurs für weitere sechs oder acht Leute anbieten. Dagegen können Sie in einem grösseren Raum die steigende Nachfrage viel leichter auffangen – ohne dass Sie dafür einen zweiten Kurs ausschreiben müssten.

▶ **Hinweis:** Wirtschaftlich wird ein Kursgeschäft mit eigenen Räumen erst bei konstanter Teilnahme von mehr als zehn Teilnehmenden pro Kurs. Ausserdem sind Ihre kalkulatorischen Kosten geringer in einem grösseren Raum als in einem kleinen. Mehr dazu lesen Sie in diesem Kapitel ab Seite 52. ◄

Eigene Räume für Beratung oder Therapies

Wenn Sie ausschliesslich mit einzelnen Menschen arbeiten werden, so genügt schon ein Raum mit einer Grösse von ca. zehn bis zwölf Quadratmetern. Dann sollte aber die Garderobe ausserhalb sein. Auch in diesem Fall sollte eine Toilette dazu gehören mit einem Handwaschbecken. Insbesondere bei Erstgesprächen ist ein gewisser Abstand hilfreich und für das Gespräch und die nachfolgende Beratung oder Therapie eher hilfreich und förderlich. Achten Sie deshalb auf „freie Fläche" in Ihrem Beratungsraum. Nehmen Sie selbst immer mal wieder dort Platz, wo Ihre Klientinnen sitzen. Gefällt Ihnen, was Sie sehen? Wie fühlen Sie sich an diesem Platz? Haben Sie eine „schöne Aussicht oder Ansicht"? Wenn nicht, was können Sie leicht ändern?

Was kostet der eigene Raum pro Stunde?

Weiter oben „halfen wir Helga" mit einer exemplarischen Kalkulation, um den Preis für den eigenen Unterricht, Beratung, Therapie pro Stunde ermitteln zu können. Dabei hatten wir dort der Einfachheit halber angenommen, dass Helga einen Raum stundenweise anmietet. Wenn Sie nun eigene Räume haben, egal ob Eigentum oder Miete, müssen Sie für die Kalkulation Ihres Preises erst einmal die Kosten ermitteln. Das geht folgendermassen:
Die Miete für den Raum (Studio, Schule) wird monatlich fällig, aber wahrscheinlich werden Sie diesen Raum nicht alle zwölf Monate des Jahres nutzen. Durch Urlaub und Feiertage können Sie von einer durchschnittlichen Nutzungszeit von zehn Monaten im Jahr ausgehen. Deshalb beginnt die Rechnung damit, die Jahresmiete zu ermitteln.
Das geht ja leicht: Monatsmiete x 12 = Jahresmiete. Da Sie die Räume nur zehn Monate nutzen, ermitteln Sie den Preis pro Nutzungsmonat, indem Sie die Jahresmiete durch diese zehn Nutzungsmonate teilen:
Jahresmiete : 10 = Mietpreis je Nutzungsmonat.

Nächster Schritt: An wie viel Tagen eines Monats nutzen Sie Ihren Raum (Studio, Schule)? Sicher nicht an allen, wahrscheinlich an vier, vielleicht sogar an fünf Tagen in der Woche. Also geht es jetzt darum, den Preis pro Nutzungstag zu berechnen. Das sieht wie folgt aus:
Mietpreis je Nutzungsmonat : (4 Tage x 4 Wochen=) 16 = Preis pro Nutzungstag.

Und wie viel Stunden an einem Tag unterrichten oder beraten Sie? Vielleicht vier bis sechs Stunden? Das entspräche zwei bis drei Kursen oder drei bis fünf Beratungen am Tag. Somit teilen Sie in der letzten nötigen Rechnung den Preis pro Nutzungstag durch die Anzahl der Stunden und erhalten Ihren kalkulatorischen Raumpreis je Stunde.

Beispiel: Ralf zahlt für sein Studio monatlich 800 Euro Miete einschliesslich der Nebenkosten an den Vermieter. Ralf arbeitet als Coach in Einzelsitzungen und gibt ausserdem Kurse zur gesunden Lebensführung. Im August macht er mit seiner Familie Ferien und schliesst seine Räume. Ebenso macht er über die Weihnachtszeit zu. Somit nutzt er sein Studio an zehn Monaten im Jahr.

Die Rechnungen nun im Einzelnen:
Ermitteln der Nutzungsmiete pro Monat:
12 Monate x 800 Euro Miete = 9.600 Euro : 10 Nutzungsmonate = 960 Euro je Nutzungsmonat.

Preis je Nutzungstag:
960 Euro : 16 Nutzungstage = 60 Euro Miete je Nutzungstag

Preis je Nutzungsstunde:
60 Euro : 6 Nutzungsstunden = 10 Euro Raumkosten pro Stunde.

In den Zeiten seiner Abwesenheit und an manchen Wochenenden stellt Ralf sein Studio anderen zur Nutzung zur Verfügung. Dadurch ergibt sich die Frage:

Was nimmt man für den eigenen Raum bei Fremdnutzung pro Stunde?

Zunächst ermitteln Sie wie im Beispiel zuvor Ihren eigenen Raumpreis je Stunde. Denn bei einer Überlassung an andere haben Sie dadurch eine sichere Berechnungsbasis. Und das Rechnen selbst geht schnell: verdoppeln Sie Ihren eigenen Preis bei Fremdnutzung. Denn anders als bei Ihrer eigenen Nutzung müssen Sie bei einer Überlassung an andere bedenken, dass auch deren Teilnehmende die Toilette benutzen, sich die Hände waschen und es nicht alle schaffen, bei Regenwetter Ihre Räume mit sauberen Schuhen zu betreten. Diesen zusätzlichen Aufwand, verbunden mit Kosten, können Sie mit dieser einfachen Rechnung kalkulatorisch auffangen. Richtig „verdient" haben Sie dann noch nichts. Dafür müssten Sie die Kostenrechnung aufstellen wie oben, statt eines Honorars dann mit einem entsprechenden Ansatz für Ihre angestrebte Einnahme aus Nutzungsüberlassung.

Rundfunkbeitrag

GEZ war vorgestern, bis Ende 2012. Und deren Satz lautete: „Schon GEZahlt?"! Das heisst leider nicht, dass seitdem nichts mehr für Radio und Fernsehen bezahlt werden müsste. Im Gegenteil. Seit Januar 2013 dürfen wir alle den „Rundfunkbeitrag" zahlen. Wirklich alle, denn jede private Wohnung ist zahlungspflichtig und natürlich auch jede Betriebsstätte, also Büros, Studios, Läden, Schulen usw. Der Rundfunkbeitrag für eine private Wohnung beträgt pro Monat 17,98 Euro.

Für eine Betriebsstätte mit bis zu acht Beschäftigten zahlen Unternehmen jedoch nur ein Drittel des Rundfunkbeitrags, nämlich 5,99 Euro pro Monat. Darin enthalten ist auch „das erste" betrieblich genutzte KFZ. Denn erst bei weiteren überwiegend betrieblich genutzten Fahrzeugen werden pro Fahrzeug nochmal je 5,99 Euro im Monat fällig.

Selbstständige, die zu Hause arbeiten und für ihre Wohnung bereits den Rundfunkbeitrag leisten, müssen keinen gesonderten Beitrag für die Betriebsstätte zahlen. Wie aus GEZ-Zeiten gwohnt, ist aber in diesem Fall der Beitrag für betrieblich genutzte Kraftfahrzeuge zu entrichten: monatlich 5,99 Euro pro Kfz.

Der Rundfunkbeitrag wird unabhängig von vorhandenen Geräten erhoben. Auch wenn im Extremfall gar kein Radio-, TV- oder anderes Gerät mit Internetzugang (PC, Tablet etc.) vorhanden ist: der Rundfunkbeitrag ist zu entrichten.

Alle Informationen und Formulare gibt es auf der von ARD, ZDF und Deutschlandradio betriebenen Seite: www.Rundfunkbeitrag.de.

„Und jetzt noch eine schöne Musik zur Entspannung" – und die GEMA nimmt auch an Ihrem Kurs teil

Wie bitte? Ja, so ist es, denn die GEMA ist die „Gesellschaft für musikalische Aufführungs- und mechanische Vervielfältigungsrechte" und schützt weltweit die Rechte von Musikschaffenden, vom Komponisten über Musiker bis zu Bands und Orchestern. Da diese oftmals gar nicht mit bekommen (können), wann wo welche Musik gespielt wird, hat man in Deutschland die GEMA gegründet. Weltweit gibt es in fast allen Ländern ähnliche Organisationen.

Wenn Sie in Ihren Kursen Musik einsetzen, so sind Sie verpflichtet, dies der GEMA zu melden. Dabei wird natürlich berücksichtigt, dass Sie für einen Yoga-Kurs oder für Meditation und Entspannung eine andere Nutzungs-Intensität haben als zum Beispiel eine Diskothek. Was kostenmässig auf Sie zu kommt, wenn Sie Musik im Kurs einsetzen wollen, erfahren Sie auf der Website www.GEMA.de, und zwar unter dem Menüpunkt: „Betriebe mit Hintergrundmusik", dort dann weiter zu: „Fitness- und Sportstudios". Hier finden Sie die aktuelle Tarifübersicht sowie einen Fragebogen zur Anmeldung von Musiknutzung, auch im Kursgeschäft. Bei Kursen berechnet sich der GEMA-Beitrag nach der Anzahl der monatlichen Kursteilnehmenden (beginnend mit „bis 20 TN" usw. in Zehnerschritten).

Der Autor: Positiv fiel mir die Gema auf, als ein Freund bei einem Electronic-Music-Projekt als Saxophonist mitspielte. In Deutschland verkauften sie von ihrer CD bescheidene 500 Stück, meist nach ihren Konzerten. Erst als er plötzlich Zahlungen von der GEMA erhielt, erfuhr der Saxophonist, dass ihr Musik-Projekt bei bestimmten kanadischen Rundfunkstationen sprichwörtlich „rauf und runter" lief. In Kanada wurden in nur einem Quartal über 5.000 Stück ihrer CD verkauft. Ohne GEMA hätte er davon nichts erfahren - und auch kein Geld bekommen.

Verbandskasten in eigenen Räumen

Gemäss der „Verordnung über Arbeitsstätten" und der „Berufsgenossenschaftlichen Vorschriften für Arbeitssicherheit und Gesundheitsschutz", früher „Unfallverhütungsvorschrift" genannt, muss an Arbeitsstätten ein ausreichend ausgestatteter Verbandskasten zur Verfügung gehalten werden. Die Füllung richtet sich nach der Arbeitsstätte, da in einem Büro üblicherweise anderes Erste-Hilfe-Material gebraucht wird als zum Beispiel in einer Maschinenhalle. Sanitätshäuser, Apotheken und der Büro-Versandhandel beraten und bieten entsprechende DIN-gerechte Kästen an (DIN 13157). Dabei ist der Verbandskasten als solches nicht vorgeschrieben, sondern der Inhalt - und aus praktischen Gründen sollte dieser Inhalt (Mullbinden, Schere, Pflaster usw.) natürlich transportabel sein, da die meisten Unfälle nun mal nicht in unmittelbarer Nähe eines Aufbewahrungsschrankes entstehen. Die sterilen Materialien sollten im eigenen Interesse (und weil es vorgeschrieben ist) regelmässig ausgetauscht werden. Die Ablaufdaten finden Sie auf den jeweiligen Verpackungen.

Feuerlöscher in eigenen Räumen

Gemäss der zuvor bereits erwähnten „Verordnung über Arbeitsstätten" ist es ebenfalls Pflicht, Feuerlöscher bereitzustellen. Diese müssen der DIN EN 3 entsprechen. Kaufen Sie aber nicht irgendeinen Löscher, damit Sie ihn haben, sondern entsprechend der möglichen Einsatzstellen. Für elektronische Geräte wie Computer, Festplatten, Telefon-Anlagen, Router usw. empfiehlt sich ein Kohlendioxyd-Löscher (zwei Kilo Füllung ist ausreichend). Dabei wird nämlich eine „rauchende Festplatte" oder ähnliches gelöscht, ohne dass die Hardware Schaden nimmt. Das Gas erstickt das Feuer - ohne Rückstände im Gerät zu hinterlassen. Für alle Arten von Papier (Akten, Zeitschriften), die übliche Ausstattung eines Beratungsraumes oder eines Taiji- oder Yoga-Studios ist ein Schaumlöscher (sechs Liter Inhalt) gut geeignet, da damit auch das Feuer durch einen elektrischen Kurzschluss gelöscht werden kann. Lassen Sie sich von einem Brandschutz-Unternehmen in Ihrer Nähe (zu finden über www.GelbeSeiten.de) beraten, wie viele Löscher Sie benötigen. Alle zwei Jahre müssen die Löscher auf ihre Funktionsfähigkeit und Dichte geprüft werden. Das kostet bei drei Löschern ca. 75 Euro. Stellen Sie die Löscher so auf oder hängen Sie sie an die Wand, dass man sie gleich sehen kann. Bitte nie im Schrank oder der Abstellkammer verstecken! Das Beste ist, man hat die Löscher immer einsatzbereit und sichtbar zur Hand - und braucht sie nie. Aber wenn, dann ...

▶ Zu weiteren Kosten rund um Arbeitszimmer und Räume (Büro, Studio usw.) beachten Sie bitte auch die Informationen im Kapitel zu Steuern „Hilfe, ich mache Gewinn?!". ◀

„Helferlein": Mitarbeiter, Mini-Jobber und angestellte Ehepartner, Betriebsnummer und Berufsgenossenschaft

Auch wenn es am Anfang vielleicht noch gar nicht vorstellbar erscheint, drängt sich irgendwann an einem besonders arbeitsintensiven Tag doch die Frage auf, ob es mit einer professionellen Hilfe nicht einfacher, schneller, besser ginge. Was ist dann zu tun, wenn bei Organisation, Ablage oder Buchhaltung jemand zur Hand gehen soll? Zuerst ist die Frage zu klären, welchen Status der oder die MitarbeiterIn hat. Ist sie eine freie Mitarbeiterin auf Honorarbasis, eine geringfügig Beschäftigte oder eine festangestellte Voll- oder Teilzeitkraft?

Freie Mitarbeiterin

Sie arbeitet selbstständig auf eigene Rechnung und hat neben Ihnen noch andere KundInnen. Das kann die Vertretung für Ihre Kurs- und Unterrichtsangebote sein, die einspringt, wenn Sie in Urlaub fahren wollen oder krank sind. Aber auch für die Büro-Organisation, Buchhaltung, Werbung oder Pflege der Website gibt es Angebote von Dienstleistern vor Ort. Die freie Mitarbeiterin ist für Sie eine Honorarkraft, der Sie einen klar bestimmten Arbeitsauftrag erteilen.
Einen Muster-Honorarvertrag dazu finden Sie im Anhang auf Seite 197.

Geringfügig Beschäftigte – „Mini-Jobber"

Diese dürfen monatlich nicht mehr als 450 Euro verdienen. Für Sie als ArbeitgeberIn ist ein geringfügig Beschäftigter sinnvoll, wenn Sie nur gelegentlich beziehungsweise regelmässig, aber nur wenige Stunden in der Woche eine Hilfe brauchen, zum Beispiel für Telefon, Büroarbeit oder Buchhaltung. Für geringfügig Beschäftigte müssen Sie pauschale Sozialversicherungs- und Lohnsteuerzahlung in Höhe von 30,77 Prozent (von der Lohnsumme) abführen. Diese Pauschale muss von Ihnen als ArbeitgeberIn zusätzlich zum Lohn übernommen werden. Die Pauschale darf ausdrücklich nicht dem Mini-Jobber vom Lohn abgezogen werden. Und: Auch Mini-Jobber haben Anspruch auf Urlaub, der tatsächlich gewährt werden muss. Unter www.minijob-zentrale.de müssen Sie Ihren neuen Mitarbeiter anmelden. Dort finden Sie auch Kontaktdaten, um sich individuell beraten zu lassen.
Minijobs, die nach dem 1. Januar 2013 begannen, sind versicherungspflichtig in der gesetzlichen Rentenversicherung. Da der Arbeitgeber für eine geringfügig entlohnte Beschäftigung bereits einen Pauschalbeitrag zur Rentenversicherung zahlt, ist vom Minijobber nur die Differenz zu übernehmen. Dieser Beitragsanteil beträgt 3,9 Prozent vom Lohn in 2013. Minijobber können sich jedoch von

der Versicherungspflicht befreien lassen. Das muss dem Arbeitgeber schriftlich mitgeteilt werden. Dann entfällt der Eigenanteil des Minijobbers und nur der Arbeitgeber zahlt den Pauschalbeitrag (s.o.).
Daneben gibt es auch die Möglichkeit, sogenannte „kurzfristige Minijobs" anzu-melden. Hierbei ist die Beschäftigung im Voraus auf zwei Monate oder insgesamt 50 Arbeitstage in einem Kalenderjahr befristet. Das Arbeitsentgelt kann dann auch über 450 Euro im Monat liegen. Ein kurzfristiger Minijob eignet sich zum Beispiel gut dazu, um einen einmalig erhöhten Arbeitsanfall (Ferienseminare, Kongress, Tag der offenen Tür) durch eine zusätzliche Arbeitskraft aufzufangen. Das kann natürlich auch eine Kollegin sein...

Alle aktuellen Informationen und nötigen Formulare zum Download unter: www.Minijob-Zentrale.de

Ehepartner oder eigene Kinder beschäftigen?

Wenn Ihr Ehepartner oder Ihre Kinder gelegentlich bei Ihnen im Betrieb mithelfen und die Kinder älter als 14 Jahre sind, so können Sie diese auch als geringfügig Beschäftigte oder als Teilzeit-/Vollkraft (s. unten) anstellen. Mit dem Ergebnis, dass das „Taschengeld" bzw. Gehalt, was Sie Partner oder Kindern dafür zahlen, jetzt für Sie eine ganz normale Betriebsausgabe darstellt.
Da das Finanzamt bei Arbeitsverhältnissen innerhalb der Familie immer besonders danach schaut, ob alles so geregelt ist wie „unter Dritten", sollten Sie unbedingt einen schriftlichen Arbeitsvertrag abschliessen und darauf achten, dass die Vereinbarungen tatsächlich eingehalten werden (pünktliche und belegmässig nachvollziehbare Lohnzahlung, Urlaub usw.).

▶ **Wichtig!** Besonderes Augenmerk gilt dabei der Gehaltszahlung. Diese muss immer auf ein eigenes Konto Ihres Partners laufen. Das heisst, Sie dürfen nicht auf ein Konto überweisen, bei dem Sie auch als Inhaber geführt werden, zum Beispiel ein Familienkonto lautend auf Kontoinhaber: „Peter und Irene Müller".
Allerdings ist eine Zeichnungsberechtigung für das Konto des Ehepartners nicht hinderlich. Einen Muster-Arbeitsvertrag finden Sie im Anhang auf Seite 195. ◀

Festangestellte Teil-/Vollzeitkraft

Jede Mitarbeiterin, die mehr als 450 Euro im Monat verdient, also mehr als nur geringfügig beschäftigt ist, ist eine sozialversicherungspflichtige Kraft. Sie muss von Ihnen als ArbeitgeberIn bei verschiedenen Stellen angemeldet werden: Erstens bei der Krankenkasse, bei der die zukünftige Angestellte Mitglied ist. Denn dieser Krankenkasse müssen Sie die Sozialabgaben überweisen, und zwar den Anteil Ihrer Angestellten und den Arbeitgeberanteil. Die Krankenkasse leitet von dieser Gesamtsumme der Sozialabgaben auch die Zahlungen weiter an die Pflege-, die Renten- und die Arbeitslosenversicherung.

Zweitens müssen Sie wegen der Lohnsteuer beim Finanzamt melden, dass Sie nun eine Angestellte beschäftigen. Für das „ordnungsgemässe Abführen der Lohnsteuer" ist nämlich der Arbeitgeber verantwortlich. Allerdings ist dringend anzuraten, eineN SteuerberaterIn mit der Lohnabrechnung sowie der Berechnung der Sozialabgaben und der Lohnsteuer zu beauftragen. Das spart Ihnen Zeit und Nerven und alles wird immer entsprechend der aktuellen Vorschriften erledigt. Ihr monatlicher Kostenaufwand für das Steuerberatungshonorar ist dafür gering. Bei Arbeitsantritt erhalten Sie von Ihrer neuen Angestellten die Sozialversicherungsnummer und ihre „Elektronische Lohnsteuerkarte". Mit diesen beiden Informationen (Sozialversicherungsnummer und Lohnsteuer) können Sie als Arbeitgeber die oben beschriebenen Anmeldungen tätigen. Die einheitlichen Meldeformulare für An- und Abmeldung zur Sozialversicherung erhalten Sie kostenlos bei allen Krankenkassen. Zur Anmeldung bei der Berufsgenossenschaft siehe nächste Seite.

Festanstellung gegen Rentenversicherungspflicht!

Ebenso denkbar ist die Anstellung eines befreundeten Kollegen, den Sie (mehr als geringfügig) fest anstellen als Kursleiter. Das kann interessant sein für all diejenigen, die als selbstständige LehrerInnen rentenversicherungspflichtig sind. Denn durch einen Angestellten entfällt ja diese Pflicht (mehr dazu im Kapitel Versicherungen ab Seite 162)!

Stellen Sie einen Kursleiter ein, so ist der Lohn, den er bei Ihnen erhält, zwar sozialabgabenpflichtig, dafür sind es aber für ihn keine Einnahmen aus selbstständiger Tätigkeit. So können sich durch cleveres Rechnen mit diesem Konstrukt gleich zwei LehrerInnen aus der Rentenversicherungspflicht befreien. Die eine, weil sie sozialversicherungspflichtig einen Angestellten beschäftigt, der andere, weil er auf diesem Wege mit seinen selbstständig erwirtschafteten Einnahmen unter der Freigrenze der Rentenversicherung bleiben kann.

Betriebsnummer

Wenn Sie MitarbeiterInnen (egal ob nur geringfügig beschäftigt oder sozialversicherungspflichtig festangestellt) einstellen wollen, so müssen Sie für Ihren „Betrieb" eine sogenannte „Betriebsnummer" bei der Agentur für Arbeit beantragen. Über diese Betriebsnummer werden Sie als ArbeitgeberIn bei den Sozialversicherungen (Krankenkassen, Arbeitslosen-, Pflege- und Rentenversicherung) identifiziert und in deren Unterlagen geführt.
Sie erfahren alles dazu über die Website: www.arbeitsagentur.de, Suchbegriff „Betriebsnummer". Dort finden Sie auch den Online-Antrag zur erstmaligen Erteilung einer Betriebsnummer bzw. zur Änderung von Angaben. Sie können sich auch direkt an den Betriebsnummern-Service der Arbeitsagentur wenden, per e-Mail: betriebsnummernservice@arbeitsagentur.de.

Berufsgenossenschaft

Bei der für Sie zuständigen Berufsgenossenschaft müssen Sie Ihren „Betrieb" ebenfalls anmelden, wenn Sie (auch nur gelegentlich!) geringfügig oder festangestellt Beschäftigte beschäftigen. Die Berufsgenossenschaften sind Träger der gesetzlichen Unfallversicherung und treten für die Folgen von Unfällen bei der Ausübung der Arbeit oder bei Unfällen auf dem Weg von und zur Arbeit ein. Der Arbeitgeberbetrag zur Berufsgenossenschaft wird anhand der jährlich insgesamt gezahlten Lohnsumme nach einem Hebesatz, der je nach „Gefahrenklasse" des Unternehmens festgelegt wird, berechnet.
Für die freien Berufe (und besondere Unternehmen) ist zuständig die: Verwaltungsberufsgenossenschaft, VBG, Postanschrift: 22281 Hamburg, Telefon 0 40-51 46-29 40, Internet www.vbg.de

Ein bisschen Betriebswirtschaftlehre

Regelkreis der Unternehmung

Einem Kreis ohne Anfang und Ende gleich vollzieht sich die Abfolge in einem Unternehmen.

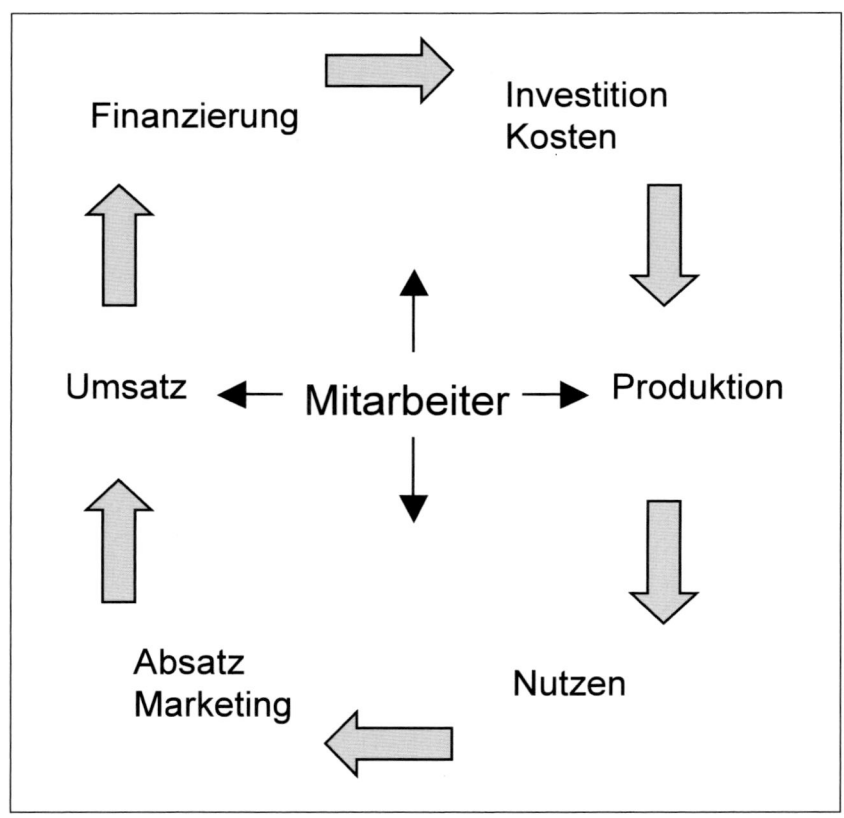

Grafik nach Prof. Dr. Fritz Unger, Ludwigshafen

Die Finanzierung ermöglicht Investition(en) und führt zu Kosten, die durch Produktion bzw. Dienstleistungsangebot entstehen, aber ermöglichen auch Nutzen, der durch geeignete Massnahmen des Marketings zum Umsatz führt, was wiederum neuerliche Finanzierung ermöglicht und alles „beginnt" von vorne. Da es losgeht mit der Finanzierung, wird in der Gründungsphase der Begriff „Anschubfinanzierung" benutzt. Alle Teile des Kreises stehen in einer inneren Abhängigkeit zueinander und sollen letztlich zum Erreichen des eigentlichen Ziels der Unternehmung führen. Ist dieses bereits im Geschäftsplan festgehaltene Ziel erreicht (zum Beispiel eine dauerhaft bestimmte Anzahl Kurse oder Beratungen), so kann man dieses Niveau stabilisieren oder neue Ziele formulieren.

Der Nutzen einer Dienstleistung findet sich wieder im Kern aller Marketing-Massnahmen, die wiederum dafür sorgen, dass der Umsatz anspringt und steigt. Was wiederum zu Finanzierungsfragen führt, wenn weiter expandiert werden soll.

Controlling

Dieser Begriff findet sich immer wieder in den Wirtschaftsteilen der Tageszeitungen. Gemeint sind damit alle Massnahmen, die geeignet sind, die Unternehmung auf das angestrebte Unternehmensziel hin auszurichten. So dient das Controlling als Instrument dazu, den geschäftlichen Kurs zu halten und bei Abweichungen möglichst frühzeitig zu korrigieren.

Tipp: Sie werden für Ihre Beratungspraxis keinen Controller fest einstellen. Aber Ihr Steuerberater kann viele dieser Aufgaben gemeinsam mit Ihnen übernehmen. Und Sie selbst können mit Hilfe von „Betriebswirtschaftlichen Auswertungen", die Ihnen Ihr Steuerberater erstellen kann, ziemlich gut Controlling für Ihre Praxis betreiben.

ABC- und XYZ- Analyse

Diese beiden Analysetechniken sollen helfen, bei der Betriebsführung Wesentliches von Unwesentlichem schnell zu unterscheiden.

ABC-Analyse

Nach der ABC-Analyse kann die tägliche Büroarbeit genauso geordnet werden wie die strategische Ausrichtung Ihres Unternehmens. Dabei haben die A-Aufgaben oder Umsatzträger die grösste Wertigkeit oder terminliche Dringlichkeit, die B-Aufgaben entsprechend eine geringere Wertigkeit oder (noch) keine grosse Termindringlichkeit, C-Aufgaben sind Routineangelegenheiten mit geringer Wertigkeit, die aber nicht unterschätzt werden dürfen.

Man geht davon aus, dass die wichtigen A-Aufgaben bzw. A-Geschäfte bis zu 80 Prozent des Wertes einbringen (z. B. in Form von Umsatz), die B- Aufgaben und Geschäfte bis zu 20 Prozent, die C-Aufgaben dagegen nur fünf Prozent. Allerdings gehören zu diesen C- oder Routineaufgaben auch die Abgabe von Steuererklärungen, Lohn- und Sozialversicherungsanmeldungen usw., die man besser fristgerecht abgibt, um Nachforderungen oder Strafen zu vermeiden.

Für alle A-Bereiche gilt: Intensive Beobachtung und dauernde Optimierung durch Markt-, Preis- und Kostenanalysen, intensive Vor- und Nachbereitung und genaue Durchführung. Für die B-Bereiche gilt es, eine im Vergleich zum A-Bereich differenziertere Vorgehensweise zu entwickeln. Für die C-Bereiche gilt das Prinzip der Vereinfachung, wo immer es möglich ist.

XYZ-Analyse

Diese Analyse bewertet die Vorhersagegenauigkeit einzelner Positionen des Unternehmens. Gruppe X: konstante Nachfrage oder Verbrauch, unterliegt kaum Schwankungen und ist daher mit hoher Genauigkeit vorhersagbar. Gruppe Y: Verbrauch oder Nachfrage unterliegen stärkeren Schwankungen, es zeigen sich Trends und Saisonverläufe. Es gibt nur eine mittlere Genauigkeit der vorhersagbaren Nachfrage. Gruppe Z: Verbrauch oder Nachfrage tritt völlig unregelmässig auf und ist deshalb kaum vorhersagbar.

Kombination von ABC- und XYZ-Analyse

Wertigkeit	A	B	C
X	hoher Verbrauchswert hoher Vorhersagewert	mittlerer Verbrauchswert hoher Vorhersagewert	niedriger Verbrauchswert hoher Vorhersagewert
Y	hoher Verbrauchswert mittlerer Vorhersagewert	mittlerer Verbrauchswert mittlerer Vorhersagewert	niedriger Verbrauchswert mittlerer Vorhersagewert
Z	hoher Verbrauchswert niedriger Vorhersagewert	mittlerer Verbrauchswert niedriger Vorhersagewert	niedriger Verbrauchswert niedriger Vorhersagewert

Tabelle nach Prof. Dr. Fritz Unger, Ludwigshafen

Die Kombination A/X zeigt den wichtigsten Unternehmensbereich oder Umsatzträger. Hier sind alle Aufwendungen für Verbesserungen angemessen.
Auch bei B/X und A/Y sind Optimierungen sinnvoll. Insbesondere sollte hier überlegt werden, inwieweit die Prognosen verbessert werden können.
C/Z kann vernachlässigt werden, ebenso B/Z und auch C/Y.
Problematisch sind die Bereiche A/Z und B/Y. Hier muss fallweise entschieden werden, inwieweit sich hier Optimierungen und andere Engagements oder gar Investitionen rechnen.
Durch die regelmässige kombinierte Analyse der geschäftlichen Situation nach den beiden Formen ABC und XYZ können Sie mittelfristig wesentlich sicherer werden in Ihren Prognosen. Dadurch können Sie Umsatzeinbrüche, zum Beispiel ein „Sommerloch", nachlassende Nachfrage nach Kursen oder Beratungen frühzeitig erkennen und entsprechend gegensteuern.

Marktanalyse

Diese gehört auch zu den regelmässig anwendbaren Kontrollinstrumenten. Welche Veränderungen wird es in naher Zukunft im eigenen geschäftlichen Umfeld geben? Was bringen die neuen Zahlen aus Studien oder Erhebungen des eigenen Verbandes oder der örtlichen Wirtschaftsförderung (Amt für Wirtschaftsförderung, IHK)? Welche Veränderungen ergeben sich für die eigene Zielgruppe? Welche ähnlichen oder gleichen Angebote kommen am Ort auf den Markt? Gibt es Kontakt und Austausch oder eher Konkurrenz mit dem Ziel der Verdrängung?

Erfolgsplanung

Ist Erfolg planbar? Im geschäftlichen Bereich bis zu einem gewissen Masse – ja. Allerdings sollten wir Erfolg in diesem Sinne (und unter der Überschrift „Controlling") definieren als das Erreichen von vorgenommenen Zielen. Zur Erfolgsplanung ziehen Sie alle Ist-Zahlen zusammen, die dazu benötigt werden, und erstellen anhand der vermuteten Entwicklung die Soll-Zahlen. Diese werden im Planungszeitraum laufend mit den tatsächlich erreichten Ist-Zahlen verglichen und angepasst. So erreichen Sie eine relativ genaue Vorhersagbarkeit des geschäftlichen Erfolges, was für Sie hilfreich ist und von Gläubigern wohlwollend zur Kenntnis genommen wird.

Kleiner Exkurs zu Erfolg und Misserfolg

Wer überzeugt ist von seinem Angebot und mit Elan und Schwung sein Geschäft vorantreibt, wird auch erfolgreich. Ja, das ist richtig, aber manchmal ist der Elan dann einfach auch zu gross, die Schritte zu schnell. Erfolgsfaktoren gibt es viele, aber Misserfolge haben erstaunlich wenig Gründe. In einem Projekt der Universitäten Bremen und Oldenburg wurden erstmals Misserfolge untersucht. Warum hat diese oder jene Unternehmung Pleite gemacht? Antwort: Es gibt meist nur drei Gründe. Die zu kennen, kann hilfreich sein.

Grund 1 für Scheitern: Übermut

Alles läuft wie geschmiert und gemäss dem eigenen Businessplan. Nein, eigentlich sogar noch besser. Na, da kann man doch schon im ersten Halbjahr drei Wochen Urlaub machen, kann neue Geräte kaufen oder früher in grössere (und leider auch teurere) Räume ziehen? Das ist der Fehler: Risiken werden plötzlich unterbewertet, Erfolge ausschliesslich der eigenen Strategie angelastet. Sorry, Jungs, das ist ein Problem, das vor allem uns betrifft. (Ja, auch den Autor, der war's mit dem Urlaub ...)

Grund 2 für Scheitern: Kunden falsch einschätzen

Auch wenn die Aufmerksamkeit für Rückmeldungen von Kunden da ist, kommt es häufig zu Fehleinschätzungen. Die positiven Rückmeldungen werden gehört und angenommen, die negativen als Teil der Startschwierigkeiten abgetan. Aber mal ehrlich: Würden Sie noch einmal zu einem Zahnarzt gehen, der Ihnen schmerzvoll einen Backenzahn gezogen hat und sich damit entschuldigt, dass Sie zu seinen ersten Patienten gehören? Sehen Sie. Und als Anfänger in der Selbstständigkeit wird leicht das Kundenverhalten falsch vorhergesagt. Wenn ein Kurs voll ist, heisst das eben nicht, dass im nächsten Quartal zwei Kurse voll werden usw. Wenn die ersten Beratungen gut gelaufen sind und der Terminplan sich füllt, muss das eben nicht heissen, dass das immer so weiter geht.

Grund 3 für Scheitern: Streiten

Streit im Geschäft ist oft der Anfang vom Ende. Streit mit Geldgebern, privaten oder öffentlichen, sind schnell der Untergang, denn wenn der Geldhahn zu geht, ist Ende. Streit im Geschäft mit Kollegin oder Partnern bindet einfach viel Energie und kostet Zeit. Diese fehlt dann für die wichtigen Kundenkontakte. Die Freundlichkeit im Umgang mit den bereits gewonnenen Kunden geht verloren – und diese wenden sich ab. Und deren Entscheidung wird ohne Sie getroffen – die Kunden bleiben einfach weg. Dadurch kann man sich das Ausbleiben gar nicht erklären...

Bevor es zu spät ist – halten Sie inne, besinnen Sie sich auf Ihre Motivation am Anfang (s. Kapitel 1: Fragebereiche vor dem Konzept) – und starten Sie neu! Doch das geht wie beim bekannten „Monopoly"-Spiel: Gehe zurück auf Los. Und gehe wieder los! Denn aus eigenen Fehlern kann man enorm viel lernen.

Umsatzplanung

Die Umsatzplanung ist die Darstellung der erwarteten Nachfrage und der daraus resultierenden Erlöse für einen bestimmten Zeitraum. Sie kann differenziert werden nach bestimmten Zielgruppen, Orten und Angeboten.

Kostenplanung

Die Planung der Kosten wird erstellt durch die Auflistung aller Aufwendungen für ein Projekt oder alle Angebote. Dazu kommen die jeweiligen Anteile an den Fixkosten. Anhand einer Kostenplanung lassen sich relativ leicht Umsatz- und Erfolgsplanungen erstellen.

Finanzplanung

Die langfristige Finanzplanung sichert die Existenz des Unternehmens, die kurzfristige Finanzplanung stellt sicher, dass die benötigten Mittel zur Finanzierung zur Verfügung stehen. Mehr dazu im nächsten Abschnitt: „Immer gut bei Kasse bleiben". Und zu allen Planungen eine „alte Managerweisheit" zum Schluss:
Je mehr und besser Sie planen, umso härter trifft Sie der Zufall.

Immer gut bei Kasse bleiben

Das ist vielleicht eine der grössten Herausforderungen in der Selbstständigkeit, immer gut bei Kasse sein. Das Problem ist offensichtlich: Die Einnahmen kommen nicht regelmässig, sondern sind saisonabhängig oder kommen alle auf einmal und müssen dann lange reichen. Eine Beratung stellen Sie meist erst in Rechnung, wenn schon einige Sitzungen/Termine stattgefunden haben. Beginnen Sie einen Kurs oder Seminar, so bezahlen Ihre Teilnehmerinnen am Anfang – für den gesamten Kurs. Läuft der zum Beispiel über zwölf Termine, wird in dieser Zeit drei Mal die Monatsmiete für die Räume fällig. Zu diesen regelmässigen Ausgaben kommen solche, die jährlich anfallen, Steuern, Beiträge für Versicherungen oder Verbände und ähnliches. Wie soll man es da schaffen, immer genügend Geld zur Verfügung zu haben – und zwar dann, wenn man es wirklich braucht? Das Zauberwort lautet „Liquiditäts-Steuerung" und meint schlicht das, was in der Überschrift steht: Immer Geld „in der Kasse" haben.
Wie das geht? Zum Beispiel mit dem Zwei-Konten-Modell.
Wir erinnern uns zunächst an das Beispiel zur Kalkulation („Wir helfen Helga", s.S. 46). Helga hat in ihrer Preisberechnung auch Posten, die bereits vor den Einnahmen fällig waren, zum Beispiel für die Flyer, und solche, die erst viel später anfallen werden, wie zum Beispiel der Neukauf von Material (bei ihr waren es Kissen und Decken).

Wie funktioniert nun das Zwei-Konten-Modell?

Mit Ihrem Girokonto und einem dazu gehörenden Tagesgeldkonto. Lassen Sie sich das von Ihrer Bank oder Sparkasse einrichten. Auf Ihr Girokonto laufen Ihre Einnahmen und von dort gehen auch Ihre Ausgaben ab, soweit klar. Aber in den Beiträgen, die Ihnen Ihre Teilnehmenden zahlen, sind auch die Anteile enthalten für Miete, für die Flyer, für die Rückstellung zum späteren Neukauf des Materials (Kissen etc.) und Weiteres. Von Ihrem Honorar müssen Sie Ihre Kranken-, evtl. auch die Rentenversicherung bezahlen und im nächsten Jahr wird darauf die Einkommensteuer fällig. Nun gehen Sie wie folgt vor:

Entsprechend Ihrer Kalkulation ziehen Sie aus den Einnahmen die Kosten heraus, die Sie nicht sofort begleichen müssen. Diese „parken" Sie nun auf dem Tagesgeldkonto. Auch die Anteile an Ihrem Honorar, die Sie später für die Steuer und für Versicherungen ausgeben müssen, kommen auf das Tagesgeldkonto.

Zwei Vorteile ergeben sich dadurch für Sie:

Auf dem Girokonto verbleibt das Geld, was Ihnen wirklich zur Verfügung steht.

Auf dem Tagesgeldkonto „wartet" das Geld, bis es gebraucht wird – und dafür erhalten Sie von Ihrer Bank oder Sparkasse Zinsen, nicht übermässig viel, aber meist mehr als auf dem Sparbuch. Wichtiger als die Zinsen ist aber, dass Sie zum „Zeitpunkt X", also dann, wenn Sie Ihre Steuern zu begleichen haben oder neue Kissen zu kaufen sind, tatsächlich diese Beträge zur Verfügung haben.

Behalten Sie die Übersicht, was Sie alles auf diesem einen Tagesgeld-Konto „geparkt" haben, indem Sie sich eine Tabelle dazu anlegen. So können Sie alle Teilbeträge sammeln unter „Material", „Rücklage Steuern", „Rücklage Versicherungen", „Werbung" usw. Ob Sie das in einer Tabellenkalkulation auf Ihrem Rechner machen oder in einem Notizheft, ist egal. Aber notieren Sie sich von Anfang an jede Überweisung auf das Tagesgeldkonto und jeden Abgang. Dann wird dies ein für Sie sehr leicht zu handhabendes, vor allem aber ein sehr effektives Instrument zur Steuerung Ihrer Finanzen.

Neun-Punkte-(Selbst-)Management

Die „Akademie für Führungskräfte der deutschen Wirtschaft" in Bad Harzburg stellte einmal heraus: Um optimale Leistungen zu erbringen, braucht der Mensch kaum fremdbestimmte Führung. Stattdessen sind nach ihrer Erkenntnis nötig: Klare Rahmenbedingungen, nachvollziehbare Aufgaben und Ziele, unterstützende Ressourcen, viel Gestaltungsspielraum sowie die ständige Ermutigung, Verantwortung zu übernehmen. Genau das also, was auch Selbstständige brauchen. Das folgt hier in neun Punkten. Beachten Sie diese, besser noch „leben" Sie sie, um Ihre Schule, Beratungs- oder Therapiepraxis optimal und für Sie erfolgreich führen zu können.

Punkt 1: Stärken erkennen

Wenn Sie am Markt bestehen möchten, müssen Sie genau wissen, was Sie selbst wollen und können. Und, genauso wichtig, was nicht.
Kennen Sie Ihre Stärken? Identifizieren Sie sich mit der von Ihnen angebotenen Dienstleistung? Nur wenn Sie selbst überzeugt sind, werden Sie auch potentiell interessierte Kunden erreichen und deren Nachfrage erfolgreich bedienen.

Notieren Sie für sich: Das sind meine Stärken

_____

_____

_____

Wer könnte Sie darin unterstützen, wer könnte für Sie etwas übernehmen?

_____

_____

Ich tue, was ich tue, weil ...

_____

_____

Punkt 2: Vision entwickeln

Haben Sie mehr als nur eine Idee? Wo wollen Sie mit Ihrer selbstständigen Tätigkeit hin? Was sind Ihre unternehmerischen Ziele? Entwerfen Sie eine Vision und beginnen dann mit dem ersten Schritt. Auch bei allen nachfolgenden Schritten behalten Sie Ihre Vision im Blick und orientieren Sie sich daran. Sri Aurobindo wird der Satz zugesprochen: „Sind Deine Mittel klein und dein Vorhaben gross, handle trotzdem, denn mit Deinem Tun werden Dir die erforderlichen Mittel zufliessen".

Notieren Sie für sich: Was ist Ihre Vision?

_____

_____

_____

_____

Was sind Ihre Ziele auf dem Weg dahin?

_____

_____

_____

Für den ersten Schritt brauche ich

_____

_____

_____ *und fange heute damit an.*

Punkt 3: Zahlen definieren

Bereits unter „Kalkulation" erwähnt, gehören dazu Umsatz, Gewinn, Kosten und Cash-Flow, aber andere Grössen werden dadurch nicht erfasst. Ihr Marktpotential, die Zufriedenheit Ihrer TeilnehmerInnen oder PatientInnen, Ihr Ansehen in der Öffentlichkeit (Image) sind wichtige Grössen, die Sie selbst definieren und herausfinden müssen.

Fragen Sie regelmässig Ihre Teilnehmer und Klienten, schriftlich, auch anonym. Bitten Sie um Rückmeldung, was besser werden kann und was gefällt.

Punkt 4: Prioritäten setzen

Behalten Sie Ihre Vision im Auge und Ihre anderen strategischen Ziele. Messen Sie daran Ihre Aktivitäten. Bringt Sie dieses Angebot weiter oder ist es nur mit viel Zeitaufwand verbunden? Müssen Sie alles selber machen? Schaffen Sie sich Zeit und geben Aufgaben ab an externe Berater oder Dienstleister (Steuer-, Betriebsberater, Schreibbüro). Behalten Sie das grosse Ganze im Blick und verlieren Sie sich nicht zu sehr im Detail.

Wann fangen Sie damit an?

Punkt 5: Sich (und andere) fordern

Sie haben Ihre Ziele vielleicht sogar in einem Geschäftsplan schriftlich festgelegt. Messen Sie sich auch nach Monaten oder Jahren daran? Fordern Sie sich dazu heraus und schreiben Sie zum Beispiel jedes Halbjahr einen Geschäftsbericht. Mit ungeschönten Zahlen, mit realistischen Planungen und Sollzahlen können Sie ihn auch Ihrem Steuerberater oder Ihrer Beraterin bei der Bank geben. Überprüfen Sie die tatsächliche Entwicklung und werden Sie so immer besser.

Punkt 6: Freiräume schaffen

Gönnen Sie sich nicht nur eine Auszeit im Jahr in Form von Urlaub. Kreativität und Ideen brauchen Freiräume. Machen Sie mal zwischendurch einen Spaziergang. Trinken Sie am Vormittag, „wenn alle anderen arbeiten", mal einen Kaffee oder Tee in einem schönen Bistro. Lassen Sie immer mal wieder „die Seele baumeln" und beschäftigen Sie sich nicht nur mit dem Geschäft. Schauen Sie „über den Tellerrand" der eigenen Technik oder Lebenskunst und schnuppern Sie in andere. Besuchen Sie Seminare oder Kurse anderer Anbieter zu Ihnen noch fremden Themen. Besuchen Sie im Urlaub einen Kurs bzw. suchen Sie den Kontakt zu dort ansässigen Anbietern Ihrer Lebenskunst und tauschen Sie sich aus. Da die Angst „vor Konkurrenz" entfällt, können sich sehr schöne und anregende Gespräche entwickeln. Das können Sie natürlich auch gezielt mit sympathischen Kolleginnen zum Beispiel aus Ihrer Ausbildungs- oder Fortbildungsgruppe verabreden. Treffen Sie sich als Münchnerin mit einer Kollegin aus Köln – und erleben Sie, was Sie in der Selbstständigkeit verbindet und was unterschiedlich ist.

Punkt 7: Orientieren Sie sich an der Kundschaft

Versetzen Sie sich immer mal wieder in die Lage Ihrer KundInnen, TeilnehmerInnen, KlientInnen. Warum sollen sie zu Ihnen kommen? Was bieten Sie ihnen konkret an? Was ist der spezifische Nutzen Ihrer Dienstleistung? Die Antworten sollten Ihnen ziemlich schnell einfallen. Denn wenn Sie es nicht wissen, woher dann die Kundschaft? Fragen Sie immer wieder nach und beginnen Sie so ein nachhaltiges Qualitätsmanagement. Mehr dazu auf der nächsten Seite.
Beantworten Sie die genannten Fragen auf einem separaten Blatt schriftlich und notieren Sie das Datum. Vergleichen Sie es mit den Ergebnissen in einem halben Jahr.

Punkt 8: Intuition nutzen

Zahlen und Analysen sind wichtig für die täglichen Entscheidungen. Aber vertrauen Sie mindestens ebenso auf Ihre „innere Stimme". Nehmen Sie immer wieder Abstand von Schreibtisch und Computer und lassen Sie ihre Intuition zu Wort kommen. Sie können sich auf Ihr Gefühl verlassen.

Punkt 9: Selbstmotivation
Halten Sie sich immer wieder vor Augen, warum Sie das wollen, was Sie tun. Geniessen Sie die Freude an Ihrem Tun. Und unbedingt: Feiern Sie Ihre Erfolge.

Qualität feststellen, sichern und entwickeln

„Qualitätsmanagement" ist in der produzierenden Wirtschaft ein Dauerthema. Anlass war und ist zum einen der Kostenfaktor mit der Fragestellung: Wie lässt sich Qualität sichern bei gleichzeitiger Material- oder Kostenersparnis? Zum anderen hat die weitreichende Zusammenarbeit (Stichwort „Globalisierung") verbindliche gemeinsame Standards nötig gemacht, damit auch tatsächlich ein in Asien produziertes Teil funktionstüchtig in eine deutsche Maschine in einem südamerikanischen Werk eingebaut werden kann. Diese Standards und wie sie erreicht werden, aber auch wie die Kontrolleure dieser Standards auszubilden sind, regelt seit Jahren eine weltweite Norm, die DIN EN ISO 9000 ff.

Zunächst soll aber ein grundsätzliches Problem angesprochen werden: Qualität ist als solche nicht messbar, sondern stets abhängig vom subjektiven Erleben, Voreinstellungen und Erwartungen. Was macht zum Beispiel die Qualität einer Schokolade aus? Der Schmelz oder der Kakaoanteil? Die Milch oder die beigefügten Nüsse und Rosinen? Letztlich entscheidet über die Qualität nur der subjektive Geschmack des Einzelnen.
Um Qualität messbar zu machen, müssen also zunächst Standards entwickelt werden, die aussagen, wie etwas sein soll. Daran kann man dann konkrete Leistungen messen. Macht man im Schokoladenbeispiel den Kakaoanteil tatsächlich zum Qualitätsstandard, dann muss man festlegen, ab wann welche Qualitätsstufe erreicht ist, bei 15, 20 oder bei 40 Prozent Kakaoanteil. Das Gleiche gilt auch für unsere Arbeit in Unterricht, Beratung und Therapie.
Vielleicht hat Ihr Verband schon Richtlinien zur Qualitätssicherung erarbeitet. Dann können Sie sich daran orientieren. Manche Regelungen eines Qualitätsmanagements sind bereits vorhanden, ohne dass sie als solche benannt würden. Die Verpflichtung zur permanenten Fortbildung ist hierfür als Beispiel zu nennen. Das sichert die Qualität der Beratung oder des Unterrichts und kann sie auf Dauer fortentwickeln.
Wenn Ihnen keine Qualitätsstandards zur Verfügung stehen, so können Sie trotzdem für sich selbst und Ihre Arbeit ein persönliches System für ein Qualitätsmanagement entwickeln. Schauen Sie sich Ihr Gründungs- beziehungsweise Ihr Geschäftskonzept an. Die dort benannten Ziele können Sie natürlich noch ergänzen. In einem ersten Schritt definieren Sie noch einmal ganz konkret die Ziele und entwickeln daraus Ihre Standards.
Ein Bereich kann zum Beispiel lauten: Kundenorientierung. Was gehört nun standardmässig dazu? Das könnte heissen, dass Sie für sich festlegen, dass alle

schriftlichen Anfragen innerhalb von zwei Tagen beantwortet werden und Mailanfragen am gleichen Tag. Die maximale Anzahl der Teilnehmenden in einem Kurs, die gesamte Anzahl Kurse zu unterschiedlichen Zeiten können Sie standardmässig ebenso festlegen.

Zu einem interaktiven Qualitätsmanagement gehört auch die Einbeziehung derjenigen, die im Mittelpunkt stehen sollen, nämlich die KundInnen, also diejenigen, die zu Ihnen in den Kurs, in die Beratung oder Therapie kommen. Befragen Sie Ihre Teilnehmenden regelmässig nach Verbesserungswünschen, Vorschlägen und Ideen, wie Ihr Angebot noch attraktiver werden könnte. Sie müssen ja nicht gleich jeden Vorschlag umsetzen, aber Sie werden überrascht sein, was bei einer solchen Befragung alles an guten Ideen zusammenkommen kann.

Der nächste Schritt in einem QM-System besteht darin, die Nachhaltigkeit festzulegen. Es geht also darum, nicht eine einmalige „Qualitäts-Aktion" zu veranstalten, sondern systematisch und regelmässig (einmal im Halbjahr oder öfter) alle Punkte anzuschauen, zu messen und festzuhalten. So werden Sie mit der Zeit eine „Fieberkurve" der Qualität Ihres Angebotes erhalten, können Trends erkennen und – mit der positiven Entwicklung Ihrer Qualität – eine solide Werbung machen. Denn natürlich gilt gerade in unserem Bereich: Für unsere Kunden ist die – subjektiv empfundene – Qualität unseres Angebotes entscheidend.

Zum Mitreden: Betriebswirtschaftliche Begriffe

In dieser kleinen Auswahl werden häufig verwendete Begriffe kurz erklärt, um besser vorbereitet in Gespräche mit BeraterInnen gehen und um Schriften zum Thema leichter verstehen zu können.

Akquise: Kundenwerbung
Anfangsverluste: Am Anfang eines Unternehmens entstehen Kosten, die mangels erzielter Erlöse (noch) nicht ausgeglichen werden können
Anlagevermögen: Der Teil des Vermögens, der dauerhaft im Betrieb bleiben soll wie zum Beispiel Maschinen, Geräte, Möbel, Fahrzeuge
Ausgaben: Alles, was Sie betrieblich bedingt oder betrieblich veranlasst ausgeben
Bonität: Finanzielles Ansehen eines Unternehmens bzw. einer Unternehmerin/ eines Unternehmers
Break-Even-Point: Ab diesem Punkt überschreitet der Gewinn die bis dahin getätigten Investitionen
Cash-Flow: „Fluss des (Bar-)Geldes", s. auch Liquidität
Darlehen: Mittel- oder langfristige Verbindlichkeiten

Einnahmen: Alle in Geld- oder Sachwerten eingenommenen betrieblichen Einnahmen

Exposé: Kurze Darstellung des geplanten Unternehmens oder Projektes

Fixkosten: Kosten, die unabhängig von der Höhe des Umsatzes und Gewinns stets in gleicher Höhe anfallen (z. B. Miete, Löhne, Versicherungen)

Forderungen: Geld, das man von Kunden kurzfristig zu bekommen hat (Beispiel: Eine von Ihnen ausgestellte Rechnung an einen Kunden ist für Sie eine Forderung, für den Rechnungsempfänger eine Verbindlichkeit.)

Geschäftsplan: Darstellung der gesamten Planung des Unternehmens bezüglich Art und Grösse des Betriebes, Umsatz, Rendite und Perspektive (s. auch Exposé)

Gewinn: Das Ergebnis aus der Summe aller Einnahmen abzüglich der Summe aller Ausgaben

Gläubiger: Kreditgeber und andere, die noch Forderungen offen haben

Insolvenz: Zahlungsunfähigkeit, führt nach dem Insolvenzverfahren zum Konkurs

Investition: Langfristige Anlage von Kapital mit dem Ziel der Kapitalvermehrung („return on investment")

Ist-Zahlen: Die tatsächlich erzielten Umsätze, Kundenanmeldungen, Kosten usw. (im Gegensatz zu den Soll-Zahlen)

Konkurs: Im Volksmund „Pleite" genannt, nach festgelegten Regeln die Verwertung noch vorhandenen Vermögens eines bereits zahlungsunfähigen Unternehmens zur Befriedigung der Gläubiger, s. auch : Insolvenz

Kosten: Betrieblich bedingte Ausgaben (deshalb kann es keine „Unkosten" geben)

Liquidität: Fähigkeit des Unternehmens, den Zahlungsverpflichtungen (s. a. Verbindlichkeiten) nachkommen zu können, auch: (Geld-)Flüssigkeit

Markt: Die Gesamtheit der Beziehungen zwischen Angebot und Nachfrage nach einem bestimmten Produkt oder einer Dienstleistung bezogen auf ein bestimmtes Gebiet oder einen Zeitraum

Marktlücke: Fehlendes Angebot, das gewünscht und auch bezahlt würde; unabhängig davon, ob die potentiellen Kunden das noch nicht vorhandene Angebot als fehlend empfinden

Rentabilität: Profitträchtigkeit des Unternehmens

Risikofinanzierung: Kredite, die ohne besondere Sicherheiten vergeben werden aufgrund der zu erwartenden (oder erhofften) Entwicklung des Unternehmens (Joint Venture Capital)

Skonto: Rabatt bei vorzeitiger Zahlung

Sollzahlen: Was geplant war/ist an Umsätzen, Kundenanmeldungen, Kosten (Gegensatz: Ist-Zahlen)

Tilgung: Rückzahlung eines Kredites

Umsatz: Die Summe aller betrieblichen Einnahmen

Umsatzträger: Einnahmen (oder Einnahmequellen), die besonders viel zum Gesamtumsatz beitragen

Umschuldung: Ein oder mehrere Kredite werden durch einen anderen abgelöst
Verbindlichkeiten: Geld, das man kurzfristig jemandem schuldet (Beispiel: Ein noch nicht gezahlter Rechnungsbetrag ist eine Verbindlichkeit für den Rechnungsempfänger, für den Rechnungssteller eine Forderung.)
Vorlaufkosten: Alle Kosten, die im Vorfeld einer Unternehmung vor Aufnahme der Tätigkeit entstehen, langfristige Anlage von Kapital mit dem Ziel der Kapitalvermehrung („return on investment")

Marketing ist (fast) alles.

So sind Sie überzeugend mit Ihrem Angebot

Wege gibt es viele – wie werden Sie Ihren gehen?
Unter dieser Überschrift haben Sie gleich zu Beginn des ersten Kapitels bereits einige Fragen gefunden – und wenn Sie diese auch beantwortet haben, geht es hier mit Ihren Antworten weiter. Denn was Sie sind und wer Sie sind, was Ihnen wichtig ist, das sollte auch im Zentrum Ihrer Tätigkeit stehen, oder? Und was für Sie im Zentrum steht, das sollten Sie auch bei allen Marketing-Aktivitäten in's Zentrum stellen. Denn das macht ja Sie als Person und Persönlichkeit aus – und damit werden Sie auch für andere zu etwas Besonderem. Man kann daran erkennen, was Sie und Ihre Dienstleistung, Ihr Angebot von denen anderer unterscheidet. Ja, Sie sind einzigartig, denn nur Sie interpretieren Ihre Lebenskunst, Therapieform etc. so, wie Sie es eben tun. Es geht im Marketing nicht darum, irgendjemandem gefallen zu müssen. Es geht vielmehr darum, dass Sie ganz Sie selbst sind, in Ihrem Tun und Ihrer Praxis – und dass Sie es auch auf Ihrer Website und in Ihren Flyern zeigen.
Was macht Sie aus? Das ist wichtig. Nehmen Sie Ihre Antworten aus dem ersten Kapitel mit bei allen Überlegungen zum Marketing, die Sie in diesem Kapitel finden. Seien Sie das Original. Nur Sie können es genau so. Und Sie dürfen sicher sein: Es gibt viele, die genau Ihr Angebot mögen, vielleicht schon darauf gewartet haben und nun erfahren sollten, dass es Sie gibt. Also los!

In Anlehnung an den früheren Spot einer Baumarkt-Kette:
Mach' Dein Ding.

Kapitel 3 im Überblick:

„Für die will ich's tun" – Zielgruppen
- Welche Angebote wann und wo?
- Eigene Praxis, Studio, Schule – wo?

Seite 77 bis 81

Die eigene Website – Marketing-Tool Nr. 1
- Möglichkeiten Website
- Daran müssen Sie denken
- So kommen Sie zur eigenen Website

Seite 81 bis 85

Texte und Flyer
- Werbe-Texte schreiben
- Bessere Wirkung bei Anzeigen und Flyern
- Flyer und Plakate erstellen, drucken, verteilen

Seite 85 bis 89

Werbung nicht erlaubt – Werbung erlaubt!

Seite 89 bis 90

PR – Presse-Informationen und Anzeigen
- Besser mit Artikel und Bild in der Zeitung
- Pressemitteilungen schreiben
- Anzeigen in Print-Medien

Seite 90 bis 93

Gutes für Ihr Marketing
Eine Auswahl hilfreicher Marketing-Massnahmen und Aktionen

Seite 93 bis 99

Therapie- oder Beratungspraxis
Seite 100

Kursorganisation
Seite 100 bis 104

Was ist eigentlich Marketing?

Der Begriff Marketing kommt, unschwer zu erkennen, aus dem anglo-amerikanischen Sprachraum und bezeichnet zunächst die Tätigkeit „Markt machen". Stellen Sie sich das einmal wörtlich vor: Sie gehen zu einem Wochenmarkt. Woher wissen Sie, wo der Markt stattfindet? Und an welchen Tagen? Was erwarten Sie auf diesem Markt bzw. was müsste dort angeboten werden, damit Sie sich überhaupt auf den Weg machen? Zu welchem Händler gehen Sie dann? Sehen Sie die lehmigen Stiefel des Gärtners am Stand als Zeichen für den Eigenanbau von Obst und Gemüse? Und was sagt die fleckige Schürze der Verkäuferin über sie und ihre Waren im Käsewagen aus?
Ähnliche Fragen sind aus Händlersicht zu stellen, die „Markt machen" wollen. Welche Waren nimmt man mit in die Stadt und zu welchem Preis kann man sie anbieten? Werden genügend Interessierte kommen? Und wie viel andere Händler haben die gleichen oder ähnliche Waren dabei?

All diese Fragen sind tatsächlich die grundlegenden Fragen des Marketings – nicht nur im wortwörtlichen Sinne eines Wochenmarktes auf einem Platz in Ihrer Stadt. Denn von „Markt" wird ja auch in anderem Zusammenhang gesprochen, bei Rohstoffen und Autos, Kunst und Kleidung. Und das gilt auch für Lebenskünste, Therapien und Kursangebote. Das fühlt sich vielleicht ein bisschen „komisch" an, da wir ja mit unserem Angebot auch etwas Persönliches verbinden. Spiritualität und die Kraft des Geistes lassen sich auch schlecht als „Produkt" bezeichnen. Und doch betreiben Sie auch Marketing, wenn Sie unterrichten, eine Therapie oder Beratung durchführen. Denn:

> „Alles was Sie tun – und alles, was Sie nicht tun, ist Ausdruck Ihres Marketings."

Unsere tiefgreifendste Angst ist nicht, dass wir ungenügend sind, unsere tiefgreifendste Angst ist, über das Messbare hinaus kraftvoll zu sein. Es ist unser Licht, nicht unsere Dunkelheit, die uns am meisten Angst macht. Wir fragen uns, wer bin ich, mich brillant, grossartig, talentiert, phantastisch zu nennen? Aber wer bist Du, Dich nicht so zu nennen?

Von Nelson Mandela in seiner Antrittsrede vorgetragen

„Für die will ich's tun" – Ihre Zielgruppen

Viele Lebenskünste sind mittlerweile kein Trend mehr und in Deutschland gesellschaftlich etabliert. So gibt es sicher genügend Nachfrage zum Beispiel nach Taiji- und Yoga-Kursen „für Anfänger", aber es lohnt, sich einmal zu überlegen, für wen man besonders gerne seine Lebenskunst anbieten möchte. Gibt es Zielgruppen, die Sie gerne ansprechen wollen? Ob das Schwangere, Kinder, Jugendliche, Männer oder Senioren sind, MitarbeiterInnen in Betrieben oder Führungskräfte, Angebote „zum Feierabend" oder speziell für Schichtarbeitende (gleiches Kursangebot läuft an einem Tag parallel morgens und abends) liegt bei Ihnen. Aber mit solchen „speziellen", weil zielgruppenorientierten Angeboten können Sie Ihren Spass am Unterricht erhöhen und setzen sich gleichzeitig gegenüber anderen Anbietern deutlich ab. Sie gewinnen an „Profil", wie das im Marketing heisst. Entsprechend können Sie sich überlegen, wen Sie mit Ihrer Therapie oder Beratung unterstützen wollen. Zu welchen Zeiten kann Ihr Angebot von Ihrer Zielgruppe bevorzugt angenommen werden? Es geht nicht darum, krampfhaft anders zu sein als „die anderen". Sondern zeigen Sie, was Ihnen wichtig ist und für was Sie stehen.

Je klarer Ihr Profil, um so leichter werden Sie von Ihren Zielgruppen auch gefunden.

Und das wiederum bedeutet ausgelastete Stunden bzw. Termine und mehr Teilnehmende, die durch „Mund-zu-Mund-Propaganda" für Sie werben. Je mehr Sie sich mit den Bedürfnissen und Wünschen von einzelnen Zielgruppen auseinandersetzen, um so leichter können Sie sie ansprechen. Betreiben Sie „Marktforschung" im Kleinen und sprechen Sie zum Beispiel Mütter, Schichtarbeiter oder andere Personen, die Sie kennen, aus der von Ihnen anvisierten Zielgruppe an, um mehr über deren bevorzugte Kurszeiten, gewünschte Inhalte etc. zu erfahren. Das direkte Gespräch ist dabei einer Fragebogenaktion stets vorzuziehen. Vorgefertigte Fragen führen zu schnellen Antworten. Im Gespräch ergeben sich die interessanten Vorschläge und Wünsche oft „nebenbei".
Bei bereits bestehenden Kursen oder laufenden Beratungen können Sie Ihre Teilnehmenden fragen, was die sich ausser dem laufenden Angebot noch wünschen. Fragen Sie auch, ob sie andere kennen, die gerne mit der von Ihnen angebotenen Lebenskunst beginnen würden. Und aus welchen Gründen sie das bisher noch nicht getan haben. So erfahren Sie einiges über Ihren „eigenen Markt vor Ort". Ihr Interesse an den Bedürfnissen anderer wird in aller Regel positiv gesehen. Probieren Sie es einfach mal aus.

Welche inhaltlichen und zeitlichen Angebote wollen bzw. können Sie machen? (Was und wann)

Für Ihr Therapie-, Unterrichts- oder Beratungs-Angebot geht es nun darum zu klären, was Sie inhaltlich und ganz konkret anbieten wollen. Sie haben etwas gelernt, Sie wissen um Ihre Fähigkeiten und sehen vielleicht zuerst einmal in diese Richtung. Aber welche Bedürfnisse hat Ihre anvisierte Zielgruppe? Wenn Sie unterrichten, wie wollen Sie Ihre Kurse aufbauen? Unterscheiden Sie zum Beispiel in Anfänger und Fortgeschrittene? Mehr zur Kursorganisation finden Sie auf Seite 100 ff. in diesem Kapitel. Wenn Sie eine Therapie anbieten, geschieht das grundsätzlich in Einzelsitzung oder bieten Sie auch Gruppentermine an? Was konkret ist Inhalt Ihrer Beratung – und was nicht? Zu welchen Zeiten können Interessierte zu Ihnen kommen? Gibt es zyklische Angebote, zum Beispiel im Sommer oder an speziellen Orten? Machen Sie berufsspezifische Angebote für nahegelegene Betriebe? Mehr zur Praxisführung auf Seite 100.

Welche zeitlichen und räumlichen Angebote machen Sie? (Wann und Wo)

Wenn Sie sich mit Ihren möglichen Zielgruppen beschäftigen, ergeben sich auch schon erste Hinweise darauf, welche Kursinhalte oder Beratungen an welchen Tagen und zu welchen Zeiten besonders nachgefragt werden. Es muss nicht immer der „klassische" Abendkurs sein mit Beginn um 20 Uhr – und nicht jeder Kurs muss 90 oder 120 Minuten laufen. Dagegen könnte das abendliche Therapie-Angebot attraktiv erscheinen für bestimmte Zielgruppen mit Arbeitszeiten bis zum Abend. Das Angebot „zum Feierabend" z.B. bei nahegelegenen Büros könnte auch schon um 17 Uhr beginnen – und nur eine Stunde laufen. Kurse für Kinder dauern eh nur eine Stunde, aber auch am Vormittag sind kurze Kurszeiten beliebt. Lassen sich Kurs oder Beratung mit dem Einkauf kombinieren, kommen eher Hausfrauen und -männer sowie Schichtarbeiter, aber auch Selbstständige. Fragen Sie Ihre Zielgruppen, was für sie günstige Zeiten und Tage sind. Heben Sie sich auch mit Ihren Angebotszeiten vom Wettbewerb ab. Und machen Sie dann Angebote, wenn alle anderen es nicht tun, zum Beispiel in den Ferienzeiten, am Vormittag, am Samstag um 11 Uhr usw.
Bieten Sie Ihren Unterricht nur in Ihren eigenen Räumen an? Oder können Sie zumindest teilweise, auch auf Ihre Zielgruppe(n) zugehen und dort unterrichten? Bei Senioren, Firmen, Kindern und Jugendlichen liegt das nahe. Aber vielleicht würden sich auch andere freuen, wenn Sie zu ihnen kämen. Die Freizeitgruppe im Nachbarort, der Kulturverein im nächsten Ort, Praxisgemeinschaften usw. Therapien, Massagen und mehr könnte an einigen Tagen in einer Taiji- und Yoga-Schule angeboten werden. Umgekehrt könnten in einer Therapie-Praxis auch mal die Matte zur Entspannung im Kurs ausgerollt werden. Je flexibler Sie sind, um so leichter erweitern Sie Ihre Möglichkeiten.

Wo, an welchen Orten werden Sie Ihre Lebenskunst oder Therapie anbieten (in Bezug zur Zielgruppe etc.)?

Für Ihr Marketing ist der Faktor „Standort" entscheidend. Dazu gehören Überlegungen zur Lage der Räume und deren Ausstattung, die Erreichbarkeit mit öffentlichen Verkehrsmitteln ebenso wie die Frage nach Parkplätzen. Insbesondere wenn Sie eigene Räume anmieten wollen für Ihren Unterricht oder Ihre Praxis, sollten Sie zunächst die Erreichbarkeit prüfen. Wie können Interessierte diese Räume finden? Liegt das Haus in der Nähe einer Haltestelle von Bus oder Bahn? Wie ist es mit dem Auto erreichbar? Ist es leicht zu finden oder liegt es in einem „Labyrinth" von Einbahnstrassen? Ebenfalls zu bedenken ist das „Image" der Gegend. Ist es ein sogenannter „Problem-Stadtteil" oder sind in der Nähe „zweifelhafte Etablissements"? Versuchen Sie sich in die Situation eines Interessenten zu versetzen, der an einem dunklen Novemberabend Ihre Schule sucht!

Beispiel 1: Eine Teilnehmerin der Yogaschule beklagte sich, dass sie keinen Parkplatz in der Nähe finden würde, wenn sie im Winter mit dem Auto käme. Das war verwunderlich, denn der Autor ging davon aus, dass sie von den schuleigenen Parkplätzen wusste. Tat sie auch, aber sie meinte, die benutze sie nicht, weil sie nicht beleuchtet seien. Dem war mit dem Einschalten des entsprechenden Lichts schnell abgeholfen. Kleinigkeit? Ja, aber die macht ja oft den Unterschied aus.

Beispiel 2: Bei der Suche nach grösseren Yogaräumen fand der Autor ein Objekt, bei dem alles stimmte. Lage top: mitten im Ort, Parkplätze vor dem Haus, sogar kostenlos ab 18 Uhr. Die Etage im Altbau mit grossen hellen Flächen, helle Räume usw. Dann das gewichtige „Aber": hinter der schönen alten Eingangstür fiel der Blick sofort auf eine Galerie von Mülltonnen aller Art, die auch je nach Befüllung ihren typischen Geruch ausströmten. Der war bis vor die Tür im ersten Stock gut zu riechen. Das war ein klares „k.o.-Kriterium" und so entschied er sich gegen dieses Objekt. Es stand weitere Monate leer.
Erstellen Sie eine Liste, was Ihre Räume auf jeden Fall haben „müssen", was also unbedingt erfüllt sein sollte. Und notieren Sie auf der anderen Seite, was für Sie gar nicht geht. Das zusammen sind Ihre k.o.-Kriterien. Dadurch wird das Suchen (und auch das Finden!) leichter.
Übrigens: Eine andere Schule oder Praxis in relativer Nähe zu Ihren anvisierten Räumen mit einem „gleichen" oder ähnlichen Angebot ist allein noch kein Grund, nicht dorthin zu gehen. Vielleicht wird dort in einem ganz anderen Stil unterrichtet oder eine Therapievariante genutzt. Vielleicht ergänzen Sie sich gar mit Ihren Angeboten. Und denken Sie an die Zunftgassen in südlichen Ländern.

Möglicher Fragenkatalog zum Standort

Haben Sie Ihren Standort behutsam ausgewählt? Auf was haben Sie geachtet?

_____

_____

In welchem Haus befinden sich Ihre Räume und welches Image hat die Adresse?

_____

_____

Passt das zu Ihrer Zielgruppe?

_____

_____

Ist die Verkehrsanbindung günstig für die Menschen, die Sie erreichen wollen?

_____

_____

Ist das soziale, ggf. auch politische, kulturelle oder geistige Umfeld für Ihre Arbeit günstig?

_____

_____

Sind die Räume für Ihre Zwecke dienlich und können sie „mitwachsen"?

_____

_____

Ist die Fläche ausreichend, ebenso die Anzahl der Räume (und die Raumaufteilung)?

_____

_____

Haben sie genügend Tageslicht? Wieviel Lärm sind Sie ausgesetzt?

_____

_____

Dürfen Sie „laut" sein bei Ihrer Arbeit, zum Beispiel mit Musik bei Abendkursen oder am Wochenende?

_____

_____

Versuchen Sie die Räume mit den Augen Ihrer zukünftigen BesucherInnen zu sehen. Zeigen Sie sie auch Freunden oder Bekannten und bitten Sie diese um ehrliche aufrichtige Rückmeldung.

Die eigene Website – Marketing-Tool Nr. 1

Sie haben noch keine Website? Dann beginnen Sie Ihr Marketing damit. Besorgen Sie sich eine Domain und bauen Sie Ihre Website auf. Denn schon, wenn Sie mehr als nur drei Kurse im Jahr geben oder mehr als nur gelegentlich Beratung oder Therapien anbieten wollen, lohnt es sich, eine Homepage einzusetzen. Das ist billiger als Sie denken, kostet monatlich deutlich weniger als jede Anzeige und steht InteressentInnen nicht nur sprichwörtlich rund um die Uhr zur Verfügung.

Welche Möglichkeiten bietet eine Website?

Auf Ihrer eigenen Website können Sie die eigenen Therapieformen bzw. Ihre Lebenskunst oder Beratung ausführlich vorstellen.
Sie selbst können sich Ihren Interessenten zeigen, denn mit Text und Bild wird die Vorstellung Ihrer Person genau das: Persönlich.

Auf Ihrer eigenen Website können Sie Ankündigungen unterbringen über besondere Angebote, Ihre Praxis-Zeiten oder Ihren Kursplan veröffentlichen und das alles immer aktuell.

Ihre Erreichbarkeit wird erhöht, denn auf der Website teilen Sie auch mit, wann Sie telefonisch zu erreichen sind und bieten die Möglichkeit, Ihnen per Mausklick eine Mail zu senden.

Über Ihre Website kann man jederzeit mit Ihnen in Kontakt treten: Bauen Sie dazu ein Kontakt-Formular ein, so ermöglichen Sie den Besuchern Ihrer Website sich direkt an Sie wenden zu können – auch ohne Mailprogramm.

„Aktuelles" kann wirklich aktuell auf Ihrer Seite zu finden sein. Allerdings: Haben Sie einen Link „Aktuelles" auf Ihrer Website, dann muss es auch wirklich so sein: Aktuell, von heute oder für morgen, nächste Woche usw. Es ist absolut kontraproduktiv, unter „Aktuelles" eine Einladung zum Sommerfest zu finden, Beginn am 23.08.2011 – danach wird man Ihre Website mit hoher Wahrscheinlichkeit verlassen und weiterklicken zu anderen. Also: Haben Sie laufend Aktuelles zu melden? Dann ist das eine gute Möglichkeit – sonst lassen Sie diese Seite besser weg!

Berichte über gelungene Veranstaltungen in der Vergangenheit können leicht den früheren Dia-Abend ersetzen. Das heisst, für die, die dabei waren, ist es „nett", für alle anderen eher langweilig. Besser zeigen Sie ein ausdrucksstarkes Bild und einen kurzen knappen Text ohne allzu viel „Lobgehudel". Und verweisen Sie dabei deutlich auf die kommenden Termine, also wann die nächste Veranstaltung, das nächste Angebot dieser Art stattfinden wird!

Ihre eigene Website sollte im Zentrum Ihrer Internet-Aktivitäten stehen. Dann können Sie sie gut verknüpfen mit Ihren Auftritten in sozialen Netzwerken wie z.B. Xing, Facebook u.a. Ob das für Sie eine „lohnende Option" ist, müssen Sie selbst einschätzen.

Wenn Sie mit einer eigenen Website online gehen wollen

Fotos und andere Bilder

Wollen Sie Bilder für Ihre Website verwenden, denken Sie immer an die Bildrechte. Das betrifft zum einen Fotos, die zwar Sie selbst gemacht haben, aber zum Beispiel Teilnehmende an Ihren Kursen oder sonstigen Angeboten zeigen. Die abgebildeten Personen müssen Sie unbedingt (und am besten schriftlich) um eine Einverständniserklärung bitten und zwar, bevor Sie diese Bilder online stellen.

Wollen Sie Fotos verwenden, die Sie auf anderen Seiten im Internet „gefunden" haben? Dann geht das nur mit Erlaubnis der Urheber! Das kann im Einzelfall sowohl der Betreiber der Website sein wie auch noch der/die Fotograf/in des eigentlichen Bildes. Die missbräuchliche Nutzung von urheberrechtlich geschützten Bildern/Grafiken/Fotos kann teuer werden, wenn Schadenersatzklage erhoben werden sollte.

Texte und Artikel
Die Texte auf einer Website sollten immer kurz und knapp sein. Zur Orientierung: Die Textlänge sollte eine Bildschirmseite nur zur Hälfte füllen. Haben Sie längere Artikel oder Abhandlungen, die Sie online stellen wollen, so beginnen Sie mit einer kurzen Einleitung, die die wesentlichen Punkte des Textes zusammenfasst oder die formuliert ist wie ein Inhaltsverzeichnis. Wer dann mehr dazu lesen will, wird weitergeführt über einen Link zur vertiefenden Seite. das sieht dann zum Beispiel so aus: (Mehr zu Texte im Internet ...)
Klickt man auf diesen Klammertext, wird man weitergeleitet zu der Seite, auf der nun der gesamte Text in voller Länge zu finden ist.
Ähnlich können Sie vorgehen, wenn Sie auf Bildergalerien verweisen. Zeigen Sie ein (kleines) Bild auf der Ursprungsseite, die dadurch nicht so „datenlastig" wird und verweisen die Interessierten zum Beispiel auf einen Link mit dem Text: Mehr Bilder finden Sie hier. Klickt man auf „Mehr Bilder hier", wird man auf die entsprechende Seite weitergeleitet.

Impressum – Pflichtangaben gemäss TMG
Jede Website muss ein eigenes Impressum haben. Das „Telemediengesetz" (TMG) regelt die Nutzung von elektronischen Nachrichten- und Kommunikationsdiensten und schreibt im Paragraph 5 vor, dass „... Diensteanbieter für geschäftsmässige Teledienste mindestens folgende Informationen leicht erkennbar, unmittelbar erreichbar und ständig verfügbar zu halten haben ...": den Namen bzw. die vollständige Firmenbezeichnung inklusive Rechtsformzusatz sowie die Anschrift. Desweiteren „Angaben, die eine schnelle elektronische Kontaktaufnahme und unmittelbare Kommunikation mit ihnen (den Diensteanbietern) ermöglichen, einschließlich der Adresse der elektronischen Post." Bei gesetzlich geregelten Berufsausbildungen und bei Kammerzugehörigkeit sind hierzu jeweils Angaben zu machen (§5, 5, TMG). Ausserdem muss die Steuernummer, oder falls vorhanden, die Umsatzsteuer-Identifikationsnummer angegeben werden. Sie finden den genauen Wortlaut dieses Paragraphen 5 des TDG im Anhang dieses Buches ab Seite 198.
Achten Sie unbedingt auf die korrekte Angabe aller zu leistenden Informationen. Es ist leider schon zu Fällen von Abmahnungen gekommen.

Links und Disclaimer
Sie verweisen von Ihrer Website auf die Website anderer Anbieter? Das können Seiten Ihrer Freunde und Kollegen sein oder von Ihren Ausbildungsschulen oder Berufs- und anderen Verbänden. Prima, denn das erhöht den Nutzen Ihrer Seite für Ihre Besucher. In den noch „jungen Jahren" des Internets gab es jedoch den Fall, dass ein Betreiber einer Website belangt wurde, weil von seiner Website über einen Link auf eine Website verwiesen wurde, von der aus es einen Link auf eine illegale Seite gab. Wie bitte, war jetzt etwas kompliziert? Also, wenn Sie auf eine

Seite verweisen, weil Sie die Inhalte, die dort zu finden sind, interessant finden für Ihre Besucher und von dieser verlinkten Seite, auf die Sie ja inhaltlich keinen Einfluss haben, möglicherweise ein Link besteht zu einer Seite mit anstössigem und/oder rechtswidrigem Inhalt, so könnte man Sie dafür belangen, weil Sie den „Zugang ermöglicht" haben.

Abhilfe verschafft ein sogenannter „Disclaimer", vom englischen Wort „to disclaim": „bestreiten" oder „ablehnen". Die ausführliche Formulierung lautet dazu:

„Mit Urteil vom 12. Mai 1998 hat das Landgericht Hamburg entschieden, dass man durch die Anbringung eines Links die Inhalte der gelinkten Seiten ggf. mit zu verantworten hat. Dies kann nur dadurch verhindert werden, dass man sich ausdrücklich von diesem Inhalt distanziert. Für alle Links auf dieser Homepage gilt deshalb, dass sich der Betreiber hiermit ausdrücklich von allen Inhalten aller verlinkten Seitenadressen auf meiner Homepage distanziert und deren Inhalte nicht zu eigen macht".

Beim sogenannten Suchmaschinen-Ranking spielt die Anzahl der Links, die auf die eigene Website verweisen, eine besondere Rolle. Je mehr Links auf die eigene Website verweisen, um so „wichtiger" wird diese Website von den Suchmaschinen eingestuft. Deshalb macht ein Link-Tausch immer Sinn, aber bedenken Sie auch, dass jeder Link zuallererst den Besuchern Ihrer Seite helfen sollte.

So kommen Sie zur eigenen Website

Provider

Eine Website muss auf einem Server, also einem Computer liegen, von dem aus jederzeit via Internet auf diese Seite zugegriffen werden kann. Server laufen im Normalfall also 24/7, sprich Tag und Nacht und an jedem Tag des Jahres. Das wäre ein bisschen viel Aufwand für eine einzelne Person, deshalb wenden Sie sich an einen sogenannten Provider, also einen Anbieter wie zum Beispiel Telekom, 1&1, Strato und andere, die Ihnen einen Platz auf ihrem Server zur Verfügung stellen, auf dem Sie dann die Dateien Ihrer Seiten stellen können. Erst dadurch wird Ihre Website „im Internet" zugänglich. Für dieses „Webhosting" berechnen Ihnen die Provider eine (meist monatliche) Gebühr. Auch das Anmelden einer eigenen Domain können Sie über diese Anbieter machen lassen. Allerdings sind Sie bei diesen grossen Providern „nur eine Nummer", auch wenn der Kundendienst über eine „Support-Hotline" vielleicht auch am Wochenende für Sie erreichbar ist.

Sicher gibt es aber auch in Ihrer Nähe kleinere Provider, bei denen Sie den direkten Kontakt mit einem Menschen bekommen, der sich um Ihre Fragen und Probleme kümmert. Weil man sich kennt, versteht und weiss, worum es dem anderen geht. Über www.GelbeSeiten.de können Sie Provider finden. Fragen Sie Freunde oder Kollegen, bei wem sie ihre Website „hosten" lassen und fragen Sie, ob sie mit deren Service zufrieden sind. Der Hosting-Preis pro Monat sollte immer in Relation zu Service, Datenmenge und Traffic-Volumen betrachtet werden.

www.denic.de
Sie können die Domain für Ihre eigene Website auch selbst anmelden. Na, gut, www.yoga.de oder www.therapie.de sind schon vergeben, aber wie wäre es mit www.schmitz-yoga.de oder www.Shiatsu-Offenburg.de. Nicht so prickelnd? Macht nichts. Tüfteln Sie etwas herum. Fragen Sie in Ihrem Freundes- und Bekanntenkreis, was denen spontan als Domain-Name für Sie und Ihre Tätigkeit einfällt und klicken dann auf www.denic.de. Hier sitzen die Leute, die die Registrierung der Domains für Deutschland vornehmen, auch für Endungen auf „.net", „.info" usw. Auf deren Seite können Sie kostenlos prüfen, ob der von Ihnen ausgesuchte Domain-Name schon vergeben oder noch frei ist. Ist das der Fall, können Sie auf dieser Seite gleich die Registrierung bei denic vornehmen.

Website selber bauen oder machen lassen
Wenn Sie technisches Verständnis haben und auch gut mit Ihrem Computer zurechtkommen, dann können Sie Ihre Website auch selbst aufbauen. Auf der Seite http://de.selfhtml.org finden Sie zum Beispiel eine umfangreiche und nützliche Online-Dokumentation zur Erstellung von HTML-Seiten. Aber bedenken Sie, dass ein laienhafter Web-Auftritt auch mit Ihrer sonstigen Arbeit gleichgestellt werden kann! Da Sie professionell arbeiten, sollte das auch durch Ihre Website vermittelt werden. Sollten Sie sich nicht sicher sein oder sollte Ihnen der Umgang mit dem Computer in diesem Falle nicht leicht fallen: Beauftragen Sie am besten Profis im Webdesign. Die finden Sie sicher auch in Ihrer Nähe, durch Empfehlung, über www.GelbeSeiten.de oder über eine Suchmaschine.

Texte und Flyer

So schreiben Sie leichter einen Werbe-Text

Egal ob für einen Flyer oder für eine sogenannte „Image-Broschüre", Sie sollten stets eine klare Gliederung haben. Denn dadurch haben Sie selbst beim Schreiben schnell eine Struktur, an der „entlang" Sie schreiben können. Aber auch die Lesenden, für die der Text schliesslich gedacht ist, können kurze Sätze und Abschnitte, die klar gegliedert sind, leichter lesen, aufnehmen und verstehen.

Dieselbe Aussage noch mal in Kurzform:
– Leicht lesbarer Text
– klar und verständlich aufzunehmen
– positive Handlungsaufforderung an die Lesenden.

Nun gliedern wir das Ganze in diese vier aufeinanderfolgenden Teile:
Insight – Positionierung – Benefits – Reasons to believe
Darauf gehen wir nun ausführlicher ein.

Teil eins: „Insight"

Zum Einstieg in den Text schreiben Sie etwas, was den Lesenden abholt, wo er/sie steht. Mit dem „Insight" versuchen Sie anzuknüpfen an den Alltag beziehungsweise an die Erfahrungen Ihrer potentiellen Zielgruppe. Der „Insight" ist der „hinführende Einblick" in das Problem, in das Verfahren oder die Technik. Das sind Sätze wie: „Sie kennen das Problem geschwollener Füsse" oder „Vom vielen Sitzen ist der Rücken manchmal belastet." Oder auch etwas wie: „Sie wollten schon länger etwas für Ihre Fitness tun." Formulieren Sie hier unbedingt positiv und zukunftsorientiert. Also in die Richtung, in die der Lesende sich bewegen will, und nicht dahin, wo er derzeit steht. Ein negatives Beispiel: „Haben Sie auch genug von ständigen schmerzhaften morgendlichen Hustenattacken und gelben Zähnen durch zu viel Tabakrauch?" Das ist zwar ein stimmiger „hinführender Einblick" in den Alltag von starken Rauchern, wird aber eher eine andere Reaktion auslösen, nämlich in der Art von: „Igitt – das kann man doch nicht lesen, das ist ja widerlich. Jetzt muss ich erst mal eine rauchen." Besser zukunftsorientiert und positiv formulieren mit Blick auf eine mögliche Zielsetzung: „Wollen Sie frei sein beim Luftholen? Frei vom Husten, frei von der Sucht?"

Teil zwei: „Positionierung der eigenen Tätigkeit"

Beschreiben Sie im zweiten Schritt Ihre Position, also Ihre Technik, bzw. Ihr Angebot. Zum oben genannten Beispiel: „Theo Mayr hat ein mental-psychologisches Verfahren entwickelt zur dauerhaften Raucherentwöhnung ohne Entzugserscheinungen."

Teil drei: „Benefits – die möglichen Vorteile"

Es folgt der „Benefit": Der Nutzen, Vorteil oder Gewinn, der möglich ist, wenn man sich auf das Verfahren oder die Technik einlässt. Im Beispiel weiter: „Geniessen Sie es, wieder tief und frei durchatmen zu können. Zeigen Sie Ihr Lächeln mit weissen Zähnen und einem angenehmen Atem – auch ohne Kaugummi." Oder: „Fühlen Sie sich um Jahre jünger und bleiben Sie länger fit und gesund."

Teil vier: „Reasons to believe"

Zum Abschluss die „Reasons to believe": Also die „Gründe, den gemachten Aussagen beziehungsweise Ankündigungen zu glauben". Die eigene Ausbildung, wissenschaftliche Erkenntnisse, Ergebnisse von Studien, aber auch jahrhundertealte Erfahrung (etwa bei Taiji und Yoga) gehören hierher.
In unserem Beispiel könnte hier stehen:„Theo Mayr bewies durch mehrere klinische Studien an Rauchern den Erfolg seiner Methode ... und hat mittlerweile schon Tausenden von Raucherinnen und Rauchern in ganz Deutschland geholfen ... ist so überzeugt von den Erfolgen seiner Methode der Entwöhnung, dass Ihnen Theo Mayr verspricht: Bei mir bekommen Sie eine Raucherentwöhnung mit Garantie".

Positive Handlungsaufforderung

Zum Schluss formulieren Sie immer noch eine positive Handlungsaufforderung wie zum Beispiel:„Ich freue mich auf Ihre Rückmeldung per Telefon 0 12 34-45 67 89" oder „Füllen Sie den angefügten Coupon aus und faxen ihn an mich" (aber wer hat zu Hause noch ein Faxgerät?) Also besser:„Schicken Sie eine Mail an info@theo-mayr-raucherentwöhnung.de." oder „Machen Sie heute den ersten Schritt weg von der Sucht und melden sich an auf www.theo-mayr-raucherentwöhnung.de." Diese Aufforderung einer Kontaktaufnahme sollte auf jedem Flyer, Plakat und in jeder Anzeige enthalten sein. Je leichter der Weg zur Kontaktaufnahme mit Ihnen, umso eher wird er genutzt.

Bessere Wirkung bei Print-Anzeigen, Flyern und Plakaten

Blättern Sie einfach mal irgendein beliebiges Print-Erzeugnis durch, egal ob Zeitung, Zeitschrift, Illustrierte oder Magazin. Auf welche Anzeigen reagieren Sie? Und welche nehmen Sie überhaupt wahr? Versuchen Sie herauszufinden, was diese Anzeigen von den anderen, den von Ihnen „nicht wahrgenommenen" unterscheidet. Machen Sie sich diese Erkenntnis für Ihre eigenen Anzeigen zunutze. Beachten Sie grundsätzlich: Jede Anzeige trifft zunächst bei den Lesenden auf „Filter" im Gehirn, auf „Türsteher der Wahrnehmung", die gnadenlos aussortieren, noch ehe der Verstand reagiert hat. Das ist für unser Wohlbefinden sehr wichtig. Und es ist für jede Form von Werbung die eigentliche Herausforderung.
Die Filter sortieren vor allem nach den zwei Fragen:
Kenne ich das? Ist das interessant für mich?

Das heisst für Ihre Texte in Flyern und auf Plakaten:
Schaffen Sie klare Aussagen.
Formulieren Sie verständliche Botschaften.
Kurze Sätze oder Schlagworte.

Aber: Vorsicht bei Wortspielen. Die gehen schnell daneben und Ironie wird nicht immer als solche erkannt oder gar falsch interpretiert.

Für Anzeigen heisst das:
Viel Platz lassen. Viel Weisses „drumherum", denn in Zeitungen und Zeitschriften stehen nebenan noch die Anzeigen aller anderen. Verwenden Sie nur eindeutige Bilder, die gut zu erkennen sind, den Text nicht stören, sondern die Aufmerksamkeit anziehen. Bei Anzeigen, die kleiner sind als eine ganze oder halbe Seite sollten Sie auf trennende Linien innerhalb Ihres Anzeigenfeldes verzichten, da sonst schnell beim Betrachter die Zusammenhänge verloren gehen (was gehört eigentlich wo hin?). Und eh er es realisiert, hat er schon weitergeblättert und Ihre gut gemeinte Anzeige wurde leider nicht wahrgenommen.

Flyer und Plakate erstellen, drucken, verteilen (lassen)

Flyer und Plakate können Sie in jedem Format drucken lassen oder mit einem entsprechenden Drucker vom PC aus (nur für kleine Auflagen!) selbst erstellen. Für den Start reicht das erst mal. Erstellen und kopieren Sie postkartengrosse Flyer und verteilen diese in allen Läden rund um Ihre Praxis oder Ihre Schule. Zusätzlich können Sie die Zettel am Fussgängerüberweg an die Ampelmasten (nur mit Klebefilm! Sonst strickt daraus jemand den Tatbestand der Sachbeschädigung ...) kleben. Solche Zettel lassen sich auch gut unter die Scheibenwischer von Autos hängen. Aber bekommen Sie dadurch auch die Aufmerksamkeit Ihrer Zielgruppe? Lassen Sie ein paar Flyer überall dort liegen, wo Sie gerade sind: Im Bus, an der Haltestelle, im Café, an der Tankstelle, im Supermarkt, im Wartezimmer usw. Wollen Sie das Ganze professionell haben, beauftragen Sie EdCard oder City-Card damit. Diese und weitere Unternehmen haben sich auf den Service spezialisiert, den Sie wahrscheinlich aus Kneipen, Restaurants und Kinos kennen. In einem Halter an der Wand gibt es kostenlose Postkarten, die gerade dann, wenn sie ein attraktives Motiv zeigen, grossen Absatz finden. Auch Sie können für Ihre Schule oder Praxis damit werben. Selbst die Gestaltung kann man Ihnen abnehmen. Die Verteilung bestimmen Sie, denn in einer Stadt wie Berlin oder München macht es ja keinen Sinn „flächendeckend" auf Ihr Angebot hinzuweisen. Aber wenn Sie wissen, welche Zielgruppe Sie ansprechen wollen, so können Sie gezielt bestimmte Restaurants, Kultureinrichtungen, Kneipen etc. bei den Postkarten-Verteilern buchen. Die garantieren dann zum Beispiel 14 Tage volle Fächer in jedem Lokal mit Ihrer Karte. Je nach Menge schon für weniger als 300 Euro! Zum Beispiel auf www.citycards.de gibt es alle Infos dazu.

Werbung ist nicht erlaubt – ist erlaubt!

Werbung nicht erlaubt!

Ja, Werbung kann nicht erlaubt sein. Nicht nur für die HeilpraktikerIn oder TherapeutIn, sondern auch für alle anderen gilt: Die Werbung mit Heilung ist verboten. Das „Gesetz über die Werbung auf dem Gebiete des Heilwesens" (HWG) in seiner Fassung vom August 2013 spricht nämlich ganz umfassend über Arzneimittel und „... andere Mittel, Verfahren, Behandlungen und Gegenstände, soweit sich die Werbeaussage auf die Erkennung, Beseitigung oder Linderung von Krankheiten, Leiden, Körperschäden oder krankhaften Beschwerden bei Mensch oder Tier bezieht ..." Es geht also nicht darum, ob ein Verfahren tatsächlich ein Heilverfahren darstellt. Dieses Gesetz gilt schon bei werblichen Aussagen, dass ein Verfahren lindert, heilt oder gesund macht. Es darf weder irreführend geworben werden, noch darf der Eindruck entstehen, dass „...ein Erfolg mit Sicherheit erwartet werden kann ..." (§ 3, 2 a). Es darf also kein sogenanntes „Heilversprechen" abgegeben werden. Und es darf nicht „... mit Äusserungen Dritter, insbesondere mit Dank-, Anerkennungs- oder Empfehlungsschreiben, oder mit Hinweisen auf solche Äusserungen ..." geworben werden (§ 11, 11).

Tipp 1, ganz praktisch: Achten Sie mit Ihren Aussagen auf Plakaten, in Flyern, auf Ihrer Website und anderswo vor allem darauf, dass Sie nur Möglichkeiten benennen und keine faktischen Aussagen machen! So ist es erlaubt zu formulieren: „Es ist möglich, dass Kopfschmerzen seltener auftreten bei regelmässiger Meditation". Oder: „Rückenbeschwerden können nachlassen durch die bewussten und sanften Bewegungen während des Übens".

Tipp 2, ganz praktisch: Weisen Sie in Ihrem Werbematerial (Flyer usw.) und auf Ihrer Website deutlich darauf hin, dass Ihre Lebenskunst (Taiji, Yoga, Qigong usw.) nicht der Heilung oder Linderung von Krankheiten dient, sondern dass es allenfalls um Vorbeugung geht. Wollen Sie sich sicher abgrenzen, so sollten Sie in Ihren Räumen sichtbar ein Hinweisschild aufhängen mit einem Text in der Art: „Mein Angebot im (Yoga, Taiji usw.) richtet sich an den gesunden Menschen. Es wird kein Versprechen abgegeben, dass Heilung oder sonstiger Erfolg stattfinden wird. Bei Beschwerden und Krankheiten sind alle meine Teilnehmenden gebeten, sich an entsprechende Fachärzte oder Psychologen zu wenden. Sollten Sie in einer ärztlichen oder therapeutischen Behandlung sein, so bringen Sie bitte zum Kursantritt eine Unbedenklichkeitsbescheinigung Ihres Arztes oder Therapeuten mit."

▶ **Hinweis:** Sind Sie als HeilpraktikerIn tätig oder üben Sie einen staatlich anerkannten Heil- oder Heilhilfsberuf aus, so wenden Sie sich bitte an Ihre Standes-
vertretung beziehungsweise Ihren Berufsverband, um dort die für Sie geltenden
Vorschriften zu erfahren. ◀

Werbung ist erlaubt!

Für Lehrende und freie Beratende gibt es ansonsten keine gesetzlichen Beschränkungen, was den Umfang der Werbung angeht. Einige freie Berufe wie zum
Beispiel Ärzte, Steuerberater oder Rechtsanwälte unterliegen durch Vorschriften
in ihrem Standes- oder Berufsrecht Einschränkungen im Bereich der Werbung.
HeilpraktikerInnen unterliegen Beschränkungen in der Werbung aufgrund
der „Berufsordnung für HeilpraktikerInnen", die Bestandteil der Satzung aller
grossen Heilpraktiker-Verbände ist. Durch diese Standesvorschriften kommt es
manchmal zur – falschen – Annahme, dass alle freien Berufe einem Werbeverbot
unterliegen. Dem ist nicht so! Bei den oben genannten Berufen regeln nämlich
die berufsständischen Vertretungen, zum Beispiel die Kammern, dass nicht oder
nur in einem eng begrenzten Rahmen geworben werden darf. Für alle, die nicht
unter das „Gesetz über die Werbung auf dem Gebiete des Heilwesens" fallen
oder Beschränkungen durch berufsständische Vertretungen unterliegen, besteht
abgesehen vom „Heilsversprechen" (s.o.) Werbefreiheit. Einzige Einschränkung:
Die Vorschriften des „Gesetzes gegen unlauteren Wettbewerb" (UWG) müssen
von allen, auch Gewerbetreibenden, beachtet werden.

Besser mit Bild und Artikel in der Zeitung

Günstiger als eine Anzeige und viel besser platziert sind Sie natürlich im redak-
tionellen Teil der Tageszeitung. Wenn man aber „mal eben" in der Redaktion der
Tageszeitung anruft und dort fragt, ob die nicht mal was über einen schreiben
wollen, weil man so klasse meditieren könne, dann kann es schon mal vorkommen,
dass man schroff abgewiesen wird. RedakteurInnen wollen nicht für Werbeartikel
„missbraucht" werden. Und sie wollen über etwas schreiben, was für die Lesenden
ihrer Zeitung interessant sein könnte. Bevor Sie also die Redaktionen stürmen,
haben Sie sich überlegt, was für die Zeitung und ihre Leserschaft interessant
sein könnte. Artikel über Yoga, Qigong und andere Techniken finden sich immer
mal wieder in grossen Publikumszeitschriften wie „Petra" oder „Brigitte". Für den
Lokalredakteur kann es interessant sein, aus direkter Quelle, nämlich von Ihnen,
zu erfahren, was denn nun am Üben dran ist. Und was das für die Leserinnen der
Zeitung vor Ort bedeutet (Motto: Nicht mehr nur in Berlin und München, sondern
jetzt auch bei uns in Castrop-Rauxel).

Haben Sie eine spezielle Zielgruppe wie Kinder, Schwangere, Ältere? Stellen Sie die Vorzüge und Möglichkeiten des Übens Ihrer Lebenskunst vor. Bieten Sie der Redakteurin an, dass Sie ihr für Themen aus diesem Bereich der ganzheitlichen Gesundheitsvorsorge zur Verfügung stehen für sogenannte „Hintergrundinformationen". Gehen Sie nach dem Motto vor: „Ich kann Dir – Du kannst mir etwas bieten, was uns beiden hilft". Die eine hat einen Artikel, der andere ist in der Zeitung.

Presse-Informationen und Anzeigen

Pressemitteilungen schreiben

Eine Kurz-Anleitung zum Verfassen von Pressemitteilungen:
Formulieren Sie eine kurze, sachliche Überschrift (Headline).
Jede Pressemitteilung hat immer einen Pyramiden-Aufbau (s. Grafik)!

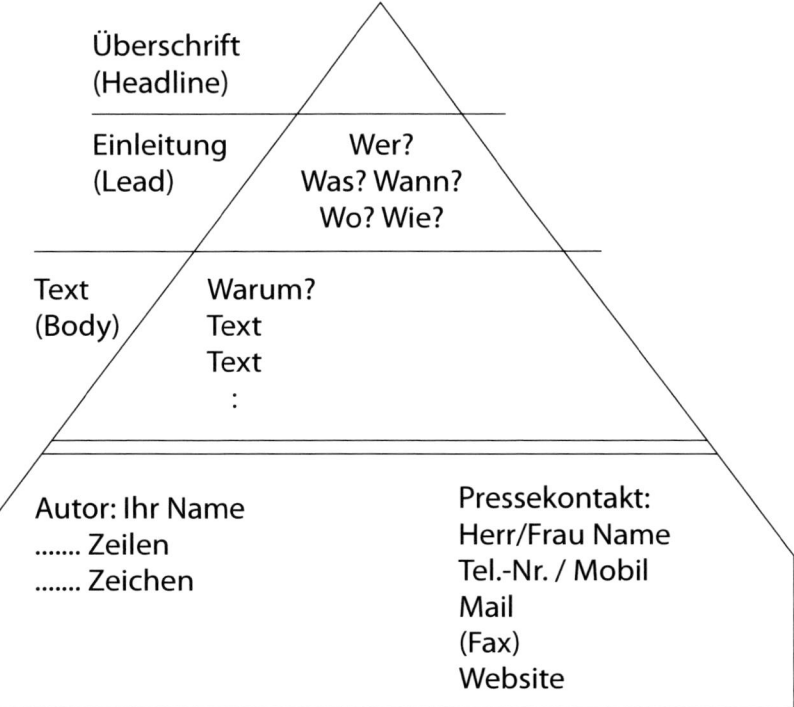

Das Wichtigste steht gleich am Anfang (Lead) und macht Aussagen zu:
Wer? Was? Wann? Wo? Wie?

Dann erst der ausführliche Text (Body), beginnend mit Warum?
Verwenden Sie verständliches Deutsch, kein „Fach-Chinesisch".
Lassen sich Fachausdrücke nicht vermeiden, dann gleich in einer Klammer in umgangssprachlichem Deutsch erklären.

Eine Pressemitteilung soll nicht in erster Linie schön, sondern schön lesbar sein. Sie schreiben nicht für „das Publikum", sondern für Journalisten und Redakteure! Egal über was, aber schreiben Sie die Wahrheit und nichts als die Wahrheit.

Für wen hat Ihre Mitteilung Bedeutung? Schätzen Sie Ihre Nachricht kritisch ein. Denn die Einladung zum Tag der offenen Tür der Therapiegemeinschaft Hamburg-Harburg ist für eine Zeitung in München nicht interessant, oder warum doch?

Keine Überdosis: Eine Nachricht pro Pressemitteilung.

Nennen Sie immer namentlich einen Ansprechpartner mit all seinen Telekommunikationskanälen (Telefon, Mobil, Mail, Fax, Website).

Kündigen Sie Termine rechtzeitig an. Bedenken Sie, dass der Redaktionsschluss bei Zeitschriften mitunter sechs bis acht Wochen vor Erscheinen liegen kann. Bebildern Sie Pressemitteilungen, wann immer es möglich ist, aber verschonen Sie die Redakteure mit Mailanhängen jenseits von 1,5 MB. Stellen Sie Ihre hochauflösenden Bilder (300 dpi) auf Ihrer Website zur Verfügung, ggf. auf einer nicht-öffentlichen Unterseite, so dass der Redakteur sie bei Bedarf von dort herunter laden kann.

Anzeigen in Zeitungen, lokalen Monatsheften und Broschüren

Die Rückmeldung, dass fast alle Ihrer Teilnehmenden die örtliche Tageszeitung lesen, bedeutet noch nicht, dass sich dort eine Anzeigenschaltung lohnt! Denn vielfach werden die Anzeigenseiten nur überflogen, so dass eine kleine Anzeige untergeht. Ausserdem haben Tageszeitungen relativ hohe Preise, die sich immer auf den Millimeter pro Spalte beziehen. Je nach Verbreitungsgebiet variieren die Preise zwischen 1,50 und 8 Euro oder mehr. Um einen halbwegs aussagekräftigen Text unterzubringen, werden 100 Millimeter einspaltig oder 50 Millimeter zweispaltig benötigt. Das kostet dann schnell mal 150 bis 600 Euro! Für diesen Preis steht dann die Anzeige zwar in jedem gedruckten Exemplar des Tages (womit die Anzeigenverkäufer der Zeitung werben), aber auch tatsächlich nur an diesem Tag. Und Sie kennen ja den Satz: Nichts ist älter als die Zeitung von gestern. Haben Sie gute Gründe, die Zeitung als Werbemedium zu nutzen, dann wählen Sie ungewöhnliche Anzeigenformate.

Beispiel: Einen guten Erfolg in Form von konkreten Kontakten per Telefon hatte der Autor eine Weile mit einer Anzeige, die nur zehn Millimeter hoch war, dafür aber sechsspaltig über die gesamte Breite der Zeitungsseite ging. Da diese Anzeige mit den anderen Anzeigen des Tages beim Satz der Zeitung auf eine Seite gebracht werden musste, stand diese Anzeige oft ganz oben auf dem Blatt – manchmal aber auch „erdrückt" unter einer grossen Möbelannonce ganz unten.

Stadtmagazine, lokale Monatshefte und Broschüren

Stadtmagazine und andere Monatshefte und Broschüren sind manchmal recht günstig mit Preisen für Kleinanzeigen. Wenn das Blatt von der gewünschten Zielgruppe gelesen wird, stehen die Chancen gut, dass die Anzeige ebenfalls gelesen wird.

Beispiel: Mit einer vierzeiligen Kleinanzeige im sogenannten Fliesstext (einfache Schrift, erstes Wort fett), die mit unendlich vielen anderen auf sechs eng bedruckten Seiten stand, hatte der Autor den höchsten monatlichen Rücklauf – für gerade mal 50 Euro im Monat. Warum? Dieses Blatt wurde fast ausschliesslich von „Suchern" gelesen, die zwar die unterschiedlichsten Sachen suchten, aber zur Zielgruppe gehörten. Dadurch war der Streuverlust überschaubar und der Rücklauf hoch.

Gutes für Ihr Marketing

Die vier Säulen für Ihr erfolgreiches Marketing sind Ihre Glaubwürdigkeit, Persönlichkeit, Fairness und Erreichbarkeit. Was darüber hinaus gut für Ihre Angebote sein kann, folgt hier:

Ihr Name und Ihr Angebot

Verknüpfen Sie Ihren eigenen Namen mit Ihrer Dienstleistung. Erfinden Sie keine „Phantasie-Namen", sondern schaffen Sie es, mit Ihrer Dienstleistung assoziiert zu werden.
Ein Beispiel dazu folgt auf der nächsten Seite.

Beispiel: Der Autor hatte für seine erste Yoga-Schule nach zwei Jahren, aber nun in eigenen Räumen den Namen „Sein" und ein Logo entwickelt, aber den eigenen Namen nicht angegeben. Damit startete er eine Anzeigen- und Flyerkampagne. Nach ein paar Tagen traf er eine gute Bekannte, die meinte, dass es jetzt wohl schwer würde wegen der Konkurrenz. Da habe jetzt „so eine neue Yoga-Schule" aufgemacht, die hiesse übrigens „Sein". Tja.
Also: Lieber „Taiji Schmidt" als irgendein „exotischer" Name, den sich in Deutschland niemand merken kann oder der nicht mit Ihnen assoziiert wird.

Ihre Visitenkarte

Die hat mehr drauf als nur Name, Anschrift, Telefon, Website und Mail-Adresse. Natürlich wieder Logo und Farbe, aber nutzen Sie auch die Rückseite. Da ist genügend Platz, um etwas über Ihre Therapie oder Lebenskunst oder Ihren besonderen Stil mitzuteilen.

Adressen, Kundenpflege

Vom Beginn Ihrer selbstständigen Tätigkeit an sollten Sie eine Kundendatei führen. Darin nehmen Sie alle auf, die sich je für Ihre Angebote interessiert oder daran teilgenommen haben. Haben Sie noch keine solche Datei, so starten Sie damit gleich heute. Neben Mailadresse, Telefonnummer und Anschrift notieren Sie die jeweils besuchten Kurse und alles andere, was Ihnen wichtig erscheint. So können Sie später ganz leicht Ihre KundInnen anschreiben, auf neue Aktivitäten zielgenau hinweisen und Ihren Teilnehmenden regelmässig Informationen zukommen lassen. Sie können einzelne Gruppen selektieren und so zum Beispiel Ihr Programm an Interessierte mit einem anderen Begleittext versehen als an Ihre langjährigen Teilnehmenden.

Beispiel: In einer Schule der Lebenskunst mit manchmal bis zu 200 Teilnehmenden in der Woche galt es nach einiger Zeit als „Privileg", das Programm nicht im Kurs bzw. in der Schule zu erhalten, sondern mit der Post, später dann per Mail, zugeschickt zu bekommen. Es blieb unklar, wie das entstanden war, aber plötzlich wollten alle in den Adressverteiler, damit sie das neue Programm auch „ganz sicher erhalten". So können Sie schon nach relativ kurzer Zeit über eine grosse Kundendatei verfügen, die sich für Einladungen zu besonderen Veranstaltungen, für Aktionen und natürlich den Programmversand nutzen lässt.
Die Kundendatei ist der „Goldschatz" jeden Marketings in einer selbstständigen Tätigkeit.

▶ Hinweis: Bitte beachten Sie unbedingt die Vorschriften aus dem Datenschutz! Sie müssen Ihre Teilnehmenden an Kurs oder Beratung darauf hinweisen, dass

Sie deren Daten elektronisch speichern und für welche Zwecke. Ein Satz ist ausreichend wie: „Ich/wir speichern Ihre Daten für unsere Kurs-/Praxis-Organisation und um Sie über unsere zukünftigen Angebote informieren zu können." Weisen Sie aber auch darauf hin, dass Sie diese Daten nicht an Dritte weitergeben. ◄

Dekoration Ihrer Räume

Sie geben mit der Dekoration Ihrer Praxis oder Ihrer Schule einen Ausdruck Ihrer selbst. Ist dieser Ausdruck eindeutig und positiv? Finden sich Logo und Farbe wieder? Sind die Räume freundlich und hell? Gehen Sie immer mal wieder mit „fremden Augen" in Ihre Räume (beginnend vor der Haustür) und schauen sich kritisch um. Fragen Sie bei Erstgesprächen gezielt nach dem Wohlbefinden Ihrer Besucher.

Kleidung

Auch die Kleidung, die Sie in Ihrer Praxis beziehungsweise zum Kurs tragen, ist Teil dessen, was Ihr „Image" – das Bild von Ihnen, das sich andere machen – bestimmt. Sauber, ordentlich und zweckmässig, klar. Auf jeden Fall in einem Stil, der zu Ihnen passt und in dem Sie sich selbst wohlfühlen. Lassen Sie sich wohlwollend kritisch beraten von FreundInnen oder Bekannten. Aber: Auch zur Meditation darf die Kleidung von Gucci sein, muss es aber nicht.

Pünktlichkeit, Verbindlichkeit, Verlässlichkeit

Sind eigentlich selbstverständlich und machen gerade deshalb sehr viel aus im geschäftlichen Alltag und Umgang mit Ihren Teilnehmenden. Wenn es mal schief gegangen ist und Sie sind zu spät: Kurze Entschuldigung und dann ein „Jetzt geht's aber auch endlich los für Sie!" statt langatmiger Beschreibung der Umstände, die dazu geführt haben, dass Sie sich verspätet haben.

Telefon und Anrufbeantworter

Melden Sie sich klar und deutlich, freundlich und interessiert? Gut. Beenden Sie das Gespräch mit einer persönlichen Grussformel, denn die letzten Worte bleiben besonders im Gedächtnis haften. Sind Sie nicht selbst anwesend, lassen Sie einen Anrufbeantworter laufen. Bedenken Sie, dass auch im 21. Jahrhundert noch immer viele nicht gerne „auf's Band" sprechen. Manche haben regelrecht Hemmungen. Sprechen Sie selbst deshalb den Ansagetext locker auf. Stellen Sie sich vor, dass Sie im Moment der Aufnahme mit einem echten Menschen am Telefon sprechen. Formulieren Sie eine freundliche Aufforderung für den Anrufenden, dass er/sie eine Nachricht für Sie aufspricht. Vermeiden Sie behördenmässige Aufforderungen.

Aber sprechen Sie auch nicht zu lustig auf. Man hat festgestellt, dass gerade auf die „lustig gemeinten" Ansagen am wenigsten reagiert wird. Eigentlich möchte man ja mit einem „echten Menschen" sprechen, da läuft nur eine Ansage – und wenn die lustig ist, soll man nun noch schlagfertig antworten?! Also legt man schnell auf. Sprechen Sie alle paar Wochen einen neuen Ansagetext auf, der sich vom bisherigen nur geringfügig unterscheiden muss. Das erhöht die Aufmerksamkeit und die Redebereitschaft. Versprechen Sie einen umgehenden Rückruf. Und: Rufen Sie tatsächlich, so bald es geht, zurück.

Service ist alles!

Egal, was Sie anbieten: Service für die Kunden ist eine der wichtigsten Marketing-Massnahmen. Was das konkret für Ihre Dienstleistung bedeuten kann, müssen Sie für sich abschätzen. Aber gerade der „kleine Zusatznutzen", die zusätzliche Minute Zeit zum Zuhören, das kann den Unterschied ausmachen.

Beispiel: Eine Schule der Lebenskunst gab lange Jahre den Teilnehmenden Blätter mit Informationen zu den Übungen der Kursstunde mit. Das erleichterte gerade den AnfängerInnen das Üben zu Hause. Es war schnell ein Markenzeichen für diese Schule, das sich herumsprach.

Farbe, Symbole, Bilder

Wählen Sie eine Farbe, die Sie bei allem benutzen, was Sie herausgeben, egal ob Broschüre, Flyer, Brief oder Visitenkarte. Es muss nicht unbedingt ein blaues, gelbes oder violettes Papier sein. Es reicht schon ein farbiger Balken, immer an der gleichen Stelle oben rechts (oder unten links, wenn Sie es wollen). Haben Sie farbig gestrichene Wände in Ihrem Büro, Ihrer Praxis oder Schule? Dann können Sie diese Farbe auch für Ihre Prospekte, Logo usw. nutzen.
Wir Menschen können Farben und Bilder schneller aufnehmen und verarbeiten als Worte und Textinformationen. Warum das so ist, ist zwar auch sehr spannend, führt jetzt aber zu weit. Versuchen Sie, ein einfaches, eindeutiges Symbol zu finden für das, was Sie tun. Besser keine filigranen Zeichnungen von asiatischen Reispapiervorlagen. Das erkennt hier bei uns niemand. Und was der Mensch nicht wahrnimmt oder erkennt, das merkt er sich nicht!
Also: Ein einfaches Symbol, schwarz auf weiss, dazu eine (in Zahlen: 1) Farbe, Ihr Name und Ihre Dienstleistung – fertig! Fertig? Ja. Das reicht für Briefbögen, Visitenkarten, für kleine Plakate im A3-Format (das ist prima für ein Schaufenster) und für den ersten Internet- Auftritt. Wichtig ist die Wiederholung. Die Leute müssen das so oft wie möglich sehen.

Auto und Gebäude

Sie haben ein Auto? In die hinteren Seitenscheiben können Sie je einen Flyer kleben, auf die Hutablage legen Sie gleich mehrere. Natürlich können Sie Ihr Auto auch professionell mit (grossflächigen) Aufklebern oder Folienmagneten versehen. Je nach Anzahl der Farben kostet eine wagentürgrosse Folie etwa 60 bis 80 Euro. Hängen Sie Ihre Plakate auch in Ihren Räumen auf. Wenn Sie Fenster zur Strasse haben, dann darf auch dort eines hin.

Bei Werbung, die Sie aussen an der Hauswand anbringen, müssen Sie unbedingt vorher das Einverständnis des Vermieters einholen. Dazu gehört auch schon das Anbringen eines schlichten Praxisschildes. Bei beleuchteten und/oder sehr grossen Werbetafeln müssen Sie eventuell zusätzlich eine behördliche Genehmigung einholen. Informationen dazu bekommen Sie in Ihrem zuständigen Rathaus oder Bürgeramt. Können Sie nur stundenweise gemietete Räume nutzen, so hängen Sie an die Tür zum Raum und als Wegweiser im Gebäude jedes Mal Ihre Flyer auf oder benutzen Sie Hinweiszettel mit Ihrem vergrösserten Logo darauf, die Sie laminiert haben! Mit einem Krepp-Klebeband fixiert, können sie von (fast) jedem Untergrund rückstandsfrei wieder abgenommen werden – bis zum nächsten Mal.

Tag der offenen Tür

Grössere Sonderaktionen funktionieren immer bestens bei Kauf- und Möbelhäusern, bei Industrieunternehmen und beim Kindergarten. Warum nicht immer so gut bei Ihnen? Weil der Kuchen fehlt? Nein, zumindest nicht nur deshalb.

Ein „Tag der offenen Tür" oder eine Aktion wie die „Woche des Shiatsu", braucht eine gewisse Anzahl interessierter Menschen, günstige Termine, am Tag selber unbeständiges Wetter oder leichten Regen (bei Sonnenschein sind alle im Schwimmbad oder auf Radtour, bei Schnee und starkem Regen daheim), Neugier erzeugende Aktionen, den obligatorischen Kaffee, Tee, Kuchen und verschiedene Ingredienzen, die man nie so genau benennen kann.

Beispiel: An zwei offenen „Yoga-Tagen" kamen zu den Schnupperkursen, kostenfrei und zu günstigen Zeiten, nur insgesamt zwei Leute (bei fünf angebotenen Kursen). Bei der Lesung zweier Yoga-Lehrer, die philosophische Texte vortrugen, von denen am Ort noch nie jemand etwas gehört hatte, war aber abends die Schule vollbesetzt! Manchmal steckt man einfach nicht drin.

Kooperationen

Sonderaktionen und Veranstaltungen erfordern viel Organisation und Zeit. Das können Sie sich mit anderen doch gut teilen. Tun Sie sich mit anderen zusammen für besondere Aktionen wie einen „Tag der offenen Tür" oder machen Sie mal etwas ganz anderes.

Beispiel: Mit einer Buchhandlung zusammen veranstaltete eine Lebenskunst-Schule eine Fastenwoche im März. So konnten die Werbekosten geteilt werden und gleichzeitig wurden zusammen mehr Leute angesprochen, als es jeweils einzeln möglich gewesen wäre. Beide konnten so auf ihre sonstigen Angebote hinweisen. Die Räume in einem Pfarrheim standen ihnen kostenlos zur Verfügung, weil die Buchhandlung dort schon mehrfach Büchertische organisiert hatte. Später veranstaltete man gemeinsame Lesungen, Kreativ-Workshops und einiges mehr. Wer bietet in Ihrer Richtung passend etwas Ähnliches an? Gibt es einen aufgeschlossenen Künstler, Buchhändler, Musiker usw.?

Netzwerke

Natürlich wird alles etwas einfacher, wenn man erst die „richtigen Leute" kennt. Über den Austausch hinaus können so auch ganz neue Projekte entstehen. Benachbarte Berufe könnten zusammenarbeiten, zum Beispiel ÄrztInnen, Fitness-Studios, Kosmetikerinnen, MasseurInnen, Shiatsu-TherapeutInnen, Hebammen, Kunst- und MusiktherapeutInnen, Körperkünste wie Yoga, Qigong und so weiter. Schwieriger ist es zu erfahren, wo denn bitte schön „diese Leute" sich aufhalten und treffen. Gibt es an Ihrem Ort auch schon einen „GründerInnen- Stammtisch", ein Treffen sogenannter „Business-Angels", einen Arbeitskreis Lebenskunst oder eine Gruppe für ganzheitliche Therapie? Wenn Sie selbst nichts finden – dann fangen Sie doch an, ein Netz zu knüpfen! Die Information zum ersten Treffen können Sie zum Beispiel auch mit einer Pressemitteilung an die Redaktionen der örtlichen Presse weitergeben. Laden Sie jemanden aus der Redaktion ein, über diese Veranstaltung zu berichten, und sorgen Sie für weitere Publicity. Wenn genügend Menschen erfahren haben, dass es ein solches Netz geben soll, werden die Richtigen schon kommen. Vielleicht hilft auch das nächste „Amt für Wirtschaftsförderung" im Rathaus beziehungsweise der Kreisverwaltung mit Tipps und AnsprechpartnerInnen weiter.

Gucken Sie über Ihren Tellerrand!

Suchen Sie den Austausch und das Gespräch mit Selbstständigen aus ganz anderen Branchen. Manche Probleme sind nämlich sehr ähnlich – alle klagen zum Beispiel über Steuern und Vorschriften. Für manches gibt es vielleicht schon eine

Lösung, an die Sie noch gar nicht gedacht haben. Solche Treffen bringen nicht unbedingt den geschäftlichen Durchbruch, aber: Sie bringen sich ins Gespräch! Und: Wo Selbstständige unterschiedlicher Branchen zusammentreffen, gibt es immer gute Kontakte. Betrachten Sie alle Ihre Angebote, Ihre Werbung, Ihre Räume aus der Sicht Ihrer zukünftigen Kundschaft. Beobachten Sie sich selbst, wenn Sie Dienstleistungen in Anspruch nehmen, egal ob beim Arzt, beim Bäcker oder in einem Kurs. Auf was reagieren Sie wohlwollend, was empfinden Sie als angenehm und zuvorkommend? Was stört, was ärgert Sie? Und dann:

Wie könnten Sie es besser machen?

Vergessen Sie nie, dass alles den Weg des geringsten Widerstandes gehen will. Deshalb sollten Sie bei Ihrem Marketing auch die „Bequemlichkeit" des Menschen beachten. Kommen Sie Ihren KundInnen entgegen, indem Sie leicht zu finden und gut erreichbar sind (persönlich, am Telefon, im Internet), Ihre Dienstleistung(en) einfach anzufordern und zu bezahlen sind. Tun Sie alles, was möglich ist, um das Geschäft mit Ihnen einfach zu gestalten.

Selbst-Marketing

Die Vorstellung Ihrer Person als „Dienstleister" (Lehrende, Beratende oder Thera-peutin) sollte stets derart geschehen, wie Sie selbst gerne angesprochen werden wollen: Persönlich, wertschätzend, authentisch. Mit der persönlichen Ansprache geht einher: Respekt und Toleranz, eine gewisse Zurückhaltung, die sich aber nicht versteckt. Schreiben Sie Ihre Flyer und Briefe so, wie Sie auch an einen Bekannten schreiben würden. Drängen Sie sich nicht auf und vermeiden Sie Superlative. Zeigen Sie den Interessierten die Vorteile Ihrer Beratung beziehungsweise Lebenskunst. Gelingt Ihnen die persönliche Ansprache, wird die Antwort nicht lange auf sich warten lassen. Eigenlob stinkt nicht mehr. Denn wenn Sie selbst sich nicht loben können, warum sollten es andere tun? Und wenn Sie gelobt werden, dann bitte keine falsche Bescheidenheit! Freuen Sie sich und zeigen Sie, dass Sie dieses Lob tatsächlich auch verdient haben. Also nicht im Stil von „ach, das war ja nicht der Rede wert" oder „das ist doch selbstverständlich", sondern eher ein „Danke, das habe ich gerne gemacht, freut mich, das Sie es bemerkt haben". Es kann Spass machen, für sich bei anderen zu werben.
Aber die Werbung ist nicht das Wichtigste. Das, was als wichtig wahrgenommen wird, ist die Qualität Ihres Angebotes, also des Unterrichts, der Therapie oder der Beratung. Bei allen Strategien und Handlungen sollten Sie sich Ihrer Zielsetzung bewusst sein. Bewusst-Sein im Alltag. Die Zielsetzung adelt oder tadelt die Mittel.

Therapie- oder Beratungspraxis

Wie bieten Sie Ihre Beratungen oder Ihre Therapie-Angebote zeitlich an? Wann können Menschen zu Ihnen kommen? Nutzen Sie die Möglichkeiten, die sich Ihnen in der Selbstständigkeit bieten und kommen Sie den interessierten Klienten/Teilnehmenden mit Ihren Praxis-Zeiten entgegen. Sie müssen keine festen Öffnungszeiten anbieten wie der Hausarzt an der Ecke. Überlegen Sie sich vielmehr, wie viel Sitzungen Sie an einem Tag anbieten wollen – und bedenken Sie Ihre eigenen Bedürfnisse. Planen Sie also auch Pausen und Regenerationszeiten für sich selbst ein. Ein Coach, der selbst im eigenen Termin-Stress unterzugehen droht, ist kein gutes Vorbild. Sind Sie eher ein „Morgenmuffel", so starten Sie mit den ersten Terminen eben später. Darüber werden sich diejenigen freuen, die länger arbeiten müssen und denen Sie auch noch eine Sitzung um 20 Uhr anbieten können. Sind Sie eine „Lerche", also schon früh morgens frisch und fit, dann sieht Ihr Angebot umgekehrt aus: Die ersten Klienten kommen vielleicht schon vor der Arbeit. Auf jeden Fall: Bleiben Sie „Chef/in Ihrer Zeit".

Kursorganisation

Gerade wenn Sie erst anfangen, stellt sich die Frage, wie man selbstorganisierte Kurse gegen die – preisliche – Konkurrenz der Volkshochschule oder anderer gemeinnütziger Anbieter durchsetzen kann. Das ist eine Überlegung, die man überspitzen kann dahin, dass sich zum Beispiel der Handwerks-Bäcker um die Ecke doch nicht mit dem Brötchen- und Brotangebot „beim Aldi" messen sollte. Natürlich erhält man dort für wenig Geld Backwaren, aber ebenso deutlich ist der qualitative Unterschied und die Auswahl im Vergleich zum Bäcker. Der wiederum einen anderen Preis dafür verlangen muss als „der Aldi". Dies als Beispiel.

Was damit gesagt werden soll: Bitte nicht in Konkurrenz treten mit Anbietern wie einer VHS und anderen. Diese haben einen Bildungsauftrag zu erfüllen, der subventioniert wird. Diese finanzielle Unterstützung fehlt bei selbstständigen KursanbieterInnen. Gleichzeitig ist aber auch klar, dass sich nur mit VHS-Kursen keine eigene Existenz aufbauen lässt. Konsequenz? Das eine tun und das andere nicht lassen. Wie das gehen soll? Die Volkshochschulen verbreiten ihr Programmheft oft sehr breit gestreut und in hoher Auflage. Zusätzlich wird in den Tageszeitungen an prominenter Stelle darauf hingewiesen. Bieten Sie bei der VHS Kurse an, so können Sie von dieser Werbung profitieren. Menschen lernen nicht nur die von Ihnen angebotene Technik beziehungsweise Lebenskunst kennen, sie lernen auch Sie als Lehrende kennen! VHS-Kurse sind – leicht überspitzt – „bezahlte Werbung". Denn dort können Sie relativ vielen Leuten zeigen, dass Sie einen guten Unterricht bieten, brauchen sich um die Organisation der Kurse wenig bis gar nicht zu kümmern und haben bei Überschreiten der Mindestteilnehmerzahl ein garantiertes

Honorar, unabhängig von der tatsächlichen Anzahl an TeilnehmerInnen. Soweit – so gut. Bieten Sie jetzt aber gleichzeitig, womöglich am gleichen Ort, einen selbst organisierten Kurs an, so haben Sie selbst die Kosten für Raummiete, Werbung, Organisation, Ausstellen von Quittungen usw. zu tragen. Das verursacht Kosten und Zeit, die notwendigerweise durch den Kursbeitrag wieder hereinkommen müssen. Fast immer wird auf diesem Wege der VHS-Beitrag wesentlich niedriger sein. Machen Sie sich also nicht über den Preis selbst Konkurrenz!
Nutzen Sie doch die Voraussetzungen, die Volkshochschulen und ähnliche Institutionen bieten, um Ihre Lebenskunst – und sich selbst – bekannt zu machen.

Tipp: Bieten Sie zum Beispiel Anfängerkurse nur bei der VHS an und organisieren Sie alle weiterführenden Kurse für Fortgeschrittene oder zu speziellen Themen nur selbst. Bieten Sie diese konsequent in eigenen oder selbst angemieteten Räumen an. Durch den unterschiedlichen Kursinhalt wird der qualitative Unterschied per se deutlich (s. o.: „Aldi" und der Bäcker), was auch einen Unterschied im Preis erklärt.

Übersicht: Kursangebot vs. fortlaufende Angebote

	Geschlossenes Kursangebot	**fortlaufendes Kursangebot**
Vorteil:	Gut planbar, vorhersehbar, überschaubar, bei kurzen Kursverläufen niedrig-schwelliges Angebot für Neueinsteiger („Schnupperkurse")	gut planbar, bei offenen Stunden freie Gestaltung möglich für Einsteiger und „Gelegenheitskunden" durch Monatsabo, „Streifenkarten", Schnupperstunden, Geschenkabos etc. Auch geschlossene Stundenangebote sind möglich, z.B. für Fortgeschrittene und/oder spezielle Zielgruppen. Ermöglicht langfristige Kundenbindung durch verlässliches Angebot
Nachteil:	Bei anfänglich ungenügender Belegung fällt evtl. der gesamte Kurs aus, evtl. unflexibel für wechselnde Bedürfnisse von Teilnehmenden, Wechsel von Teilnehmenden schwierig bis unmöglich	Teilnehmerzahl je Stunde unwägbar, besonders am Anfang oft riskant bzw. unrentabel. Flexibles Austarieren der Nachfrage und ständige Überprüfung der Auslastung sind deshalb wichtig – Zeitaufwand.
Gut geeignet für:	Nebenberuflich Selbstständige, Lehrende in der Startphase und zum Ausprobieren von speziellen oder neuen Angeboten	Ambitionierte Lehrende, die eine hauptberufliche Existenz aufbauen wollen und solche, die mit anderen zusammen unterschiedliche Angebote offerieren wollen

„Anfängerkurse" wenden sich an Menschen, die noch nicht genau wissen, was sie wollen oder ob sie diese Übungsweise weiterverfolgen wollen. „Fortgeschrittene" haben sich entschieden, haben sich „auf den Weg" gemacht und wünschen oftmals jahrelange Begleitung durch entsprechende Angebote. Diese lange laufenden Angebote für Fortgeschrittene sollten Sie in eigener Organisation anbieten. Immer mal wieder weisen Sie auch in Ihren VHS-Kursen darauf hin und geben Ihre Flyer an Interessierte weiter. So können regelmässig neue TeilnehmerInnen zu Ihren weiterführenden Kursen kommen, die Sie so kontinuierlich ausbauen – zu einem Kurs- oder Schulsystem, das Ihnen Freude macht und Ihren TeilnehmerInnen Hilfe ist auf dem Weg.

Ungewöhnliche Kurskonzepte oder: Wie kommen die Menschen in Ihre Kurse?!

Manche fragen sich, wie Neugierige oder potentiell Interessierte für einen Kursbesuch zu gewinnen sind. Bereits weiter oben wurde auf die Möglichkeit von Vorträgen hingewiesen. Hier ist die Hemmschwelle zu kommen für Besucher sehr gering. Die anonyme Gruppe, zudem auf Stühlen sitzend, bietet Schutz. Respektieren Sie dies und versuchen Sie, bei Ihrem Vortrag möglichst alle anzusprechen. Bringen Sie viele Beispiele aus Ihrer Erfahrung und lockern Sie den Vortrag auf mit praktischen Übungen, die garantiert jeder mitmachen kann. Lassen Sie die Wirkung Ihrer Methode erspüren, vermitteln Sie ein sinnliches Erlebnis. Sie werden Ihre ZuhörerInnen bewegen … im besten Fall in Ihren nächsten Kurs. Niemand möchte aber eine langfristige Bindung eingehen, wenn noch nicht ganz sicher ist, ob „das" denn nun das Richtige sei. Senken Sie auch hier die sogenannte „Schwelle", die mögliche Interessierte abhalten könnte, sich anzumelden oder überhaupt erst mal in einen Kurs zu kommen.

Möglichkeit 1: Erste Stunde kostenlos

Die erste Stunde eines Kurses ist frei. Gleichzeitig ist der Besuch dieser Stunde unverbindlich. So können sich Interessierte einen eigenen Eindruck verschaffen, ohne vorab gleich eine Verpflichtung einzugehen. Klare Regelung aber auch von Ihrer Seite: Nach dieser ersten Stunde muss sich entschieden werden, ob oder nicht, das heisst, ab der zweiten Stunde ist der Kursbeitrag fällig (kann natürlich später bezahlt werden, ist aber fällig, muss also beglichen werden).

Möglichkeit 2: „Drei für zwei"

Dies ist ein bekanntes Angebot aus ganz anderen Bereichen („… beim Kauf von zwei Shirts bekommen Sie ein drittes gratis dazu"), was auch die Schwelle senken kann. Vor allem, wenn das Preisargument angeführt wird („… ich würde ja gern mal kommen, aber ich weiss noch nicht, ob Feldenkrais gut für mich ist, und dann ist es zum Ausprobieren auch ein bisschen teuer ..."). Das kann auch eine Ergänzung zur ersten Möglichkeit sein.

Möglichkeit 3: Kurze Kurse

„Kurze" Kurse können beispielsweise fünf Einheiten als klassische „Schnupperangebote" oder zu besonderen Zeiten sein – Yoga in den Osterferien, Meditation im Advent, Qigong für Daheimgebliebene in den Sommerferien ...
Kurze Kurse senken die Hemmschwelle, lassen sich leicht einplanen und andere Freizeitaktivitäten können von den TeilnehmerInnen für solch eine überschaubare Zeit auch mal verschoben werden.

Kontinuität fördern

Das ist mehr eine grundsätzliche Überlegung zur Kursgestaltung, die sich hier anschliessen soll. Kennen Sie die Unsicherheit gegen Kursende, wenn sich noch nicht genügend für den nächsten Kurs angemeldet haben? Wie können Sie den TeilnehmerInnen nahe bringen, dass sie sich (früher) anmelden? Zunächst: Bieten Sie den jetzigen TeilnehmerInnen einen Vorteil. Nach dem Motto: „Ihr seid schon bei mir in einem Kurs, deshalb könnt ihr euch vor allen anderen entscheiden, in welchem Kurs ihr weitermachen wollt. Danach erst wird der Kurs öffentlich ausgeschrieben" Oder: „Wer sich frühzeitig anmeldet, erhält einen Preisbonus". Und :„Wer noch jemanden kennt mit Interesse und diesen mitbringt, erhält einen Nachlass auf die Kursgebühr."

Dauer der Kurse

Vielleicht ändern Sie grundsätzlich die Länge Ihrer Kurse. Der Autor tat dies irgendwann aus einer Not heraus, beobachtete die Folgen und fand Folgendes heraus: „Runde" Kurszahlen machen quasi „satt". Vom Gefühl her ist ein Kurs über acht, zehn oder zwölf Abende „fertig". „Fertig" im Sinne von abgeschlossen, erledigt, geschafft, „das brauche ich jetzt erst mal nicht mehr zu machen" usw. Die acht ist vollkommen, die zehn ist die Einheit unseres Zahlensystems und die zwölf ist das „volle Dutzend".
Probieren Sie doch mal „appetitanregende" Kurslängen. Bieten Sie Kurse an über fünf, sieben oder neun Abende. Lassen Sie sich überraschen und vergleichen Sie. Weiterer Effekt: Durch kürzere Kurse bieten Sie sogenannten Quereinsteigern eine Chance. Andere kommen vielleicht eher, weil sie ihre Termine nicht so langfristig verplanen können (s. o.).

Kurs im Quartal

Noch ein Kurskonzept, das langsam anlief, sich dann aber sehr gut etablierte: „Yoga im Quartal". Eine Yogaschule arbeitete aufgrund der TeilnehmerInnenstruktur stets im Kurssystem. Dadurch entstanden aber immer wieder kursfreie Zeiten. Das war in der Phase nebenberuflich betriebener Unterrichtstätigkeit recht angenehm. Mit eigenen Räumen und dadurch bedingt fortlaufenden Ausgaben für Miete usw. ergab sich jedoch die Notwendigkeit zur Auslastung. Bald war die Idee geboren, ein Kursangebot zu entwickeln, das die sonst kursfreie Zeit füllen könnte, um die Räume zu belegen und gleichzeitig vielleicht noch andere interessierte Gruppen ansprechen zu können. So entstand das Angebot „Yoga im Quartal". Eine feste Gruppe erhält (bevorzugt in kursfreier Zeit) drei bis fünf Abende, beispielsweise viermal hintereinander dienstags, Unterricht. Es erwies sich als sinnvoll, diese Einheiten jeweils unter ein Thema zu stellen wie Schultern und Rücken, Atem und Bewegung, Stand etc. Nach dieser Einheit von drei bis fünf Abenden pausierte die Gruppe im Direktunterricht, um zu Hause für sich weiterzuüben. Zwei bis drei Monate später begann die nächste Einheit für drei bis fünf Kursabende. Jetzt wurde zunächst die letzte Einheit wiederholt, vertieft und dann zum nächsten Thema für die nächsten drei Kursabende übergeleitet. Danach folgten wieder zwei bis vier Monate Pause im direkten Unterricht usw. Über das Jahr ergab sich so eine Folge von direktem Unterricht etwa alle drei Monate, also einmal je Quartal. Deshalb der Titel. Da diese Kursform anfangs völlig neu und auch ungewöhnlich war, kamen die ersten Anmeldungen recht schleppend. Bald zeigte sich aber ein ganz anderer Aspekt bei den Übenden. Aufgrund der Sicherheit, dass nach den ersten vier Abenden und der folgenden kursfreien Zeit wieder eine Einheit mit Direktunterricht für drei bis fünf Abende folgen würde, war die Motivation, allein daheim weiterzuüben, enorm hoch! Die TeilnehmerInnen meldeten durchgängig zurück, dass sie fast problemlos die gesamte kursfreie Zeit geübt hätten. Schon nach einem halben Jahr fühlten sich fast alle so sicher und wohl im regelmässigen Üben, dass sie angaben, auf das tägliche Üben nicht mehr verzichten zu wollen! Aufgrund von kontinuierlichen Hinweisen auf dieses etwas „andere Angebot" und weil es bestimmten Berufsgruppen sehr entgegenkam, bildete sich rasch ein fester Teilnehmerstamm, der bereits im zweiten Jahr ein weiteres Angebot für „Yoga im Quartal" nötig machte für weitere Interessierte!

▶ Für Ihre Kursorganisation lesen Sie bitte auch „Kursliste wird Beleg" auf S. 151. Eine Vorlage „Kursliste" finden Sie unter „Download" auf unserer Website www.leitfaden-online.de ◀

Hilfe, ich mache Gewinn?!
Einnahmen und Ausgaben, Möglichkeiten, Vorschriften und Gesetze

Eigentlich ist es ja das, was wir (auch) wollen, nämlich mit unserer Idee Geld verdienen. Aber, Hilfe, was muss man dann tun?! Weiterlesen, denn in diesem Kapitel geht es darum, was Sie mit Ihren Einnahmen, aber auch Ihren Ausgaben machen müssen. Wie Sie nebenan in der Übersicht sehen, erfahren Sie alles Wichtige und Wissenswerte in diesem Kapitel.

Im ersten Teil geht es darum, wie Sie Ihren tatsächlich gemachten Gewinn aus selbstständiger Tätigkeit ermitteln können. Dazu wird die Einnahmen-Überschuss-Rechnung vorgestellt. Keine Sorge, Sie finden hier auch praktische Anleitungen, um wirklich leicht mit allen Belegen und Abrechnungen klar zu kommen: „Buchführung, ganz einfach".

Es folgt eine Erläuterung zu Ihren möglichen Betriebsausgaben und was Sie beachten müssen (oder sollten), damit Ihre Ausgaben auch vom Finanzamt anerkannt werden. Die Besonderheiten bei teuren bzw. grossen Anschaffungen finden Sie unter: „Grosseinkäufe für's Geschäft".

Manches ist zusätzlich zu bedenken, wenn Sie Kollegen im Inland oder solche aus dem Ausland hier in Deutschland engagieren bzw. Sie selbst im Ausland aktiv werden: „Gast-Arbeiter".

Im Teil „Grenzen und Konsequenzen" finden Sie Informationen, was Sie ab welchem Umsatz oder Gewinn vom Finanzamt zu erwarten haben – beziehungsweise umgekehrt.

Unter „Kein Stress mit dem Finanzamt" geht es um Vorschriften zur Rechnungsstellung, Aufbewahrungsfristen, Kontroll-Mitteilungen, „Liebhaberei" und wann möglicherweise ein Betriebsprüfer bei Ihnen klingelt.

Zum Schluss finden Sie Informationen zu privaten Handwerker-Rechnungen, Kinderbetreuung und Umzug. Nun mal los ...

Man soll alles so einfach wie möglich machen. Nur nicht einfacher.

Albert Einstein

Kapitel 4 im Überblick:

① Gewinnermittlung

E – A = G

Einnahmen – Ausgaben = Gewinn

Seite 109 bis 110

② Buchführung, ganz einfach

Seite 110 bis 114

③ Betriebsausgaben

Alle Ausgaben, die Sie geltend machen können

Seite 115 bis 136

④ Grosseinkäufe für's Geschäft

GwG und AfA

Seite 136 bis 141

⑤ „Gast-Arbeiter"

Als Deutsche/r im Ausland, als Ausländer in Deutschland

Seite 141 bis 143

⑥ Grenzen und Konsequenzen

Von Übungsleiterpauschale bis Umsatzsteuer

Seite 143 bis 147

⑦ Kein Stress mit dem Finanzamt

Seite 147 bis 158

⑧ Private Tipps

Handwerkerrechnungen, Kinderbetreuung, Umzug

Seite 158 bis 159

Es wurde schon darauf hingewiesen, dass die Einnahmen, die Sie durch Beratung oder Unterricht erzielen, noch kein „Verdienst" sind. Gerade am Anfang arbeitet man voreilig mit einer Kassenführung nach Kontostand und Bargeldmenge. Damit wird jedoch der wichtigste „Teilhaber" an unseren geschäftlichen Aktivitäten noch nicht eingeplant: Das Finanzamt. So ist die Formel „Einnahmen minus Ausgaben gleich Gewinn" auch nur bedingt richtig. Die Fachleute sprechen hier vom „Brutto-Gewinn vor Steuern".

Auf alle Einnahmen ihrer Bürgerinnen und Bürger hat nämlich die Bundesrepublik Deutschland, gemeinhin kurz „der Staat" genannt, anteilig einen gesetzlichen Anspruch, den wir unter dem Begriff „Steuer" kennen. Dass wir uns nicht falsch verstehen: Das zugrundeliegende Prinzip ist ja in Ordnung (auch wenn bessere Systeme denkbar sind), dass nämlich alle im Rahmen ihrer Möglichkeiten in einen grossen gemeinsamen Topf einzahlen und davon die Ausgaben und Investitionen getätigt werden, die die Verantwortlichen für nötig erachten. Gut ausgebaute Strassen und Gleise wollen wir alle haben und sind im Notfall froh über Rettungsdienste und Krankenhäuser, eine funktionierende Justiz und gut ausgestattete Bildungseinrichtungen.

Trotzdem möchte ich im Folgenden nicht nur zeigen, was zu tun ist, damit „der Staat" an seine Steuer kommt, sondern auch, was möglich ist, damit wir nicht zu viel zahlen.

> Zitat von Helmut Schmidt, als er noch Bundeskanzler war: „Wer die Pflicht hat, Steuern zu zahlen, hat auch das Recht, Steuern zu sparen."

Aber: Spare nie, nur um gut gespart zu haben!
Halten Sie Ihren Erfolg nicht künstlich auf, indem Sie danach trachten, Freigrenzen nicht zu überschreiten. Vor lauter Aufpassen und Kleinrechnen kommen Sie zu nichts. Wenn es gut für Sie läuft, dann kalkulieren Sie Ihre Steuerzahlungen ebenso ein wie alle anderen Ausgaben auch. Das erhöht zwar nicht den Spass an der Zahlung, verbessert aber mit Sicherheit Ihre strategische Finanzplanung und sichert Ihr Vorwärtskommen.

Gewinnermittlung

Zunächst also die Überlegung, wie wir den eigentlichen Gewinn für das Finanzamt (und für uns) korrekt ermitteln.

Dazu erst mal ein bisschen finanzamtliches Behördendeutsch. Der Gesetzgeber verlangt für sogenannte Gewinneinkünfte, das heisst auch für Einnahmen aus selbstständiger Tätigkeit, eine Gewinnermittlung gemäss Paragraph 4 Abs. 3 des Einkommensteuergesetzes (EStG):
„Steuerpflichtige, die nicht auf Grund gesetzlicher Vorschriften verpflichtet sind, Bücher zu führen und regelmässig Abschlüsse zu machen, und die auch keine Bücher führen und keine Abschlüsse machen, können als Gewinn den Überschuss der Betriebseinnahmen über die Betriebsausgaben ansetzen."

So, einmal tief durchatmen und – Entspannung. Sie müssen keine Bücher führen und auch keine buchhalterischen Abschlüsse machen. Aber trotzdem muss der Gewinn ermittelt werden – und dafür braucht man doch wieder ein bisschen Buchhaltung, aber nur ein bisschen. Wieviel genau und wie es leicht geht, erfahren Sie in diesem Kapitel ab Seite 110.

Was sind „Betriebseinnahmen"?

Das sind alle Einnahmen, die Sie durch Ihre selbstständige Tätigkeit erzielen. Gegebenenfalls müssen bei Umsatzsteuerpflicht die Einnahmen getrennt erfasst werden nach den unterschiedlichen Steuersätzen von sieben beziehungsweise neunzehn Prozent.

Umsatzsteuerpflichtig werden alle Selbstständigen, wenn der Umsatz, also die Summe aller Einnahmen, in einem Jahr über 17.500 Euro liegt. (Mehr zur Umsatzsteuer ab Seite 145).

Begrifflich gehören zu den Betriebseinnahmen alle Einnahmen in Geld- oder Sachwerten (!), die im betrieblichen Rahmen zufliessen. Das sind zum einen Kursentgelte, Honorare für Unterricht, Therapie oder Beratung und so weiter. Desweiteren zählen „Veräusserungen" wie beispielsweise der Verkauf von Anlagevermögen (der alte PC oder Bürostuhl ...) zu den Einnahmen.
Wer umsatzsteuerpflichtig ist, muss auch die Umsatzsteuer als Einnahme verbuchen, denn die Umsatzsteuer ist kein „durchlaufender Posten"! Diese scheinbare „Ungerechtigkeit" gleicht sich dadurch aus, dass Umsatzsteuerzahlungen an das Finanzamt wiederum als Betriebsausgaben verbucht werden dürfen.

Was sind „Betriebsausgaben"?

Kurz gesagt: Alle Ausgaben, die Ihnen im Zusammenhang mit Ihrer selbstständigen Tätigkeit entstehen. Und das meint tatsächlich: alle!
Mehr zu einzelnen Betriebsausgaben finden Sie in diesem Kapitel ab Seite 115.

Und wie ermittelt man nun den Gewinn?

Das Gesetz sagt (s.o. Einkommens-SteuerGesetz, § 4,3), der Gewinn ergibt sich aus dem Überschuss der Einnahmen über die Ausgaben. Und weiter heisst es: Mindestens am Schluss des Kalenderjahres müssen die Betriebseinnahmen und die Betriebsausgaben jeweils zusammengerechnet werden.
So müssen also zunächst die Summen für alle Einnahmen und alle Ausgaben addiert werden.

Beispiel: Inga hat im letzten Jahr insgesamt 3.800 Euro eingenommen durch Honorare für Unterricht. Für Fahrten, Bücher, Fortbildungen usw. hat sie über das Jahr insgesamt 2.300 Euro ausgegeben. „Einnahmen minus Ausgaben = Gewinn" sieht in Ingas Fall dann so aus: 3.800 Euro - 2.300 Euro = 1.500 Euro
Inga hat also im Sinne des Gesetzes 1.500 Euro Gewinn gemacht im letzten Jahr. Nun weiss es Inga, aber das Finanzamt noch nicht.

Deshalb müssen auch freiberuflich selbstständig Tätige, also alle KursleiterInnen, freiberufliche BeraterInnen und alle anderen lehrend, erziehend oder heilend Tätigen ihre Betriebsausgaben und alle Betriebseinnahmen so aufzeichnen, dass ein „sachverständiger Dritter" sie leicht und einwandfrei prüfen kann.
Alle Einnahmen und Ausgaben müssen dazu einzeln, fortlaufend und unter Angabe des Datums sowie des Verwendungszweckes aufgezeichnet werden. Eine zusammenfassende Buchung, zum Beispiel aller Ausgaben eines Tages, ist nämlich nicht zulässig. Dabei genügt jedoch die belegmässige Erfassung und (einfache) Aufzeichnung der Betriebseinnahmen und der Betriebsausgaben.
Die Vorgaben des Gesetzgebers klingen vielleicht nach grossem Aufwand? Wir dürfen es uns dennoch leicht machen.

Buchführung, ganz einfach

Für unsere Tätigkeiten schreibt das Finanzamt lediglich vor, dass unsere Belege und Aufstellungen von Einnahmen und Ausgaben „nachvollziehbar" sein müssen. Mehr nicht! Damit leuchtet ein, dass der Schuhkarton voller Rechnungen und Quittungen dieser Vorgabe nicht genügt. Aber ob Sie alle Belege in eine Kladde einkleben oder in einem Aktenordner verwahren, bleibt Ihnen überlassen. Es sollte vor allem praktisch und einfach sein – für Sie. Suchen Sie sich die für Sie passende Form aus und – sorgen Sie (mindestens einmal monatlich) dafür, dass Sie alle Einnahmen und Ausgaben in die Ordnung Ihres Systems bringen. Je grösser der zeitliche Abstand zu einzelnen Belegen, um so aufwändiger wird nämlich das Bearbeiten. Mit etwas Disziplin halten Sie leicht Ordnung und das ist gerade bei Tätigkeiten, die unangenehm erscheinen, der Schlüssel zum Erfolg – und zur Leichtigkeit. Es folgen zwei erprobte Möglichkeiten für eine einfache, aber effektive Buchführung. Insbesondere für den Start in eine selbstständige Tätigkeit und/oder wenn nur wenige Buchungen (Einnahmen und Ausgaben) im Monat anfallen, empfiehlt sich die Buchführung mit Kassenbuch. Haben Sie mehr Belege, insbesondere auch viele unterschiedlicher Art, so empfiehlt sich die Buchführung mit einem Journal, z.B. über ein Tabellenkalkulationsprogramm auf Ihrem Computer. Buchhaltungssoftware gibt es zwar jede Menge am Markt, aber schauen Sie sich dazu unbedingt die Demo-Versionen an und prüfen Sie für sich, ob Sie damit zurechtkommen. Manche sind nur leicht in der Anwendung, wenn man über gewisse Grundkenntnisse der Buchhaltung verfügt. Wägen Sie Ihren Einsatz ab und überlegen Sie sich, für was Sie wirklich Zeit verwenden wollen: Für die Belege oder für Ihre eigentliche Tätigkeit?

Buchführung mit Kassenbuch

Besorgen Sie sich im Schreibwaren- oder Büro-Handel ein Kassenbuch. Das hat das Format A4 und ist bereits mit entsprechenden Spalten und Beschriftungen versehen. Ein Muster sehen Sie nachfolgend:

Kassenabrechnung   vom _____ bis _____ Seite _____

Datum	Beleg Nr.	Vorgang		Einnahme			Ausgaben		
			brutto	MwSt.	netto	brutto	Vorsteuer	netto
		Übertrag/Kassenbestand des Vortages							
12.5.	2	Briefmarken				10,-			
12.5.	3	Fachbücher				24,80			
	4								

Beispiele: Sie kaufen am 12.05. Briefmarken für 10 Euro in der Poststelle und in der Buchhandlung daneben Fachbücher für 24,80 Euro. In der Datumspalte tragen Sie den 12.05. ein, die Quittungen der Post bzw. der Buchhandlung versehen Sie mit der Zeilen-Nr. Ihres Kassenblattes und auf dem Kassenblatt in der entsprechenden Zeile vermerken Sie den „Vorgang": „Briefmarken" bzw. „Fachbücher". Beides sind natürlich betriebliche Ausgaben, also stehen die Beträge in den Spalten „Ausgaben". Eine Einnahme für ein Beratungsgespräch oder ein Kurshonorar verbuchen Sie entsprechend. Haben Sie keine Rechnung oder Quittung ausgestellt für Ihre Teilnehmerin, so tragen Sie auf dem Kassenblatt auch keine Beleg-Nr. ein. Der Eintrag auf dem Kassenblatt ist nun der Beleg für diese Einnahme. In der Spalte „Einnahmen" vermerken Sie die Höhe des erhaltenen Betrages. Fertig.

Auch Einnahmen oder Ausgaben, die gelegentlich über Ihr privates Girokonto gelaufen sind, können Sie in gleicher Weise auf dem Kassenblatt erfassen. Der Beleg ist dann bei einer Einnahme entweder die von Ihnen ausgestellte Rechnung oder der Konto-Auszug. Bei Ausgaben genügt die auf Ihren Namen ausgestellte Rechnung des Lieferanten.

Am Ende eines Monats addieren Sie die Einnahmen auf Ihrem Kassenblatt und Sie erhalten Ihren erzielten Umsatz für diesen Monat. Da das Finanzamt Kategorien für die Betriebsausgaben vorgibt, müssen Sie diese entsprechend zuordnen. Mehr dazu erfahren Sie weiter unten bei den Betriebsausgaben ab Seite 115.

Am Ende eines Jahres addieren Sie alle Einnahmen aus den Kassenblättern der einzelnen Monate und erhalten so Ihren Jahres-Brutto-Umsatz. So viel ist bei Ihnen „reingekommen". Die Ausgaben des Jahres addieren Sie nun entsprechend der finanzamtlich vorgegebenen Kategorien ebenfalls aus allen Kassenblättern und somit erstellen Sie Ihre Jahres-Einnahmen-Überschuss-Rechnung.

Und als aufmerksamer Leser haben Sie schon bemerkt, dass das nur wirklich leicht geht, wenn nicht allzu viele Belege zusammengekommen sind. Je mehr Belege bzw. „Vorgänge" (also Einnahmen unterschiedlicher Art und alle möglichen Ausgaben) im Laufe eines Jahres zusammenkommen, um so eher empfiehlt sich die andere Möglichkeit der Buchführung, nämlich mit einem Journal.

Buchführung mit „Journal"

Die Betriebsausgaben (und Einnahmen) können zur Aufzeichnung durch die Einrichtung mehrerer Spalten in einem sogenannten „Amerikanischen Journal" so aufgeteilt werden, dass die hauptsächlich vorkommenden Ausgaben in je einer Spalte erfasst werden. Diese Form können Sie leicht mit jedem gängigen Tabellenkalkulationsprogramm einrichten (lassen).

Nachfolgend ein Beispiel für ein sogenanntes „Journal" für einige häufig vorkommende Ausgaben:

Datum	Porto	Fachbücher	Werbeausgaben	Blumen etc.	Büromaterial
12.5.	10,-	24,80			
13.5.					12,-
17.5.	7,-		89,-	5,50	28,75

Legen Sie Ihr „Journal" in einem Tabellenkalkulationsprogramm an, so können Sie durch die Additionsfunktion leicht die Gesamtsummen der jeweiligen Ausgabenposten bilden und sie miteinander verknüpfen. Wenn Sie keinen Computer zur Verfügung haben: Amerikanische Journale können Sie sich auch selbst herstellen, indem Sie grosse Papierbögen (z.B. Format A3) quer nehmen und dem obigen Beispiel entsprechend mit Spalten und Zeilen versehen. Im Schreibwarenhandel gibt es auch kariertes Papier in A3. Die im Fachhandel als gebundene Kladde erhältlichen „Amerikanischen Journale" sind ziemlich teuer (z.B. 20 Blätter gebunden ca. 50 Euro), wenngleich das natürlich eine Betriebsausgabe darstellt (Rubrik „Büromaterial").

Durch die Erfassung der Betriebseinnahmen und Betriebsausgaben bei Zufluss und Abfluss besteht somit eine einfache Möglichkeit, die Höhe des Gewinnes zu steuern.

Buchführung bei eigenem Geschäftskonto

Ab einem bestimmten Umfang lohnt es sich, für die selbstständige Tätigkeit ein eigenes Konto einzurichten. Ab 20 bis 30 Kontobewegungen im Monat, also Überweisungen zu Ihren Gunsten bzw. an andere, ist es meist einfacher, alles nur noch von einem separaten Konto zu tätigen. Dann bleiben Ihre privaten Einnahmen und Ausgaben tatsächlich privat und alle geschäftlichen Einnahmen und Ausgaben laufen über Ihr Geschäftskonto. Die Kosten für dieses Konto sind natürlich ebenfalls Betriebsausgaben. Im Grunde bleibt es von der Buchhaltung her wie oben beschrieben. Sowohl bei der Buchführung mit Kassenbuch wie auch mit einem Journal erfassen Sie auch die Einnahmen und Ausgaben, die über das Geschäftskonto laufen. Die Chronologie der Buchungen ergibt sich hier jedoch nach den Konto-Auszügen Ihrer Bank oder Sparkasse.

▶ **Hinweis**: Vor allem die Vermischung von privaten und geschäftlichen Ausgaben auf einem Giro-Konto sollte spätestens bei einer hauptberuflichen Selbstständigkeit vermieden werden. ◀

Mit den Summen in Ihrem Kassenbuch bzw. Amerikanischen Journal, die Sie nun am Ende eines Jahres gebildet haben, lässt sich leicht eine Einnahme-Überschussrechnung zur Ermittlung des Betriebsergebnisses erstellen. Mehr dazu s. Seite 110.

Buchführung machen lassen

Wenn Ihnen das zuvor Gesagte alles zuviel ist und Sie den Eindruck gewinnen, dass Sie dann mehr mit „Papierkram" als mit Ihrem Unterricht oder Ihrer Beratung beschäftigt sind, können Sie Ihre Buchhaltung auch machen lassen.

Das geht nicht nur in grossen Städten. Denn nicht nur Sie, sondern die meisten Selbstständigen wollen sich lieber auf ihre eigentliche Arbeit konzentrieren statt auf die (wenngleich vorgeschriebene, aber lästige) Buchhaltung. Suchen Sie im Internet unter dem Begriff „Buchhaltungsservice" – und Sie werden vielleicht überrascht sein, wieviel Angebote sich auftun. Achten Sie darauf, dass die externe Buchhaltung bei Ihnen in der Nähe ist, denn die Belege könnten Sie zwar mit der Post schicken, aber Nachfragen, Ergänzungen, Besprechungen führen sich leichter und effektiver „Aug in Aug". Ausser an einen Buchhaltungsservice, der alle Belege für Sie erfasst und aufbereitet, können Sie sich auch direkt an eine Steuerberatung wenden. Denn auch hier wird man Ihre Belege entgegen nehmen und buchhalterisch für Sie erfassen. Eine Steuerberatung wird aber auch gleich alle Beträge in den richtigen Zuordnungen in die jeweils korrekten Formulare übertragen. Dazu können Sie sich beim Steuerberater auf Terminsicherheit und Fristeinhaltung verlassen, was gegenüber dem Finanzamt nur von Vorteil sein kann. Siehe dazu auch „Kein Stress mit dem Finanzamt" ab Seite 147 in diesem Kapitel. Eine „passende" Steuerberaterin finden Sie zum Beispiel über die Website www.Steuerberater-Suchservice.de.

Belege der Buchhaltung behalten und aufbewahren!

Bitte verschonen Sie das Finanzamt mit Ihrer Belegsammlung, die Sie parallel zur Erfassung der Beträge in Ihrem Kassenbuch oder „Journal" angelegt haben! Diese Belege bewahren Sie bei sich im Büro oder zu Hause auf. Die Aufbewahrungszeit ist gesetzlich vorgeschrieben und beträgt zehn Jahre. Alle buchhaltungsrelevanten Unterlagen gehören dazu und es ist gesetzliche Pflicht, alle Unterlagen, „die Auskunft über betriebliche Einnahmen oder Ausgaben geben", über diesen Zeitraum zu verwahren. Geben Sie jedoch Ihre Belege mit Ihrer Steuererklärung ab, fordern Sie indirekt das Finanzamt dazu auf, diese genau zu prüfen. Das muss nicht sein.

Liegt Ihr Jahresumsatz (also die Summe all Ihrer Einnahmen ohne Abzüge) über 17.500 Euro, müssen Sie dem Finanzamt Ihre Einnahmen-Überschuss-Rechnung auf dem amtlichen Vordruck EÜR (für „Einnahmen-Überschuss-Rechnung") digital einreichen. Informationen dazu und das Formular finden Sie zum Download auf der Website www.finanzamt.de. Einen Muster-Vordruck „EÜR" finden Sie auch im Anhang ab Seite 183. Dort gibt es ebenfalls eine Ausfüllhilfe.

▶ **Hinweis:** Bei einem Jahresumsatz unter 17.500 Euro können Sie zu Ihrer Steuererklärung statt des Formulars EÜR eine formlose Gewinnermittlung an das Finanzamt einreichen. ◀

Betriebsausgaben

Ausgaben, die Sie geltend machen können

Nachfolgend werden einzelne, häufig vorkommende Ausgaben vorgestellt, die für Sie betrieblich bedingte Ausgaben sein können: Also Betriebsausgaben.

Vor Beginn Ihrer selbstständigen Tätigkeit liegt häufig eine Ausbildung. Diese kann je nach Ihrer persönlichen Situation im steuerlichen Sinne eine Sonderausgabe darstellen oder bereits eine Betriebsausgabe sein. Deshalb beginnen wir hier mit einer Übersicht zu

Ausbildungskosten

Zunächst müssen wir hier unterscheiden zwischen Ausbildung und Fortbildung. Die Ausbildung dient in der Vorstellung der Finanzbehörden und des Gesetzgebers der Vorbereitung auf einen künftigen Beruf beziehungsweise eine künftige Berufsausübung, während durch eine Fortbildung die Kenntnisse im ausgeübten Beruf erweitert und den geänderten und/oder gestiegenen Anforderungen angepasst werden sollen. Ob Ihre Bildungsmassnahme der „Berufs-Ausbildung" oder der „Berufs-Fortbildung" zuzuordnen ist, hängt insbesondere vom „Ausbildungsstand, von der beruflichen Stellung und von der erkennbaren Absicht ab, mit der die Massnahme verfolgt wird".
Besteht ein enger Zusammenhang zwischen der „Bildungsmassnahme" und dem ausgeübten Beruf, so spricht dies für eine Berufs-Fortbildung, besonders wenn für sie beruflich verwertbares Spezialwissen vermittelt wird.
Einfache Formel: Je „weiter weg" Ihre derzeitige Tätigkeit beziehungsweise Ihre Berufs-Ausbildung von dem ist, was Sie jetzt lernen (wollen), umso wahrscheinlicher liegt eine Berufs-Ausbildung vor.
Die Industriekauffrau, die sich zur Heilpraktikerin ausbilden lässt, wäre ein typisches Beispiel zur Annahme einer Berufsausbildung. Inwieweit eine Physiotherapeutin, die sich zur Shiatsu-Therapeutin ausbilden lässt, im steuerlichen Sinne eine berufliche Aus- oder Fortbildung besucht, wird nur im konkreten Einzelfall zu klären sein. Wahrscheinlich wird aber eine Fortbildung angenommen.
Die Finanzbehörde sagt, dass in der Regel dann von einer Berufs-Ausbildung auszugehen ist, wenn es sich um die überwiegende Vermittlung von Allgemeinwissen, das Anstreben einer neuen beruflichen Stellung oder einen Berufswechsel handelt. Hierbei wird unterstellt, dass mit der Ausbildung die Grundlage erworben wird für die spätere Ausübung eines anderen als dem derzeitig ausgeübten Beruf.
In Berufs-Ausbildung befindet sich, wer sein Berufsziel noch nicht erreicht hat, sich aber noch ernstlich darauf vorbereitet. Die Ausbildung kann sich auch in Stufen vollziehen, deren jede schon zur Ausübung eines Berufes befähigt. Kleinere

Unterbrechungen sind dabei unschädlich. Deshalb ist die Berufs-Ausbildung nicht immer mit dem Erreichen der Mindestvoraussetzungen für einen bestimmten Beruf, zum Beispiel der Ablegung einer von mehreren möglichen Prüfungen, beendet.

Wann und wie sind Ausbildungskosten abzugsfähig?
Es gibt je nach Ihrer Situation zwei bis drei Möglichkeiten, die Kosten der Ausbildung steuerlich geltend zu machen: Als Sonderausgabe, als Fortbildung oder als „vorgezogene Betriebsausgabe".

Ausbildungskosten als Sonderausgabe

Ausbildungskosten werden unter den oben genannten Voraussetzungen zu den Kosten der privaten Lebensführung gezählt bei einer „Berufsausbildung in einem noch nicht ausgeübten Beruf" und sind als sogenannte Sonderausgaben bis zu 4.000 Euro im Kalenderjahr abzugsfähig (§ 10 Abs. 1 Nr. 7 EStG). Dabei sind Aufwendungen für die Berufsausbildung nur solche, die in der erkennbaren Absicht gemacht werden, später aufgrund der erlangten Ausbildung eine Erwerbstätigkeit auszuüben. Wann dieses „später" ist, also, ab wann nach einer abgeschlossenen Ausbildung „in einem nicht ausgeübten Beruf" eine Tätigkeit aufzunehmen ist, entscheiden Sie. Da das Finanzamt jedoch angehalten ist, Missbrauch zu vermeiden, tun Sie gut daran, eventuelle Verzögerungen oder zeitliche Verschiebungen vor Aufnahme der Tätigkeit dem Finanzamt mit der Steuererklärung mitzuteilen. So ersparen Sie sich Nachfragen durch diese formlose Klärung.

Insbesondere sind bei einer Berufs-Ausbildung die folgenden Aufwendungen abzugsfähig:
– die Kosten für die Schul- beziehungsweise Ausbildungsgebühren,
– für das Lernmaterial und Fachbücher,
– die Fahrtkosten zur Ausbildungsstätte,
– die Kosten der auswärtigen Unterbringung (nur mit Beleg),
– der sogenannte Verpflegungsmehraufwand aufgrund auswärtiger Unterbringung nach den derzeit geltenden Pauschalbeträgen.

Alle o.g. Aufwendungen sind bis insgesamt 4.000 Euro pro Jahr abzugsfähig.

▶ **Hinweis:** Wer neben einer Bildungsmassnahme in privat organisierten Arbeitsgemeinschaften den Unterrichtsstoff aufarbeitet, kann den Aufwand hierfür (Fahrtkosten, Verpflegungsmehraufwand ...) ebenfalls als Ausbildungskosten steuerlich geltend machen. Dies geht aus einer Entscheidung des Finanzgerichtes Düsseldorf hervor, die im konkreten Fall einer Teilnehmerin an einem Fortbildungslehrgang zur Bilanzbuchhalterin die Anrechnung der Kosten zu den privaten Arbeitsgemeinschaften gestattet hatte. (Finanzgericht Düsseldorf, Az.: 8 K 6790793) ◀

Ausgaben für die Ausbildung, die Sie aufgrund von Erwerbslosigkeit oder durch nur geringes Einkommen, durch Studium oder ähnliches nicht bei der Steuererklärung geltend machen können, können Sie mittels des „Verlustvortrages" auf spätere Jahre (mit Einnahmen) übertragen. Mehr dazu ab Seite 152.

Ausbildungskosten als „vorgezogene Betriebsausgaben"

Wenn Sie vor der Ausbildung noch nicht unterrichtet haben oder beratend tätig waren und die Kosten der Ausbildung über 4.000 Euro pro Jahr liegen, können Sie diese auch als sogenannte „vorgezogene Betriebsausgaben" geltend machen. Hierzu ist erforderlich, dass Sie nach Abschluss der Ausbildung eine entsprechende selbstständige Tätigkeit anstreben. Auch eine zeitlich begrenzte nebenberufliche Ausübung ist möglich, wenn Sie hauptberuflich weiter Ihren bisherigen Beruf ausüben. Eine selbstständige Ausübung liegt bei fast allen Unterrichtenden vor, da auch das Unterrichten zum Beispiel für eine Volkshochschule stets eine selbstständige Honorartätigkeit darstellt, die nicht zu einem Angestelltenverhältnis führt beziehungsweise als solche vorgesehen ist.

„Unter Vorbehalt"

Die Anerkennung der Ausbildungskosten als vorgezogene Betriebsausgabe wird von den Finanzbehörden regelmässig nur unter Vorbehalt gewährt. Dies ist jedoch für alle diejenigen ohne Bedeutung, die in nahem zeitlichem Zusammenhang zum Ende der Ausbildung dann tatsächlich in ihrem Bereich selbstständig tätig werden. In aller Regel möchten die Finanzbehörden nach etwa drei Jahren, in denen die Ausgaben unter Vorbehalt anerkannt wurden, wissen, ob ein sogenanntes „Gewinnstreben" zu erkennen ist. Falls nicht, so können allerdings die in den Vorjahren „unter Vorbehalt" anerkannten Steuerminderungen nachgefordert werden!

Beispiel: Horst weiss, was er will. Derzeit ist er zwar noch als kaufmännischer Angestellter tätig, aber seine Zukunft sieht er woanders. Horst will astrologischer Lebensberater werden. Als erstes eröffnet er seine Beratungspraxis, allerdings nur auf dem Papier und gegenüber dem Finanzamt. Er ist jetzt als selbstständig tätiger Berater beim Finanzamt gemeldet. Damit seine Praxis laufen kann, muss er zunächst investieren. Aber nicht in Maschinen, sondern in sich selbst. Deshalb beginnt er die Ausbildung zum astrologischen Lebensberater auch erst nach der finanzamtlichen Anmeldung. Denn so sind alle Ausgaben (ähnlich wie unter „Ausbildung als Fortbildung", siehe nächste Seite) für Horst Betriebsausgaben, die er gegenüber dem Finanzamt geltend machen kann. Neben seiner Ausbildung sorgt er für die nötige Werbung und sucht geeignete Räume, so dass er nach drei Jahren gleich „loslegen" kann. Und damit erbringt er den besten Beweis für sein „Gewinnstreben" gegenüber dem Finanzamt: Er betreibt Werbung für seine

Tätigkeit, hat eigene Räume angemietet und erzielt in der Folge daraus auch Einnahmen.

Ausbildung als Fortbildung – wenn Sie schon vor der Ausbildung selbstständig tätig sind

Wenn Sie schon unterrichten oder sonst in irgendeiner Form im angestrebten Bereich selbstständig tätig waren, bevor Sie die Ausbildung begonnen haben, so können Sie bei Ihrem zuständigen Finanzamt alle anfallenden Kosten (also Lehrgangsgebühren, Fahrt- und Unterbringungskosten ...) als „Kosten einer beruflichen Fortbildung" geltend machen. Als selbstständig Tätige fällt das dann unter Betriebsausgaben, Position „Fortbildungskosten", und zwar in unbegrenzter Höhe. Denn hier können Sie auf den engen Zusammenhang von beruflicher Tätigkeit und Ziel der Bildungsmassnahme hinweisen. Sie „vertiefen Ihr Wissen und eignen sich weiteres Spezialwissen an". Dass es sich nicht um eine „versteckte Ausbildung" handelt, zeigt sich vor allem dadurch, dass auf eine Prüfung beziehungsweise auf den Nachweis einer Prüfung gegenüber dem Finanzamt verzichtet wird.

Beispiel: Jana hat vor einigen Jahren eine Ausbildung in verschiedenen Körpertherapien in den USA gemacht. Seit zwei Jahren unterrichtet sie in Deutschland Gruppen und Einzelpersonen. Da ihre Ausbildung hier vom deutschen Berufsverband nicht anerkannt wird, beschliesst sie, noch einen Ausbildungskurs zu besuchen. Da sie bereits in diesem Bereich beruflich tätig ist, kann sie alle Kosten des Ausbildungskurses und alle damit zusammenhängenden Aufwendungen (Fahrt, Übernachtung, Bücher etc.) als Betriebsausgaben geltend machen.

Übersicht über weitere Betriebsausgaben

Fortbildung

Alle Aufwendungen für Fortbildungen im Inland, die im Zusammenhang mit der selbstständigen Tätigkeit stehen, sind als Betriebsausgaben absetzbar. Dazu gehören die Kosten für die Veranstaltung selbst ebenso wie die Fahrtkosten, Unterbringung, Verpflegungsmehraufwendungen und eventuell zusätzliche Kosten für Seminarunterlagen. Siehe auch „Ausbildungskosten" weiter oben.

Fortbildung im Ausland

Aufwendungen für einen Kurs, ein Seminar oder einen Lehrgang im Ausland sind nur dann als Betriebsausgaben abziehbar, wenn dabei ausschliesslich berufsbezogene Inhalte vermittelt werden. Private Interessen dürfen für die Teilnahme keine

Rolle spielen. Ein Lehrgangsteilnehmer muss dies gegebenenfalls nachweisen, indem er das Kursprogramm vorlegt und die Inhalte des Kurses in geeigneter Weise vorträgt. Lehrmaterial in einer Fremdsprache wird nur dann als Beweismittel anerkannt, wenn auch eine deutsche Übersetzung des Kursprogramms vorliegt (!). Mit dieser Begründung hat das Finanzgericht Baden-Württemberg (Az.: 6 K 185/96) einem Kläger die Möglichkeit verweigert, einen Kurs in Florida abzusetzen. Er konnte die Inhalte des Kurses nur in Schlagworten umschreiben und legte ausschliesslich Fachbücher in englischer Sprache vor.

▶ Im Formular „EÜR" tragen Sie Ihre Fortbildungs-Ausgaben ein unter „Sonstige unbeschränkt abziehbare Betriebsausgaben" in die Spalte „Fortbildungskosten". ◀

Nutzung eines eigenen Fahrzeugs für geschäftliche Fahrten

Die meisten nutzen einen privaten PKW, um damit zu den Kursorten, in die Praxis oder zu Fortbildungsseminaren zu fahren. Damit Sie die dadurch entstehenden Kosten steuerlich als Betriebsausgaben geltend machen können, sind zwei Methoden erlaubt:

1. Methode: Ansatz der km-Pauschale
Sie setzen für jeden betrieblich gefahrenen Kilometer 30 Cent an.

Beispiel: Sie fahren von Ihrem Wohnort zu einem Fortbildungsseminar. Die Gesamtstrecke beträgt 100 Kilometer. Ergebnis: Sie können (100 x 0,30=) 30 Euro als Fahrtkosten geltend machen.

Nutzen Sie ein fremdes Fahrzeug, z.B. von Ihrem Ehepartner oder einem Freund, so können Sie diesem steuerfrei ebenfalls 30 Cent/km erstatten. Ihr Ehepartner muss nichts versteuern, denn bei ihm (oder ihr) handelt es sich lediglich um Kostenersatz. Sie dagegen können dann auch die Kosten für die Nutzung eines nicht Ihnen gehörenden Fahrzeugs als Betriebsausgabe geltend machen. Die tatsächliche Zahlung des Kostenersatzes sollten Sie natürlich nachweisen können (Quittung oder Banküberweisung).

2. Methode: Ansatz der tatsächlichen km-Kosten
Alternativ können Sie die tatsächlich entstandenen Kosten als Betriebsausgabe geltend machen. Hierzu ermitteln Sie die insgesamt im Jahr angefallenen laufenden Kosten für Ihr Auto (Benzin, Reparaturen, Versicherung, Steuer etc.), die Jahresgesamtlaufleistung des Autos und die davon geschäftlich gefahrenen Kilometer. Aus diesen Daten können Sie Ihre individuellen Kosten pro Kilometer errechnen und als Betriebsausgabe geltend machen. Diese Methode ist deutlich aufwändiger als Methode 1. Sie ist aber dann zu empfehlen, wenn Ihre individuellen

Kilometer-Kosten deutlich über der Pauschale liegen. Sollten Sie umsatzsteuerlich zum Vorsteuerabzug berechtigt sein, so ist ein Teil der Vorsteuern, der auf die unternehmerische Nutzung entfällt, abzugsfähig.

Beispiel: Peters Volvo mit Baujahr 2003 hat am 1. Januar einen Kilometerstand von 84.000. Am 31. Dezember zeigt der Tacho 100.000 Kilometer an. Peter war also insgesamt mit seinem Auto 16.000 Kilometer unterwegs. Aus seinen Aufzeichnungen über die Fahrten zu seinen Kursveranstaltungen entnimmt er die dafür zurückgelegten Kilometer und summiert diese. Er kommt auf 4.000 „betrieblich veranlasste Kilometer". Das sind deutlich weniger als 50 Prozent der Gesamtkilometer. Peter rechnet die gefahrenen 4.000 km mit 30 Cent je Kilometer als Betriebsausgabe unter dem Posten „Kraftfahrzeugkosten" ab.

▶ **Wichtig!** Sowohl Methode 1 wie Methode 2 können nur für Fahrzeuge angewendet werden, deren betrieblicher Nutzungsumfang unter 50% liegt. ◀

Betrieblich genutzte Fahrzeuge

Nutzen Sie Ihren PKW für Ihre „betrieblich bedingten Fahrten" in Relation zur jährlichen Gesamtfahrleistung zu mehr als fünfzig Prozent, so gehört Ihr PKW zum „Betriebsvermögen" und gilt als betrieblich genutztes Fahrzeug! Dann dreht sich auch die Berechnung der Fahrtkosten um, denn jetzt gilt es, den privaten Nutzungsanteil am betrieblich genutzten PKW zu ermitteln. Privat veranlasste Fahrten mit einem „PKW im Betriebsvermögen" gehören zur persönlichen Lebensführung und sind, weil nicht betriebsbedingt, auch nicht als Betriebsausgaben abziehbar. Zur vorgeschriebenen Ermittlung dieses Anteils am Gesamtfahraufkommen gibt es zwei Möglichkeiten: eine Pauschalberechnung mit einem Prozent vom Listenpreis oder das Führen eines Fahrtenbuchs.

Möglichkeit 1: „Ein Prozent vom Listenpreis"
Die Privatnutzung des betrieblichen PKW wird mit monatlich einem Prozent vom Listenpreis, einschliesslich aller Kosten für Sonderausstattungen und Umsatzsteuer zum Zeitpunkt der Erstzulassung angenommen. Aber Achtung: Auch wenn ein Gebrauchtwagen angeschafft wird, wird der Listenpreis bei Erstzulassung zugrunde gelegt!

Beispiel: Ein VW Golf kostet laut Liste 17.500 Euro. Dazu werden zur Lieferung ein CD-Wechsler zu 250 Euro und ein Schiebedach zu 750 Euro eingebaut. Diese beiden Teile sind im Fahrzeug zwar zusätzlich eingebaut, aber bei Kauf bereits vorhanden, weshalb sie zum Listenpreis hinzugezählt werden müssen. Somit erhöht sich der Basiswert für die „Ein Prozent"-Berechnung von 17.500 Euro + 250 Euro+ 750 Euro auf insgesamt 18.500 Euro. Davon ein Prozent entspricht

185 Euro. Dieser Betrag wird vom Finanzamt angenommen als der Anteil für private Fahrten am Gesamtfahraufkommen.

Wenn der Betrag für Privatfahrten und die insgesamt nicht abziehbaren Betriebsausgaben für den PKW höher sind als die tatsächlich entstandenen Kosten, die für das Fahrzeug angefallen sind, so können die pauschalen „Wertansätze" auf die Gesamtkosten „gedeckelt" werden.

Beispiel: Helmut fährt einen alten Lancia, den er fast ausschliesslich betrieblich nutzt. Der Listenpreis betrug dereinst 20.000 Euro. Rechnet Helmut jetzt nach der „Ein-Prozent-Berechnung" seinen Privatanteil aus, so ergibt sich für ihn: Ein Prozent = 200 Euro x 12 Monate = 2.400 Euro nicht abziehbare Betriebsausgaben im Jahr. Das ist aber mehr, als Helmut für seinen Lancia tatsächlich ausgegeben hat für Steuer, Versicherung, Reparaturen, Kraft- und Schmierstoffe! Insgesamt waren es nur 2.000 Euro. Damit das Finanzamt nicht höhere nichtabziehbare Ausgaben berechnet, als ihn das Auto tatsächlich gekostet hat, wird „gedeckelt". Das heisst, dass Helmut an privatem Nutzungsanteil nicht 2.400 Euro ausweisen muss, sondern nur die tatsächlich angefallenen 2.000 Euro.

Möglichkeit 2: „Fahrtenbuch"

Die einzige Alternative zur dargestellten „Ein-Prozent-Berechnung" ist das Führen eines Fahrtenbuches, an das die Finanzbehörden jedoch bestimmte Anforderungen stellen. Für den Nachweis betrieblich bedingter Fahrten sind folgende Angaben unbedingt erforderlich:
– Datum und Kilometerstand zu Beginn und Ende der betrieblichen Fahrt,
– Reiseziel und Reiseroute,
– Anlass der Reise und aufgesuchte GeschäftspartnerInnen (namentlich zu nennen!).

Bei Privatfahrten genügt der Eintrag von Datum, Anfangs- und Endkilometer. Das Fahrtenbuch darf nicht repräsentativ geführt werden, also nur über einen bestimmten Zeitraum, sondern muss wenn, dann kontinuierlich und „zeitnah" geführt werden.

Ein Urteil vom Finanzgericht Baden-Württemberg (Az.: 7 K 188/94) dazu, wie ein Fahrtenbuch zu führen ist, weist bereits 1997 darauf hin: Aus der Verwendung des gleichen Füllers, aus der stets gleichbleibenden Schrift, der Aufzeichnung allein von Dienstreisen und aus Kilometerangaben, die nicht nachvollziehbar sind, zog das Gericht den Schluss, dass das Fahrtenbuch nachträglich an einem Stück geschrieben wurde. Die Richter kamen zum Ergebnis, dass das Buch nicht zeitnah geführt wurde und versagten die steuerliche Anerkennung.

Das betonte auch der Bundesfinanzhof in seinem Urteil von 2010 (BFH, Az.: VI R 33/10): Angaben im Fahrtenbuch dürfen nicht nachgeholt werden!

Ein selbstständiger Geschäftsführer hatte in seinem Buch die Fahrtziele lediglich mit Strassennamen, aber nicht mit den Orten bezeichnet und nur vereinzelt die Namen besuchter Kunden sowie den Zweck der Fahrt eingetragen. In der Firma wurden die Angaben später elektronisch ergänzt. Das ist unzulässig, entschied der Bundesfinanzhof (BFH), da ein Fahrtenbuch „zeitnah und in geschlossener Form" geführt werden müsse. Aufzeichnungen dürfen nicht nachgeholt werden.

Tipp 1: Am besten besorgen Sie sich ein Fahrtenbuch mit entsprechenden Spaltenaufteilungen im Schreibwaren- oder Bürobedarfshandel und halten dies nebst Stift immer im Auto bereit.

Tipp 2: Sind Sie viel mit Ihrem betrieblichen Fahrzeug unterwegs, lohnt sich für Sie vielleicht die Anschaffung eines sogenannten „Elektronischen Fahrtenbuchs", das im Fahrzeug eingebaut wird und dadurch die Zeitangaben und Entfernungs-kilometer direkt erfassen kann. Die so erfassten Daten können Sie dann auf Ihren Computer übertragen und entsprechend ausdrucken. Der Zubehör- und Fachhan-del berät Sie bestimmt gerne. Der Neupreis für ein Elektronisches Fahrtenbuch liegt je nach Gerät und Nutzungsmöglichkeiten zwischen 140 und 1.200 Euro.

Wenn – dann, sprach das Finanzgericht

Ein Fahrtenbuch muss für mindestens ein ganzes Kalenderjahr geführt werden, ent-schied das Finanzgericht Münster im April 2012 unter dem Aktenzeichen: 4 K 3589/09. Ein Mann gab die private Nutzung seines Dienstwagens pauschal bei der Steuer-erklärung an – mit monatlich einem Prozent des Listenpreises, den der Wagen neu gekostet hatte. Als er zum dritten Mal Vater wurde und den Wagen öfter stehen lassen musste (der dritte Kindersitz passte nicht hinein), wollte er im Mai, also im laufenden Steuerjahr, auf die günstigere Besteuerung mittels Fahrtenbuch umsteigen. Doch das Finanzgericht Münster untersagte dies mit oben zitiertem Urteil, das aber (noch) nicht rechtskräftig ist, da das Verfahren seit September 2012 fortgesetzt wird am Bundesfinanzhof unter dem Aktenzeichen VI R 35/12.

Fahrtkosten zwischen Wohnung und „Betriebsstätte"

Unabhängig davon, ob Sie ein privates Fahrzeug betrieblich nutzen oder ein „betriebliches KFZ" fahren, gibt es eine Abweichung für die Fahrstrecke zwischen Ihrer Wohnung und Ihrer „Betriebsstätte". Die Betriebsstätte kann Ihre Praxis sein, Ihr Büro oder Ihr Studio oder Zentrum, also der Ort, an dem Sie Ihre Dienstleis-tung regelmässig anbieten. Für diese Fahrten dürfen Sie nur die einfachen Ent-fernungskilometer ansetzen. Nach Paragraph 6, 4 EStG. gelten im Übrigen auch diese Fahrten als betrieblich veranlasst. Nutzen Sie für diese Fahrten ein privates

KFZ (s.o.: weniger als 50% Nutzung für die selbstständige Tätigkeit) so berechnen Sie 30 Cent je Kilometer Entfernungsstrecke (s. Beispiel 1).
Liegt die Nutzung Ihres KFZ über 50 % im betrieblichen Bereich und rechnen Sie den Privatanteil pauschal mit 1 Prozent vom Listenpreis ab, so müssen Sie für diese Fahrten „Wohnung-Betriebsstätte" pro Monat und Entfernungskilometer 0,03 Prozent vom Listenpreis ansetzen und zum Privatanteil hinzurechnen (s. Beispiel 2).

Beispiel 1: Erika ist Heilpraktikerin und fährt mangels einer Busanbindung die 12 Kilometer von ihrer Wohnung zu ihrer Praxis in der Stadt mit dem eigenen Auto. Dafür kann sie als Betriebsausgabe nur 12 km x 30 Cent = 3,60 Euro geltend machen. Sie darf also nur die einfache Strecke zur Berechnung zugrunde legen. Zum Hausbesuch bei einer Patientin kann sie hingegen die tatsächlich gefahrenen Kilometer, also die Strecke hin und zurück berechnen.

Beispiel 2: Hanna ist Kommunikationstrainerin und viel mit dem eigenen Auto unterwegs. Deshalb zählt ihr VW Golf auch zum Betriebsvermögen und sie rechnet ihre privaten Fahrten pauschal mit der „Ein-Prozent-Methode" ab (s.o.). Hanna hat ein Büro, das 15 Kilometer von ihrer Wohnung entfernt liegt. Für diese Strecke muss sie wie folgt rechnen: VW Golf zum Listenpreis von 18.500 Euro (s. Beispiel S. 120), davon 0,03 Prozent = 5,55 Euro x 15 Kilometer = 83,25 Euro. Um diesen Betrag erhöht sich der pauschale Anteil zur Abgeltung der Privatfahrten.

Fahrtkosten mit fremdem Fahrzeug oder öffentlichen Verkehrsmitteln

Wenn Sie ein „fremdes Fahrzeug" für eine geschäftliche Fahrt nutzen, also ein Auto, das nicht auf Sie zugelassen ist, so können Sie regelmässig die vollen Kosten als Betriebsausgaben absetzen, die Ihnen dadurch entstanden sind. Bei Mietwagen oder Carsharing entsprechend laut Rechnung der jeweiligen Unternehmen. Bei Fahrzeugnutzung von Privatleuten (Freunde, Verwandte) lassen Sie sich per Quittung die Höhe Ihrer Aufwendungen bestätigen.

Fahrtkosten mit öffentlichen Verkehrsmitteln

Fahrten mit der Bahn oder mit dem Flugzeug aus geschäftlichem Anlass sind in voller Höhe als Betriebsausgaben absetzbar. Als VielfahrerIn nutzen Sie vielleicht die Vorteile der Bahncard? Auch deren Preis ist eine Betriebsausgabe. Fahrten mit Bussen und Bahnen im sogenannten Öffentlichen Personen-Nahverkehr (ÖPNV) aus geschäftlichem Anlass sind ebenfalls Betriebsausgaben. Dabei gelten auch Mehrfahrkarten als Beleg. Benutzen Sie für die regelmässige Fahrt zwischen Wohnung und „Betriebsstätte", also Praxis, Büro oder Schule, öffentliche Verkehrsmittel und besitzen aus diesem Grund eine Monats- oder Jahreskarte, so

sind diese Ausgaben in voller Höhe als Betriebsausgaben absetzbar (unter dem Posten „Reisekosten")!
Ebenfalls in voller Höhe absetzbar sind geschäftlich veranlasste Taxifahrten. Achten Sie dabei immer darauf, dass die Quittung von den FahrerInnen vollständig ausgefüllt wird.

Für Umsatzsteuerpflichtige

Die Fahrkarten und Zuschläge der Deutschen Bahn im Fernverkehr haben einen Umsatzsteuersatz von neunzehn Prozent. Bei Fahrten in Verkehrsverbünden und im Nahverkehr gilt jedoch ebenso wie für die Fahrkarten für Bus, U- und Strassenbahn nur der „halbe" Steuersatz von sieben Prozent!

▶ Im Formular „EÜR" tragen Sie Ihre Fahrtkosten ein unter „Kraftfahrzeugkosten und andere Fahrtkosten". ◀

Übernachtungskosten

Die Kosten für die Unterbringung bei betrieblich bedingter Abwesenheit über Nacht sind natürlich auch Betriebsausgaben. Es können aber bei Hotel- oder Seminarhaus-Übernachtungen keine Pauschalbeträge abgerechnet werden, sondern nur durch entsprechende Belege nachgewiesene Aufwendungen.
(Zur Privatunterkunft siehe nächste Seite) Allerdings sind Rechnungen, die die pauschale Höhe des Betrages mit „Unterkunft und Verpflegung" begründen, nicht anerkennungsfähig! Achten Sie darauf, wenn Sie eine Rechnung von einem Seminarhaus oder Hotel erhalten und verlangen Sie gegebenenfalls einen entsprechenden Beleg. Beachten Sie auch, dass das in deutschen Hotels und Pensionen üblicherweise gereichte Frühstück nicht Teil der Übernachtungskosten sein darf. Wenn aus dem Beleg des Hotels nicht eindeutig eine Unterscheidung hervorgeht, so setzt die Finanzbehörde immer einen pauschalen Abzug von 15 Euro für das Frühstück an! Nur Umsatzsteuerbeträge aus Hotelrechnungen und Bewirtungsbelegen, die auf den Namen des Unternehmers lauten, können als Vorsteuer angesetzt werden. Der Umsatzsteuer-Satz auf Übernachtung beträgt 7 Prozent und der auf Frühstück, Halbpension usw. 19 Prozent.

▶ Im Formular „EÜR" tragen Sie die Übernachtungskosten ein unter „Sonstige unbeschränkt abziehbare Betriebsausgaben". ◀

Privatunterkunft

Wenn Sie auf einer Geschäftsreise bei Freunden oder Bekannten übernachten, können Sie für die Übernachtung steuerlich keine Kosten geltend machen. Aber: Ein Geschenk für die private Übernachtung muss das Finanzamt bis 35 Euro je Person als steuermindernde Betriebsausgabe anerkennen. Siehe dazu auch unter „Geschenke" auf Seite 134.

Kurzurlaub

Verbinden Sie das Angenehme mit dem Nützlichen und kombinieren eine Geschäftsreise beispielsweise zu einem Seminar oder Kongress mit einem Kurzurlaub, so werden müde Prüfer des Finanzamtes ganz besonders munter. Aber: Werden private und geschäftliche Ausgaben strikt getrennt, bleiben sämtliche Kosten für den geschäftlichen Teils der Reise (An- und Abreise, Übernachtung, Verpflegung) absetzbare Ausgaben.

Reisebegleitung

Wenn der Betriebsprüfer oder ein eifriger Finanzbeamter entdecken, dass bei einer Geschäftsreise der Ehegatte oder Kinder dabei waren, führt das schnell zum Ergebnis, dass der Betriebskostenabzug der Reisekosten versagt wird. Abhilfe schafft hier ein bereits vor der Reise angefertigter schriftlicher Arbeitsvertrag für die begleitende Person, der auch die Tätigkeit während der Reise benennt, zum Beispiel Dolmetscherdienste, Fahrtätigkeit, Seminarhilfe, Organisation oder Ähnliches. Dann können alle durch die Reisebegleitung entstandenen Kosten für Fahrt, Unterbringung und Verpflegung geltend gemacht werden – wie es üblicherweise bei einer „dritten" (also nicht verwandten/verschwägerten) Person der Fall wäre.

Verpflegungsmehraufwendungen

Wenn Sie geschäftlich bedingt nicht zu Hause, in Ihrem Büro oder Ihrer Praxis arbeiten, so können Sie die Kosten für Ihre Verpflegung während dieser Zeit nur nach vorgegebenen Pauschalsätzen geltend machen. Die Belege über tatsächlich entstandene Kosten in Restaurant oder Gaststätte werden vom Finanzamt nicht anerkannt! Allerdings brauchen Sie zwingend einen Restaurant-Beleg bei einer Bewirtung, mehr dazu siehe Seite 135.
Die Reisekostenpauschalen bei geschäftlich bedingter Abwesenheit von zu Hause gelten unabhängig von der Entfernung. Also egal wie, weit Sie von daheim oder der regelmässigen Tätigkeitsstätte (Büro, Unterrichts- oder Therapieraum) entfernt sind, es zählt nur die betrieblich/geschäftlich bedingte zeitliche Abwesenheit von Büro oder Wohnung. Zu beachten ist aber der Zeitfaktor! Sie müssen mindes-

tens acht Stunden „am Stück" abwesend sein. Sie können aber mehreren, auch unterschiedlichen, geschäftlichen Aktivitäten während dieser Zeit nachgehen. Nochmal: Auch in Ihrer eigenen Stadt bzw. Gemeinde!

Geschäftsfahrt bzw. Geschäftsreise mit Abwesenheit von zu Hause/Büro von	**Pauschale**
mehr als 8 Stunden	12 Euro
mehr als 24 Stunden	24 Euro

Beispiel 1: Sie verlassen die Wohnung um 10 Uhr am Vormittag und beginnen um 10.30 Uhr einen Kurs im Bildungszentrum, der bis 12 Uhr dauert. Danach geben Sie Einzelunterricht in einem Unternehmen bis 14 Uhr. Ohne nach Hause oder ins eigene Büro zu fahren, treffen Sie sich um 15 Uhr mit Ihrer Steuerberaterin und starten dann einen Nachmittagskurs in einer VHS, der bis 17.30 Uhr dauert. Um 18.10 Uhr sind Sie wieder zu Hause. Gesamtzeit der Abwesenheit von 10 bis 18.10 Uhr, also mehr als acht Stunden. Für diese Abwesenheit können Sie sechs Euro pauschal als Verpflegungsmehraufwand ansetzen.

Beispiel 2: Sie verlassen wieder die Wohnung um 10 Uhr am Vormittag und beginnen um 10.30 Uhr einen Kurs, aber diesmal in Ihren eigenen Räumen. Dann „läuft" die Uhr zur Berechung Ihrer Abwesenheit erst, wenn Sie Ihre eigenen Kursräume verlassen!

Beispiel 3: Jutta veranstaltet ein Wochenendseminar in der Eifel. Dafür verlässt sie ihre Wohnung in Kassel am Freitag um 9 Uhr. Am Nachmittag erreicht sie den Tagungsort, verbringt dort den ganzen Samstag und verlässt ihn am Sonntag nach dem Mittagessen. Um 23 Uhr schliesst sie ihre Wohnungstür in Kassel auf. Sie kann an Zeiten der Abwesenheit für die „Verpflegungsmehraufwendungen" folgendes geltend machen: für den Freitag 15 Stunden, für den Samstag 24 Stunden und für den Sonntag 23 Stunden, entsprechend den Pauschalen also für den Freitag 12 Euro, für den Samstag 24 Euro und für den Sonntag nochmals 12 Euro. Hätte Jutta noch einen „Absacker" in der Kneipe an der Ecke genommen, hätte sie bei Heimkehr um Mitternacht oder ein wenig später nochmals den vollen Tagessatz von 24 Euro geltend machen können.

Die genannten Pauschalen gelten übrigens nur für Geschäftsreisen innerhalb der Bundesrepublik. Bei Auslandsaufenthalten können zum Teil wesentlich höhere Pauschalbeträge geltend gemacht werden. Auskünfte zu den aktuellen, jährlich neu festgesetzten Pauschalen für Auslandsaufenthalte finden Sie auf der Internetseite www.bundesfinanzministerium.de, bei der örtlichen IHK oder über Ihren Steuerberater beziehungsweise Ihre Steuerberaterin.

▶ Im Formular „EÜR" tragen Sie die Jahresgesamtsumme Ihrer Verpflegungs-mehraufwendungen in die entsprechende Zeile unter „Beschränkt abziehbare Betriebsausgaben" ein. ◀

Häusliches Arbeitszimmer

Steuerlich abzugsfähig sind Aufwendungen für ein häusliches Arbeitszimmer nur, wenn es den Mittelpunkt der gesamten betrieblichen und beruflichen Tätigkeit darstellt. Das Zimmer selbst darf so gut wie ausschliesslich nur beruflich genutzt werden. Soweit die Definition des Sachverhalts, der seit 2007 sehr eng gezogen wurde.

Wann ist ein Zimmer ein „Arbeitszimmer"? Ein häusliches Arbeitszimmer ist ein zur Wohnung gehörender – vom übrigen Wohnbereich aber getrennter, also eigener Raum. Die Vorgaben dazu sagen vor allem zweierlei: Das Arbeitszimmer muss abgeschlossen sein (im Gegensatz zu einem Bereich oder einer Ecke in einem grösseren Raum); es darf kein Durchgangszimmer sein, ausser für wenig genutzte Räume wie etwa Schlafzimmer oder Abstellkammer.

Das Arbeitszimmer, das diese Voraussetzungen erfüllt, muss „ausschliesslich oder nahezu ausschliesslich" zu beruflichen beziehungsweise betrieblichen Zwecken genutzt werden. In der Regel ist eine geringe, bis zu zehnprozentige anderweitige, also auch privat veranlasste Nutzung unerheblich. So darf ein Arbeitszimmer gelegentlich als Gästezimmer zur Verfügung gestellt werden. Auch das Erledigen von Haushaltsarbeiten wie Bügeln ist nicht abträglich. Allerdings sollte die gesamte Ausstattung möglichst nur dem „beruflich bedingten Arbeiten" dienen. Ein Sofa, auf dem Fachliteratur studiert wird, Kundinnen und Kollegen empfangen werden können, das aber auch als Schlafcouch umfunktioniert werden kann, ist unstrittig. Schwieriger wird es da schon mit dem Kleiderschrank. Gänzlich zu vermeiden sind Geräte wie Waschmaschine und/oder Tiefkühlschränke – ist leider kein Witz, wurde bei einer Prüfung vor Ort bemängelt und führte zur Ablehnung der Anerkennung des Raumes als Arbeitszimmer.

Die Aufwendungen für das Arbeitszimmer können aber nur dann steuerlich geltend gemacht werden, wenn das Arbeitszimmer der Mittelpunkt der beruflichen Tätigkeit darstellt. Das wird zum Beispiel für alle lehrenden Tätigkeiten nicht angenommen, wenn der Unterricht nicht auch in diesem Zimmer stattfindet – oder einem anderen Zimmer der gleichen Wohnung.

Nach dem „Gesamtbild der Verhältnisse und der Tätigkeitsmerkmale muss im häuslichen Arbeitszimmer der Schwerpunkt aller im betrieblichen Bereich ausgeübten Tätigkeiten" stattfinden. Es darf also keine dauerhaften Tätigkeiten ausserhalb des Arbeitszimmers geben. Wenn Sie in Ihrem häuslichen Arbeitszimmer – oder in mehreren Zimmern der gleichen Wohnung – lehren, beraten oder heilend beziehungsweise therapeutisch tätig sind, so können Sie alle Ausgaben für diesen Raum beziehungsweise dieser Räume uneingeschränkt als Betriebsausgaben geltend machen. Und was zählt dann zu den steuerrelevanten Aufwendungen für ein solches häusliches Arbeitszimmer? Darunter fallen die Mietkosten prozentual anteilig an der Gesamtwohnfläche, also bei einer Raumgrösse von 20 Quadratmetern bei 100 Quadratmetern Gesamtfläche entsprechend 20 Prozent, Renovierungen, gegebenenfalls beim Eigenheim die Abschreibungskosten am Gebäude, Schuldzinsen für Kredite (anteilig wie oben), wohnungs- beziehungsweise gebäudebezogene Versicherungen, prozentual anteilig (nach oben ermitteltem Satz) die Kosten für Wasser, Strom, Heizung, Schornsteinfeger, Müllabfuhr usw.

Tipp 1: Ergänzend sei noch hingewiesen auf den Erlass des Bundesfinanzministeriums (Aktenzeichen IV B 2 – S 2145/07/0002), der festlegt: Räume, die sich zwar im gleichen Haus befinden, aber nicht unmittelbar an die Familienwohnung angrenzen, sind keine häuslichen Arbeitszimmer! Das kann sogar ein Gartenhäuschen sein, das Sie auf Ihrem Grundstück stehen haben und als Büro nutzen. Wenn es nicht mit dem eigentlichen Wohngebäude verbunden ist, erfüllt es die oben genannten Bedingungen. Heisst für die beiden Beispiele: alle Kosten sind absetzbar, von Miete über Gebäudeabschreibungen, Kreditzinsen, Renovierungskosten bis zu den üblichen Betriebskosten.

Tipp 2: Dazu passt auch das Urteil vom Finanzgericht Köln (Aktenzeichen 7 K 4746/99):
Wer ein Arbeitszimmer im Nachbarhaus anmietet, darf die Kosten von der Steuer abziehen. Alle sonstigen damit verbundenen Kosten für Strom, Heizung, Wasser usw. sind ebenfalls in voller Höhe abziehbar. Denn: Ein Büro ausserhalb der eigenen vier Wände ist natürlich kein „häusliches Arbeitszimmer".
Aber Vorsicht, wenn Sie sich jetzt ein „nettes Vermietgeschäft" zum Beispiel mit den Eltern ausdenken: Mieteinnahmen müssen vom Vermieter als „Einnahmen aus Vermietung" versteuert werden. Kann sich aber trotzdem rechnen, wenn die Vermietenden vielleicht schon Rentner sind.

▶ Im Formular „EÜR" kommen Ihre Kosten für ein häusliches Arbeitszimmer in die entsprechende Zeile unter „Beschränkt abziehbare Betriebsausgaben". ◀

▶ Die Miete für Geschäftsräume und die Kosten für sonstige Räume, die Sie beruflich nutzen, auch nur stunden- oder tageweise angemietete Räume, sind uneingeschränkte Betriebsausgaben. Diese tragen Sie im Formular „EÜR" ein unter „Raumkosten". ◀

Arbeitsmittel sind etwas anderes!

Die Einrichtungsgegenstände des Arbeitszimmers gehören zu den Arbeitsmitteln, wenn sie ausschliesslich oder nahezu ausschliesslich beruflich genutzt werden, und sind im Gegensatz zu den gerade beschriebenen Aufwendungen unbegrenzt als Betriebskosten ansetzbar.
Dies gilt auch, wenn die Aufwendungen für das von Ihnen genutzte Arbeitszimmer selbst nicht anerkannt wurden. Ebenso dürfen Arbeitsmittel als Betriebsausgaben angesetzt werden, selbst wenn Sie nicht über ein separates Arbeitszimmer verfügen!
Die Kosten für Schreibtisch, Stuhl, Aktenschrank und Regale, Schreibtischlampe, Computer etc. sind auf jeden Fall abzugsfähige Arbeitsmittel.
Die oben erwähnte Couch stellt bereits einen Grenzfall dar, dürfte aber mit plausibler Begründung bei einer therapeutischen oder geistig-kreativen Tätigkeit vielleicht auch noch durchgehen. Nach dem Motto: „Nur im Liegen auf meiner Couch habe ich die Inspiration, die mich beflügelt ...".
Bitte denken Sie daran, dass Sie Anschaffungen mit einem Einkaufspreis über 150 Euro brutto nicht voll absetzen dürfen, sondern je nach Art und Gebrauchsdauer über einen entsprechend längeren Zeitraum abschreiben müssen (siehe „Gross-Einkäufe für's Geschäft", Seite 136 ff).

Telefonkosten

Manchmal fängt man halt einfach an mit der selbstständigen Tätigkeit und plötzlich kommen Anrufe herein oder es müssen Termine geklärt oder Räume organisiert werden. Dafür werden Sie noch kein Büro mit eigenem Telefonanschluss eingerichtet haben. Sie nutzen vielmehr Ihr privates Telefon auch geschäftlich. Aber immer, wenn private und geschäftliche Nutzung zusammenfallen, wird das Finanzamt misstrauisch!
Pauschal geht es am einfachsten: Wer sein privates Telefon oder Handy auch geschäftlich nutzt, kann 20 Prozent der Kosten und Gebühren, höchstens aber 20 Euro im Monat als Betriebsausgaben steuerlich geltend machen.
Fallen bei Ihnen mehr Kosten an im Monat, so können Sie das sowohl für Festnetz wie auch für mobile Telefone lösen. Beantragen Sie bei Ihrem Telefonunternehmen einen (immer kostenlosen) Einzelverbindungsnachweis, der dann mit der Telefonrechnung zugeschickt wird. So können Sie die geschäftlichen von den privaten Gesprächen trennen und entsprechend summieren. Die Anschluss- oder Grundgebühren können Sie entsprechend der prozentualen Nutzung des Telefons ebenfalls geltend machen.

Beispiel: Till startet seine Kurstätigkeit von zu Hause aus. Bei seiner Telefonge-sellschaft hat er einen Einzelverbindungsnachweis beantragt. Daneben notiert er sich bei jedem Anruf, den er vom privaten Telefon aus für seine selbstständige Tätigkeit macht, Datum und Uhrzeit. So kann er die Gespräche auf dem Verbin-dungsnachweis später einfacher zuordnen. Im letzten Monat hat er Gespräche geführt für insgesamt 30 Euro. Davon waren 15 Euro für geschäftliche Gespräche, also 50 Prozent. Dementsprechend macht er nicht nur diese 15 Euro geltend, sondern auch noch 50 Prozent der Anschlussgebühr für diesen Monat. Diese liegt bei 12 Euro, also kann Till zusätzlich 6 Euro als Ausgabe geltend machen.

Haben Sie für den Mail- und sonstigen Datenverkehr und für Telefonate von Ihrem Mobil- oder Festnetztelefon eine Flatrate, so gibt es die weitere Möglichkeit, über einen „repräsentativen Zeitraum" von drei nacheinander folgenden Monaten alle geführten, aber auch alle eingehenden (!) Gespräche genau aufzulisten, um so einen prozentualen Durchschnitt ausrechnen zu können. Dieser Prozentsatz kann danach ohne weitere Kontrolle für jeden Monat gleich angesetzt werden. Dieses Vorgehen muss dann aber jährlich wiederholt werden. Grundlage ist jeweils der (immer noch gültige) „Telefonerlass der Finanzverwaltung" (BMF-Schreiben vom 20.11.2001, BStBl. 2001 I S. 993).

Beispiel:
Telefonrechnung März:
Gesprächsanteil für selbstständige Tätigkeit: 40 Prozent

Telefonrechnung April:
Gesprächsanteil für selbstständige Tätigkeit: 30 Prozent

Telefonrechnung Mai:
Gesprächsanteil für selbstständige Tätigkeit: 50 Prozent

Der Durchschnitt beträgt   40 + 30 + 50 = 120 : 3 =   **40 Prozent**

Dieser Anteil von 40 Prozent kann nun jeweils für die Gesamtrechnung inklusive der Anschlussgebühr, Gerätemiete, ggf. Reparatur etc. angesetzt werden.

▶ Im Formular „EÜR" tragen Sie Ihre Ausgaben für Telefon usw. ein unter „Sons-tige unbeschränkt abziehbare Betriebsausgaben" in die Spalte „Aufwendungen für Telekommunikation". ◀

Fachliteratur/Fachpresse

Bücher, die Sie für die Ausübung Ihrer selbstständigen Tätigkeit kaufen, gehören uneingeschränkt zu den Betriebsausgaben. Die Angabe auf der Quittung der Buchhandlung „Fachbuch" ist allerdings nicht ausreichend! Anzugeben sind zusätzlich zwingend immer Vor- und Zuname von Autor oder Autorin und der Titel. Zur Fachliteratur gehören auch Ihre Fachzeitschriften, die ebenfalls zu den Betriebsausgaben zählen. Aber ebenso kann eine Zeitung oder Zeitschrift, die Sie wegen eines bestimmten Artikels kaufen, eine betriebliche Ausgabe sein. Sind Sie aus fachlichen Gründen am Artikel interessiert oder wird vielleicht Ihre Technik vorgestellt, beispielsweise in der „Cosmopolitan": „Fit mit Qigong" oder in der Brigitte: „Yoga macht schlank", ist das ein hinreichender Kaufgrund für Sie. Lassen Sie sich beim Kauf beim Händler eine Quittung geben und ergänzen Sie hier den Beleg mit dem Namen der Zeitschrift und mit dem Titel des Artikels. Hilfreich kann es auch sein, die Titelseite (oder die Inhaltsangabe) des Magazins zu kopieren, dann haben Sie Preis und Thema auf einem Blatt und können diese zu Ihren Buchungsunterlagen geben. Somit kann auch nach Jahren bei einer möglichen Betriebsprüfung der betriebliche Anlass als Kaufgrund geltend gemacht werden.

▶ Im Formular „EÜR" tragen Sie Ihre Ausgaben für Fachliteratur und fachliche Medien wie DVDs oder CDs ein unter „Sonstige unbeschränkt abziehbare Betriebsausgaben" in die Spalte „Übrige unbeschränkt abziehbare Betriebsausgaben". ◀

Praxis-, Kurs, Seminarbedarf

Je nachdem, was Sie unterrichten oder im Rahmen von Therapie oder Beratung anbieten, benutzen Sie sogenannte Verbrauchsartikel, wie zum Beispiel Räucherstäbchen, Duftöle, Kerzen u.ä. oder Blumen zur Dekoration in Ihrer Praxis. Erleichtern Sie sich und dem Finanzamt die Anerkennung, indem Sie solche Dinge zusammenfassen unter dem Ausgabenpunkt: „Praxis- oder Seminarbedarf".

▶ Im Formular „EÜR" tragen Sie diese Ausgaben in der Rubrik „Sonstige unbeschränkt abziehbare Betriebsausgaben" unter „Übrige unbeschränkt abziehbare Betriebsausgaben" ein. Gegebenenfalls müssen Sie hier mehrere Posten addieren. ◀

Büromaterial

Das Meiste von dem, was Sie für Ihre organisatorischen Tätigkeiten und für Ihre „Verwaltung" brauchen, fällt wahrscheinlich unter diesen Begriff. Papier für den Drucker, Tintenpatronen, Laserkartuschen, Schreib- und Kleb-Stifte, Locher, Hefter, Aktenordner, Schere, Cutter, Lineal, Kartei-Karten und Kästen: Alles Büromaterial, alles voll geltend zu machen als Betriebsausgabe.

▷ Im Formular „EÜR" tragen Sie diese Ausgaben in der Rubrik „Sonstige unbeschränkt abziehbare Betriebsausgaben" unter „Übrige unbeschränkt abziehbare Betriebsausgaben" ein. Gegebenenfalls müssen Sie hier mehrere Posten addieren. ◁

Reinigung und Instandhaltung

Sie haben einen Praxis- oder Studio-Raum mit Waschbecken und Toilette? Dann kaufen Sie auch Seife, Toilettenpapier, Geschirrspülmittel, WC-Reiniger. Diese Dinge (und Ähnliches) fassen Sie entsprechend zusammen unter „Reinigungsmittel". Und die Neonröhre muss ersetzt werden oder ein Schalter? Sie wollen nach ein paar Jahren eine leicht „abgegriffene" Wand im Flur Ihres Studios frisch streichen? Leuchtmittel, technische Kleinteile wie Kabel, Schalter usw. aber auch Farbe, Pinsel, Klebeband und Folie sind Materialien zur „Instandhaltung". Sie können für die Erfassung Ihrer Betriebsausgaben die Positionen „Reinigung und Instandhaltung" zusammenfassen.

▷ Im Formular „EÜR" tragen Sie diese Ausgaben in der Rubrik „Sonstige unbeschränkt abziehbare Betriebsausgaben" unter „Übrige unbeschränkt abziehbare Betriebsausgaben" ein. Gegebenenfalls müssen Sie hier mehrere Posten addieren. ◁

Porto für Deutsche Post und andere Zustell- bzw. Paketdienste

Sie wollen ein Angebot verschicken oder Ihren neuen Flyer versenden. Die Kosten für die Briefumschläge buchen Sie unter (s.o.) „Büromaterial". Das Porto für den Brief müssen Sie jedoch unter einem eigenen Posten zusammenfassen. Sammeln Sie die Belege für Ihre Briefmarkenkäufe, aber auch für den Versand von Päckchen und Paketen, sowohl mit der Deutschen Post wie auch mit anderen Zustell- bzw. Paketdiensten. Das Porto für Brief- und Paketversand muss separat als Betriebsausgabe erfasst werden. Sind Sie umsatzsteuerpflichtig, beachten Sie, dass manches Porto beim Briefversand mit der Deutschen Post ohne Umsatzsteuer anfällt, beim Paketversand (bei allen Anbietern) immer der volle Umsatzsteuersatz gilt. Sortieren Sie deshalb Ihre Belege entsprechend in die beiden Stapel: Porto „mit" bzw. „ohne" Umsatzsteuer!

▷ Im Formular „EÜR" tragen Sie diese Ausgaben in der Rubrik „Sonstige unbeschränkt abziehbare Betriebsausgaben" unter „Übrige unbeschränkt abziehbare Betriebsausgaben" ein. Gegebenenfalls müssen Sie hier mehrere Posten addieren. ◁

Kleidung

Kann die für den Unterricht oder für die therapeutische Tätigkeit angeschaffte Kleidung eine Betriebsausgabe sein? Ja und nein. Was muss erfüllt werden, damit die Kleidung oder Kleidungsstücke, die Sie nur für den Yoga-/Taiji-/Meditations-Unterricht gekauft haben, eine steuerlich abzugsfähige Betriebsausgabe wird? Wichtig für die Anerkennung eines Kleidungsstücks als „Berufskleidung": Es muss eine fast ausschliessliche berufliche Nutzung gegeben sein. Es darf also vor allem nicht die Möglichkeit bestehen, dass man die Yoga- (oder sonstige Kurs-) Kleidung auch privat anziehen könnte. Ein besonderer Schnitt der Kleidung und Erwerb im Fachhandel ist bereits nach einem Urteil des Bundesfinanzhofes (BFH) vom 6. Dezember 1990 ein wichtiges Indiz für die Anerkennung als Berufskleidung (Az.: III R 65/90, im Bundessteuerblatt II 1991, 348). Liegt aber die Benutzung als „normale bürgerliche Kleidung" im Rahmen des Möglichen, so sind die Aufwendungen für Kleidung nicht abzugsfähig. Kann dagegen nachgewiesen werden, dass die Kleidungsstücke so gut wie ausschliesslich beruflich genutzt werden, ist die Abzugsfähigkeit gesichert. Lassen Sie sich beim Kauf stets eine Quittung geben, auf der der spezifische Einsatz als Berufsbekleidung notiert wird. Also statt „Sporthose" zum Beispiel „Yoga-Hose".

▶ Im Formular „EÜR" tragen Sie diese Ausgaben in der Rubrik „Sonstige unbeschränkt abziehbare Betriebsausgaben" unter „Übrige unbeschränkt abziehbare Betriebsausgaben" ein. Gegebenenfalls müssen Sie hier mehrere Posten addieren. ◀

Versicherungen rund um Ihr Geschäft

Alles zum Thema Versicherungen lesen Sie im nachfolgenden Kapitel 5 ab Seite 161. Bitte bedenken Sie, dass nur betrieblich bedingte Versicherungen auch Betriebsausgaben darstellen. Also erfassen Sie hier die zu zahlenden Jahresprämien für Ihre Berufshaftpflichtversicherung, für die Betriebsversicherung und ggf. ähnliche Versicherungen. Versicherungsbeiträge sind immer umsatzsteuerfrei.

▶ **Wichtig!** Ihre Ausgaben für Renten- und/oder Krankenversicherung sind keine Betriebsausgabe, auch wenn Sie ggf. gesetzlich dazu verpflichtet sind! ◀

Beitrag Berufsverband

Ihre Beiträge für einen oder mehrere Berufs- oder Fachverbände sind bei selbstständiger Tätigkeit voll abziehbare Betriebsausgaben. Ebenso sind alle sonstigen Aufwendungen für einen Berufsverband als Betriebsausgaben steuerlich absetzbar. Dazu gehören also auch die Fahrtkosten, zum Beispiel zu einem Kongress oder zur Mitgliederversammlung einschliesslich der Pauschalbeträge für Verpflegung und gegebenenfalls die Übernachtungskosten (in voller Höhe mit Beleg). Das hat der Bundesfinanzhof festgestellt im Urteil mit dem Aktenzeichen VI R 51/92.

▶ Im Formular „EÜR" tragen Sie diese Ausgaben in der Rubrik „Sonstige unbeschränkt abziehbare Betriebsausgaben" unter „Übrige unbeschränkt abziehbare Betriebsausgaben" ein. Gegebenenfalls müssen Sie hier mehrere Posten addieren. ◀

Geschenke

Kleine Geschenke erhalten die Freundschaft und das gilt auch für die geschäftliche Beziehung. Dafür können Sie pro Person und Jahr aber nur insgesamt 35 Euro ausgeben, wenn Sie es als Betriebsausgabe geltend machen wollen.
Bitte beachten Sie, dass die Ausgaben für Geschenke gesondert in Ihrer Aufstellung der Betriebsausgaben gelistet sein müssen. Erhielten die gleichen Personen mehrmals Geschenke im Jahr, erstellen Sie zur eigenen Sicherheit und für den Nachweis eine separate Aufstellung. Denn beim Überschreiten der Freigrenze von 35 Euro gelten die Geschenke als betriebliche Einnahme (Sachwert) und müssen eventuell nachträglich versteuert werden.

Beispiel: Ein Berater war ziemlich aufgelöst, als er den nachträglichen Steuerbescheid mit Zahlungsaufforderung in Höhe mehrerer hundert Euro in den Händen hielt. Er hatte als besonderes „Dankeschön" von einem Unternehmen eine Reise geschenkt bekommen im Gesamtwert von fast 3.000 Euro. Das war dem Finanzamt zuviel – und das schenkende Unternehmen wollte diese Steuernachforderung auch nicht übernehmen.

▶ **Wichtig!** Geschenke separat auflisten!
Beachten Sie, dass die Ausgaben für „Geschenke" zwingend in einer eigenen Spalte im Journal aufgeführt werden müssen und ebenfalls bei der Erstellung der Einnahme-Überschussrechnung! Wird dies nicht beachtet und gegebenenfalls unter „Sonstiges" verbucht, werden Kosten für Geschenke an Kunden nicht anerkannt. ◀

▶ Im Formular „EÜR" tragen Sie Ihre Ausgaben für Geschenke ein unter „Beschränkt abziehbare Betriebsausgaben" in die Spalte „Geschenke". ◀

Geschenke, die steuerlich keine sind

Geschenke von geringem Wert und sogenannte Streuartikel fallen im Übrigen nicht unter die gerade genannte Aufzeichnungspflicht. Dazu gehören beispielsweise Kugelschreiber, Notizblocks, einfache Kalender, Igelbälle etc. Alle diese Artikel sind vielmehr dem Posten „Werbung/Werbematerial" zuzuordnen.

Und Sie können einfach aus Ihrem Geschenk ein steuerlich absetzbares Werbemittel machen: jeder Gegenstand, der zum Beispiel durch ein Etikett oder einen Aufdruck auf Sie und Ihre berufliche Tätigkeit hinweist, gilt als Werbemittel und fällt damit nicht unter die Kategorie Geschenke. Ausgaben für Werbemittel sind unbegrenzt als Betriebsausgaben absetzbar.

▶ Im Formular „EÜR" tragen Sie diese Ausgaben in der Rubrik „Sonstige unbeschränkt abziehbare Betriebsausgaben" unter „Übrige unbeschränkt abziehbare Betriebsausgaben" ein. Gegebenenfalls müssen Sie hier mehrere Posten addieren. ◀

Bewirtung

Wenn Sie geschäftlich unterwegs sind und „der kleine Hunger kommt", so können Sie diese Ausgaben jedoch nicht betrieblich geltend machen. Nur sehr eingeschränkt gelten die Pauschalen für den sogenannten Verpflegungsmehraufwand (siehe Seite 125). Laden Sie doch stattdessen bei einem Seminarbesuch Ihre KollegInnen zum Essen ein. Oder den Veranstalter Ihrer Seminare. Denn im Gegensatz zum Essen alleine können Sie eine geschäftlich veranlasste Bewirtung sehr wohl als Betriebsausgabe geltend machen (§ 4,5, 2 EStG). Damit aber alles mit rechten Dingen zugeht, stellen die Finanzbehörden einige Anforderungen, die Sie beachten sollten. Bei Bewirtung ausser Haus, also in einem Restaurant oder Gasthaus, werden nur (!) maschinell erstellte Bewirtungsquittungen mit genauer Auflistung von Speisen und Getränken akzeptiert. Wollen Sie „gross" ausführen und einladen, erkundigen Sie sich zur Sicherheit bei Reservierung des Tisches nach dem Kassensystem des Lokals. Das ist dort eine völlig alltägliche Frage, aber manche angesagte Lokalität zeigt ihren Stil auch darin, dass sie nur handgeschriebene Belege ausgibt. Und damit könnten die Kosten einer Bewirtung steuerlich nicht als Betriebsausgaben anerkannt werden! Zusätzlich müssen Sie zum gedruckten Kassenbeleg die Namen aller bewirteten Personen und den Anlass notieren. Sie als Einladende müssen ebenfalls als Bewirtete aufgeführt sein und zusätzlich mit Angabe von Ort und Datum eigenhändig diesen Beleg unterschreiben. Dann können 70 Prozent des Rechnungsbetrages (vorsteuerabzugsfähig) als Betriebsausgaben abgesetzt werden.
Der Bundesfinanzhof (BFH) hat unterstrichen, dass die Angaben auf dem Bewirtungsbeleg konkret sein müssen! Bereits in seinem Beschluss vom 10. September 1996 hat der BFH einem Finanzamt zugestimmt, das Kosten für Bewirtung nicht anerkannt hatte, weil die Angaben zum Anlass zu unkonkret waren (BFH- Beschluss IV B 76/94).
Konsequenz: „Kundenpflege" oder „Seminaranbahnung" sind nicht ausreichende Angaben. Also schreiben Sie besser: „Seminarplanung Autogenes Training im Betrieb 2014/15" oder „Besprechung, Ziel: Beginn/Wiederholung der Beratung/ Fortbildung im nächsten Jahr".

Entsprechend gilt diese Vorschrift bei Bewirtung in eigenen Räumen. Die Belege der Einkäufe für die Bewirtung sammeln Sie und ergänzen alles wieder mit den genannten Angaben. Eine Vorlage zur Abrechnung von Bewirtungskosten finden Sie im Anhang auf Seite 181.

Kaffee oder Tee im Büro?

Die wiederkehrenden Ausgaben für Kaffee, Tee, Filter, Gebäck etc. für Ihre Praxis oder Ihr Studio können Sie in voller Höhe unter „Bewirtungskosten" verbuchen, ohne dass es eines Nachweises der bewirteten Personen bedarf. Voraussetzung ist allerdings, dass Sie – wenn auch nur gelegentlich – tatsächlich KundInnen in Ihren Geschäftsräumen haben.

Bewirtungskosten separat auflisten!

Beachten Sie, dass die Ausgaben für „Bewirtungen" zwingend in einer eigenen Spalte im Kassenbuch bzw. Journal aufgeführt werden müssen und ebenfalls bei der Erstellung der Einnahme-Überschussrechnung! Wird dies nicht beachtet und gegebenenfalls unter „Sonstiges" verbucht, werden Bewirtungskosten wie auch Ausgaben für „Geschenke" an Kunden nicht anerkannt.

▶ Im Formular „EÜR" tragen Sie Ihre Ausgaben für Bewirtungen ein unter „Beschränkt abziehbare Betriebsausgaben" in die Spalte „Bewirtungsaufwendungen". ◀

Gross-Einkäufe für's Geschäft – GWG und AfA

Geringwertige Wirtschaftsgüter bis 410 Euro Netto-Preis

So genannte „Geringwertige Wirtschaftsgüter" (GWG) sind alle selbstständig nutzbaren Geräte, Maschinen, aber auch Möbel und anderes, die bei Bezahlung nicht mehr als 410 Euro netto kosten (ohne Umsatzsteuer). GWG's dürfen im Jahr der Anschaffung in vollem Umfang als Betriebsausgaben geltend gemacht werden. „Selbstständig nutzbar" ist zum Beispiel der Bürostuhl, klar. Als nicht selbstständig nutzbar gilt jedoch der Monitor für den PC oder der Drucker im Büro! Ist der Drucker aber ein Kombigerät, mit dem sich auch Faxe verschicken lassen, kann es als eigenständiges Gerät angesehen werden.
Alternativ können Sie seit 2010 für GWG's auch einen „Sammelposten" bilden.

„Sammelposten Geringwertige Wirtschaftsgüter"
Ein solcher in der Buchhaltung separat zu führender „Sammelposten" kann seit 2010 alternativ zur zuvor beschriebenen vollumfänglichen Betriebsausgabe gebildet

werden. Dieser „Sammelposten" wird angelegt für alle Wirtschaftsgüter, die einer Abnutzung unterliegen und netto mehr als 150 Euro, aber netto weniger als 1.000 Euro in der Anschaffung gekostet haben und als weiteres gemeinsames Merkmal haben, dass sie alle im gleichen Kalenderjahr angeschafft wurden. Im Paragraph 6, 2a EStG wird ausgeführt: „Der Sammelposten ist im Wirtschaftsjahr (für uns gleich Kalenderjahr) der Bildung und den folgenden vier Wirtschaftsjahren mit jeweils einem Fünftel gewinnmindernd aufzulösen. Scheidet ein Wirtschaftsgut aus dem Betriebsvermögen aus, wird der Sammelposten nicht vermindert."

Beispiel 1: Sie kaufen einen Bürostuhl für 135 Euro. Das ist eine sofort absetzbare Betriebsausgabe. Der Stuhl ist eigenständig nutzbar und kostet weniger als 150 bzw. 410 Euro.

Beispiel 2: Sie kaufen in einem Kalenderjahr einen Schreibtisch für Ihr neues Büro zum Preis von 180 Euro, desweiteren einen Kühlschrank zur Bewirtung Ihrer Teilnehmenden für 210 Euro, sowie eine Moderationswand für 310 Euro. Diese drei Artikel haben gemeinsam, dass sie alle über 150, aber nicht mehr als 1.000 Euro gekostet haben, selbstständig genutzt werden können und alle im gleichen Kalenderjahr angeschafft wurden. Die Summe liegt bei 700 Euro, die nun für die nächsten fünf Jahre (einschliesslich dem Jahr der Anschaffung) mit „einem Fünftel", also mit 700 : 5 = 140 Euro als Betriebsausgabe geltend gemacht werden dürfen. Sollte der Kühlschrank nach drei Jahren kaputt gehen, so bleibt der Sammelposten davon unberührt, d.h. der „Kühlschrank-Anteil" bleibt auch für die verbleibenden zwei Jahre im jährlichen „Fünftel" erhalten.

Und was ist besser für Ihre Situation – Sammelposten oder GWG bis 410 Euro? Nun, das kommt drauf an, denn Sie können tatsächlich wählen, und zwar jedes Jahr neu. Das können Sie sogar zur vorteilhaften Gestaltung nutzen. Dazu folgende Beispiele:

Beispiel 1: Besser Sammelposten
Ines kauft in diesem Jahr die Ausstattung ihrer Praxis mit zwei grossen Sofas und zwei Sesseln für Therapiegespräche und dazu noch eine Büro-Ausstattung. Diese Möbel kosten alle mehr als 410 Euro, aber weniger als 1.000 Euro. Dazu kauft sie noch ein Smartphone für ihr Geschäft zum Preis von 358 Euro. Ines wählt für dieses Jahr die Möglichkeit des „Sammelpostens", denn dadurch kann sie die Kosten für die Möbel über nur fünf Jahre abschreiben. Sonst wären es nämlich 13 Jahre. Allerdings muss sie auch das Smartphone über diese fünf Jahre abschreiben, denn alle Anschaffungen eines Jahres mit einem Preis zwischen 150 und 1.000 Euro müssen im „Sammelposten" erfasst und gleichbleibend abgeschrieben werden. In diesem Fall aber immer noch mit grösserem Vorteil.

Beispiel 2: Besser GWG bis 410 Euro
Im nächsten Jahr hat Ines eine andere Situation. Für ihre Gruppentherapien kauft
sie im Laufe des Jahres fünf Freischwinger-Stühle, die jeweils 198 Euro kosten.
Ausserdem schafft sie sich einen Beamer für ihre Vorträge an. Der kostet 650
Euro. Nun kann sie für dieses Jahr die Stühle voll als Betriebsausgaben ansetzen.
Den Beamer muss sie über fünf Jahre abschreiben, mit jährlich also 130 Euro
(650 Euro : 5 Jahre = 130 Euro/Jahr).

*Abnutzbare Anlagegüter mit einem Anschaffungspreis über 1.000 Euro (bei Anwen-
dung eines „Sammelpostens GWG") bzw. 410 Euro*
Im Paragraph 7 des EStG. wird vorgeschrieben: „Bei Wirtschaftsgütern, deren
Verwendung ... zur Erzielung von Einkünften sich ... auf einen Zeitraum von mehr
als einem Jahr erstreckt, ist jeweils für ein Jahr der Teil der Anschaffungs- oder
Herstellungskosten abzusetzen, der bei gleichmässiger Verteilung dieser Kosten auf
die Gesamtdauer der Verwendung oder Nutzung auf ein Jahr entfällt (Absetzung
für Abnutzung in gleichen Jahresbeträgen). Die Absetzung bemisst sich hierbei
nach der betriebsgewöhnlichen Nutzungsdauer des Wirtschaftsguts."
Noch nicht so ganz klar? O.k., also der Reihe nach. Es handelt sich in diesem
Abschnitt um Geräte oder Anlagen, die in der Anschaffung oder Herstellung
mehr als 410 bzw. 1.000 Euro gekostet haben. Dann ist es nicht mehr möglich,
mit den oben vorgestellten Fristen abzuschreiben. Dazu müssen die Tabellen
des Bundesfinanzministeriums zur „AfA", also zur „Abschreibung für Abnutzung"
zugrunde gelegt werden.
Diese „AfA-Tabellen" finden Sie auf der Internetseite des Bundesfinanzministeriums
und können dort auch heruntergeladen werden: www.bundesfinanzministerium.de

Ende der Abschreibung
Am Ende der Abschreibungszeit wird das Gerät weiter unter den sogenannten
„Anlagegütern" geführt. Da aber in der Zwischenzeit die Anschaffungskosten
vollständig abgeschrieben sind, wird es nur noch mit einem „Erinnerungswert"
von einem Euro geführt. Wird ein betrieblich angeschafftes Gerät veräussert, so
ist diese Einnahme ein „sonstiger Erlös" bei Ihren Betriebseinnahmen.
Immer wieder kommt es zu gerichtlichen Auseinandersetzungen bei der Frage,
wie zum Beispiel ein Computer und ein Bildschirm im Sinne der „AfA"-Vorschrift
zu betrachten sind. Kosten nämlich sowohl der Rechner als auch der Bildschirm
weniger als 1.000 Euro, könnte man ja sagen, dass beide als „geringwertiges
Wirtschaftsgut im Sammelposten" zu betrachten sind. „Geht nicht", sagen die
Finanzämter, weil ja ein PC ohne Bildschirm nicht zu betreiben ist. Diese beiden
Geräte bilden also eine „Einheit" und müssen in der Höhe ihrer gemeinsamen
Summe angesetzt werden.

Alternative Leasing?

Wer seine EDV- oder andere Anlagen professionell nutzen, aber auch in zwei oder drei Jahren nicht hinter der technischen Entwicklung her hinken will, dem bietet sich die Alternative des Leasings. Dabei suchen Sie sich einen Händler Ihres Vertrauens und lassen sich die Hard- und Software zusammenstellen, die Sie benötigen. Den Kaufpreis zahlen dann nicht Sie, sondern eine Leasingbank. Das kann auch Ihre Hausbank sein, wenn sie gute Konditionen bietet. Dieser wiederum zahlen Sie eine monatliche Leasingrate über einen vorher vereinbarten Zeitraum (meist zwei bis drei Jahre) und nutzen die Maschine wie Ihre eigene. Nach Ablauf der Leasingzeit geben Sie je nach Vertragsgestaltung den nun gebrauchten PC zurück und können sich auf dem Markt nach einem Neugerät umschauen. Das lästige Verkaufen entfällt ebenso wie das Beachten der Abschreibung bis zum Ende der „AfA"-Zeit. Die monatlich an die Bank zu zahlenden Leasingraten sind bei entsprechender Gestaltung des Finanzierungslaufplans steuerlich voll als Betriebsausgaben absetzbar.

▶ **Hinweis**: Sie sollten Software nur in Ausnahmen über den Leasingvertrag laufen lassen, da diese ansonsten am Ende der Leasingzeit ebenfalls zurückgegeben werden muss! ◀

Investitionsabzugsbetrag

Der heisst im weiteren Wortlaut des Paragraphen „Sonderabschreibung zur Förderung kleiner und mittlerer Betriebe" und macht es auch für freiberuflich Lehrende, Beratende oder TherapeutInnen möglich, sogenannte „gewinnmindernde Rücklagen" zu bilden, um zu einem späteren Zeitpunkt davon neue Anschaffungen zu tätigen, wie zum Beispiel Maschinen oder Ausstattungen. Geregelt wird dies im Paragraph 7 g EStG, der wie folgt beginnt: „Steuerpflichtige können für die künftige Anschaffung oder Herstellung eines abnutzbaren beweglichen Wirtschaftsguts des Anlagevermögens bis zu 40 Prozent der voraussichtlichen Anschaffungs- oder Herstellungskosten gewinnmindernd abziehen (Investitionsabzugsbetrag)…„ Sie müssen dabei ausserhalb (!) der Einnahmen-Überschuss-Rechnung angeben, wofür Sie ansparen. Musste jedoch früher detailliert angegeben werden, für was ein Investitionsbetrag zurückgestellt wird, so reicht heute die Funktionsangabe. Also zum Beispiel „Erweiterung EDV" oder „Ausstattung Praxisraum".

Beispiel: John G. betreibt seit einigen Jahren ein Studio für Entspannungstechniken. Er überlegt sich im Herbst 2014, dass er im nächsten Jahr neue Liegen anschaffen will. Die werden ihn ca. 2.500 Euro kosten. Für diese Investition bildet er eine Rückstellung bis maximal 40 Prozent des Gesamtbetrages von 2.500 Euro, also 1.000 Euro. Diese 1.000 Euro gibt er als Investitionsabzugsbetrag an bei der Steuererklärung für das Jahr 2014.

Bedingungen für den Investitionsabzugsbetrag

Der Jahresgewinn darf 100.000 Euro nicht überschreiten. Die maximale Höhe von 40 Prozent der geplanten Investitionskosten darf 200.000 Euro nicht überschreiten.

▶ **Hinweis**: Es ist aber ausdrücklich im Gesetz erwähnt, dass es erlaubt ist, durch den Investitionsabzugsbetrag einen Verlust zu machen. ◀

Nach spätestens drei Jahren muss die Rücklage, die als Investitionsabzugsbetrag geltend gemacht wurde, wieder zu den betrieblichen Erlösen hinzugerechnet werden. Geschieht dies nicht, müssen auch die entsprechenden Steuer- oder Feststellungsbescheide rückwirkend geändert werden, was dann zu nicht unerheblichen Nachzahlungen führen kann.

Sonderabschreibung

Abschreibung und kein Ende! Noch eine weitere Möglichkeit, die Einnahmen beziehungsweise Ausgaben legal zu steuern, besteht in der Sonderabschreibung nach Paragraph 7g, 5 EStG: „Bei abnutzbaren beweglichen Wirtschaftsgütern des Anlagevermögens können ... im Jahr der Anschaffung oder Herstellung und in den vier folgenden Jahren Sonderabschreibungen bis zu insgesamt 20 Prozent der Anschaffungs- oder Herstellungskosten in Anspruch genommen werden...“ Die Sonderabschreibung kann nur in Anspruch genommen werden, wenn der Betrieb zum Schluss des Wirtschaftsjahres, das der Anschaffung oder Herstellung vorangeht, die Grössenmerkmale (100.000 Euro Gewinn) nicht überschreitet, und das Wirtschaftsgut im Jahr der Anschaffung und im darauf folgenden Wirtschaftsjahr in „einer inländischen Betriebsstätte des Betriebs des Steuerpflichtigen ausschliesslich oder fast ausschliesslich betrieblich genutzt wird.“

▶ Im Formular „EÜR“ machen Sie Ihre Angaben zu den von Ihnen angeschafften Anlagegütern, geringwertigen Wirtschaftsgütern und zu den Abschreibungen unter „Absetzung für Abnutzung (AfA)“ in der jeweils entsprechenden Spalte. ◀

Noch einmal zu „Betriebsausgaben"

Grundsätzlich können Sie alle Ausgaben im Zusammenhang mit Ihrer selbstständigen Tätigkeit als Betriebsausgaben ansetzen. Sie sind der Finanzbehörde keine Rechtfertigung schuldig, warum dieses oder jenes von Ihnen betrieblich gebraucht wird. Allerdings empfehle ich Ihnen, bei Nachfrage einer Sachbearbeiterin des Finanzamtes eine ausreichende Auskunft zu Ihren Ausgaben zu geben.

Aber, auch wenn ich mich wiederhole: Dem Finanzamt steht es nicht zu, darüber zu befinden, ob etwas betrieblich veranlasst und/oder gebraucht wird oder nicht. Dies gehört nicht zu den Aufgaben der Behörde. Ich unterstelle noch dazu, dass dafür den SachbearbeiterInnen meist auch schlicht die Fachkenntnis fehlt. Lassen Sie sich deshalb nicht auf Diskussionen am Telefon oder im Amt ein, sondern machen Sie sachlich begründet die Ausgaben geltend! Also, egal ob Räucherstäbchen, Duftöle, Blumen für die Raumdekoration, ein Mobile an der Decke oder Lampen: Dies alles sind betriebliche Ausgaben, wenn Sie diese Mittel für Ihre Arbeit bzw. die Ausstattung Ihrer Räume für nötig erachten. Zu all dem lesen Sie weiter oben mehr. Die Bilder an der Wand Ihrer Praxis, Ihres Büros oder Seminarraumes, ob gerahmte oder ungerahmte Poster oder Originale, sind ebenfalls Betriebsausgaben und gehören zu Ihrer „Ausstattung". Hier ist aber zu beachten, dass insbesondere bei teuren Originalen eine vertretbare Relation zwischen betrieblich erzieltem Gewinn und Höhe der betrieblich geltend gemachten Ausgaben bestehen sollte. Sicher ist ein Druck oder Original um die 300 Euro in Ordnung, wenn Sie einen Jahresgewinn erzielen, der jenseits der 20.000 Euro liegt. Aber wenn der „kleine Rizzi oder Polke" mehr als zehn Prozent Ihres Jahresgewinnes kostet, dann könnte es schwierig werden mit der Betriebsausgabe, wenngleich es gerade in diesem Bereich immer wieder zu interessanten Entscheidungen der Finanzgerichte kommt.

Als Deutsche im Ausland – „Gast-Arbeiter" Teil 1

Weil Sie Kurse und Seminare in Deutschland geben oder hier in Ihrer Praxis therapieren, sind Sie natürlich auch bei Ihrem deutschen Finanzamt steuerpflichtig. Was passiert aber, wenn Sie im Ausland tätig werden? Zwei Varianten sind zunächst denkbar, die wir im Folgenden näher betrachten wollen.

Variante 1: Ferien-Seminar in Finnland

Anke gibt zum Beispiel Kurse in Nordic Walking und geht mit ihren Gruppen dazu in die Natur rund um ihren Heimatort. Nun kommt der Wunsch auf, sie möge doch mal eine Urlaubs-Tour planen für diese Gruppe. Passenderweise soll es nach Finnland gehen. Es sind nur Teilnehmende aus Deutschland dabei, die die Kursgebühr für Ankes Angebot „Nordic Walking in Finnland" bei ihr in Deutschland bezahlen (bar oder auf Konto). Dann bleibt sie mit diesen Einnahmen auch nur in Deutschland einkommensteuerpflichtig, obwohl sie die eigentliche Leistung im Ausland (Finnland) erbringt. Da alle Zahlungen in Deutschland erfolgen – an die in Deutschland Steuerpflichtige, nämlich Anke, ist das so korrekt.

Variante 2: Eingeladen als Therapeutin nach Finnland

Denken wir nun mal in die umgekehrte Richtung. Denn Anke leitet nicht nur Walking-Gruppen, sondern ist auch als Atemtherapeutin tätig. In dieser Funktion wird sie auf ihrer Tour durch Finnland engagiert. Im Sommer wird sie nun in Finnland in einem Wellness-Zentrum täglich Einzeltherapien anbieten und Kurse geben. Nun ist sie im Ausland tätig und erhält auch dort vom finnischen Wellness-Zentrum für ihre Leistungen Honorare. Damit wird Anke einkommensteuerpflichtig in Finnland. Gleichzeitig verlangt aber die Bundesrepublik Deutschland von ihren Steuerbürgern, die hier ihren Wohnsitz haben, dass sie alle Einnahmen – unabhängig vom Leistungsort (hier Finnland) in Deutschland versteuern (so genanntes „Welteinkommens-Prinzip"). Damit nun nicht ein Einkommen mehrfach besteuert wird, hat Deutschland mit sehr vielen Staaten sogenannte „Doppelbesteuerungs-Abkommen" (DBA) geschlossen, die unbillige Härten für alle Beteiligten vermeiden sollen. Was heisst das nun konkret für Anke?

Da die DBA für jedes Land einzeln ausgehandelt wurden, sollte Anke bereits vor ihrer Abreise nach Finnland folgende Punkte mit dem Wellness-Zentrum klären: Gibt es eine beschränkte Steuerpflicht für Ausländer in Finnland?

Wird ab einer bestimmten Einnahmehöhe direkt eine Steuer einbehalten?

Welchem Land steht nach dem DBA wieviel an Steuer auf Ankes Einnahmen zu? Es gibt meist zusätzlich Einschränkungen, aber auch Erleichterungen bei geringen Summen. Kann in Ankes Fall das Wellness-Zentrum darüber Auskunft geben?

Empfehlung: Anke lässt sich bereits im Vorfeld von einer deutschen Steuerberatung informieren und beraten. Desgleichen sollte es das Wellness-Zentrum in Finnland tun.

Als Ausländer in Deutschland – „Gast-Arbeiter" Teil 2

Da ist der Meister der Kampfkünste aus Thailand, ein Meister des Taiji aus Taiwan oder ein Guru aus Indien, die Sie gerne nach Deutschland einladen möchten, zum Beispiel als Gast-Referenten. Ob für ein Seminar oder für einen Kongress spielt zunächst keine Rolle. Wir gehen der Reihe nach vor: Sie haben den Meister eingeladen. Im Vorfeld der Veranstaltung haben Sie Werbung gemacht und die Teilnahmebeiträge der Interessierten eingesammelt.

Dem Meister zahlen Sie davon das vereinbarte Honorar, vielleicht auch noch einen Teil oder die ganzen Reisekosten. Damit erzielen Sie Einnahmen (Teilnahmebeiträge) in Deutschland und dem gegenüber haben Sie Ausgaben (Werbungskosten, Honorar und Reisekosten des Meisters). Die erfassen Sie wie alle anderen Einnahmen und Ausgaben auch in Ihrer Buchführung. Fertig – für Sie.

Der ausländische Meister wird hier in Deutschland nämlich begrenzt einkommensteuerpflichtig nach § 1, Absatz 4 Einkommensteuergesetz (EStG), weil er in

Deutschland Einkünfte nach § 49,3 EStG. aus freiberuflicher Tätigkeit (Unterricht) erzielt. Nun ist zu fragen, ob Deutschland mit dem Heimatland des Meisters ein Doppelbesteuerungs-Abkommen (DBA) vereinbart hat. Darin ist geregelt, ab welcher Höhe eines Honorars an welchem Ort (Deutschland oder Heimatland) wieviel Steuern zu entrichten sind. Der eingeladene Meister kann auf jeden Fall von seinem in Deutschland erhaltenen Honorar alle hier anfallenden Ausgaben als Betriebsausgaben abziehen. Das können deutsche Reisekosten sein (Bahn, Taxi), Kosten für Hotel und alles, was er im Zusammenhang mit seiner Unterrichtstätigkeit hier erwirbt. Geregelt wird dies im § 50,1 EStG.

Hinweis für Sie als in Deutschland lebende/r Veranstalter/in:
Sie haften nicht für den Fall, dass der ausländische Meister oder Lehrer seiner Steuerpflicht hier in Deutschland nicht nachkommen sollte und müssen auch nicht für dessen eventuelle Steuerschuld aufkommen.

Zusätzlich zur Einkommenssteuer muss auch noch an die Umsatzsteuer gedacht werden, wenn der Meister hier in Deutschland unterrichtet. Da der Leistungsort des Meisters in unserer Annahme in Deutschland liegt, wird er hier auch umsatzsteuerpflichtig. Da das Ganze ein bisschen zu kompliziert würde, um es zu kontrollieren, wurde die Umkehrung der Umsatzsteuerschuld eingeführt ("Reverse Charge Verfahren"), was bedeutet, dass die Umsatzsteuerpflicht auf den Veranstalter im Inland übertragen wird – also auf Sie. Das gilt auch dann, wenn Sie als Kleinunternehmerin (Umsatz geringer als 17.500 Euro im Jahr) normalerweise ohne Berechnung der Umsatzsteuer arbeiten! Sie müssen dazu dann auch die entsprechenden Positionen in der Umsatzsteuerjahreserklärung (Anlage UR) ausfüllen.
Sind Sie umsatzsteuerpflichtig, so sind die Angaben auf dem Ihnen bekannten Formular zusätzlich einzutragen. Sollten Sie sich unsicher fühlen, was zu tun ist, scheuen Sie sich nicht, eine Steuerberatung zu befragen, die sich damit auskennt.

Grenzen und Konsequenzen

Einnahmen bis 2.400 Euro im Jahr und Kurse oder Unterricht nur bei VHS und/oder Sportverein

Wenn Sie Kurse nebenberuflich und nur für Volkshochschulen oder/und Sportvereine geben und Ihr Jahreshonorar dafür nicht über 2.400 Euro liegt, so können Sie für sich die sogenannte „Übungsleiterpauschale" in Anspruch nehmen.
Die „Übungsleiter-Pauschale" ist geregelt im Paragraph 3, Nr. 26 des Einkommensteuergesetzes (EStG). Das bedeutet für Sie: Ihre Honorare müssen Sie bei der Steuererklärung nicht angeben. Allerdings können Sie diesen Honorareinnahmen

auch keine betrieblichen Ausgaben gegenüberstellen. Sie bekommen also Ihr Honorar „brutto für netto", müssen aber davon auch Ihre Ausgaben tragen. Die brauchen Sie aber belegmässig weder erfassen noch buchen.

Einnahmen höher als 2.400 Euro im Jahr, ausschliesslich durch VHS- oder Sportvereinkurse

Liegen Sie mit Ihren Honorareinnahmen über der jährlichen Freigrenze von 2.400 Euro, so müssen Sie die über die Freigrenze erzielten Einnahmen bei der Steuererklärung angeben. Sie können dann auch Ihre Betriebsausgaben dagegen rechnen. Allerdings nur um den Betrag, der über 2.400 Euro liegt.
Alles klar? Also, noch ein Beispiel dazu:

Beispiel: Helga erzielt aus nebenberuflicher Kurstätigkeit bei einer VHS im Jahr 2.800 Euro an Honorareinnahmen. Das sind 400 Euro mehr als die Freigrenze von 2.400 Euro. Nur diese 400 Euro muss sie bei der Steuererklärung als Einnahmen aus selbstständiger Tätigkeit angeben. Liegen Helgas Ausgaben im Zusammenhang mit diesen VHS-Kursen über 2.400 Euro, so kann sie diese als Betriebsausgaben geltend machen. Liegen sie darunter, jedoch nicht!

In Fortführung des Beispieles:
Helgas Ausgaben durch die Kurstätigkeit betragen 2.452 Euro. Das sind 52 Euro über der Freigrenze. Diese 52 Euro kann sie nun als Betriebsausgabe von den 400 Euro erzielten Honorareinnahmen über der Freigrenze abziehen. 400 - 52 = 348 Euro, die als Gewinn in der Steuererklärung aufzuführen sind.

Einnahmen höher als 2.400 Euro im Jahr durch VHS- oder Sportvereinkurse und/oder durch selbst organisierte Kurse beziehungsweise Einnahmen aus selbst organisierter Tätigkeit

Wenn Sie Einnahmen erzielen, weil Sie selbst Kurse organisieren, so können Sie für diese nicht die Übungsleiterpauschale in Anspruch nehmen! Sie dürfen auch nicht für „gleiche Tätigkeiten" (zum Beispiel hier bei der VHS, dort im Sportverein und noch in eigenen Kursen) erzielte Honorare zusammenzählen. Hier sind Sie gezwungen, auch bei geringen Umsätzen mit einer Einnahmen-Überschuss-Rechnung Ihre betrieblichen Einnahmen und Ausgaben zu berechnen.

▶ **Hinweis**: Auf keinen Fall dürfen Sie von sich aus die Übungsleiterpauschale mit 2.400 Euro von Ihren Honorareinnahmen abziehen, wenn diese Einnahmen nicht nur aus den im Paragraph 3, 26 EStG genannten Quellen stammen, sondern zum Beispiel auch aus eigenen Kursen! ◀

Umsatz grösser als 17.500 Euro im Jahr

Wenn Sie selbstständig sind und Ihre Tätigkeit gut aufgebaut haben, werden Sie irgendwann an eine neue „steuerliche Grenze" stossen. Denn wenn Ihr Jahresumsatz, also die Summe aller Einnahmen, über 17.500 Euro liegt, so werden Sie gesetzlich zur Umsatzsteuerpflicht herangezogen.

Umsatzsteuer

Diese Steuer wird auf den Umsatz berechnet, weshalb sie Umsatzsteuer genannt wird. Sie ist eine sogenannte durchlaufende Steuer, das heisst, Selbstständige müssen beim Kauf Umsatzsteuer zahlen und erheben beim Verkauf selbst wieder Umsatzsteuer. Es braucht also im geschäftlichen Alltag nur die Differenz von dem, was an Steuern beim Verkauf eingenommen wurde (Mehrwertsteuer), und dem, was beim Kauf ausgegeben wurde (Vorsteuer), an das Finanzamt abgeführt zu werden (Zahllast).

Beispiel: Xaver kauft für 1.000 Euro eine Anlage. Diese verkauft er für 2.000 Euro weiter. Beim Kauf werden 19 % Umsatzsteuer zusätzlich berechnet. Das heisst, Xaver zahlt insgesamt 1.000 Euro + 190 Euro = 1.190 Euro. Beim Verkauf erhebt Xaver einen Preis von 2.000 Euro, auf den er wieder zusätzlich 19 % Mehrwertsteuer berechnet. Das führt nun dazu, dass der Käufer an Xaver wie folgt zahlt: 2.000 Euro + 380 Euro = 2.380 Euro. Xaver hat also 190 Euro an Vorsteuer verauslagt und 380 Euro als Mehrwertsteuer von seinem Kunden eingenommen. Die Zahllast Xavers an das Finanzamt beträgt also: 380 Euro - 190 Euro = 190 Euro. Die Zahllast ist selbst auszurechnen und bereits seit 2005 nur noch auf elektronischem Wege (!) dem Finanzamt regelmässig mitzuteilen. Die Beträge müssen unaufgefordert innerhalb bestimmter Fristen abgeführt werden. Grundsätzlich ist jeder durch selbstständige Tätigkeit eingenommene Euro umsatzsteuerpflichtig. Allerdings hat der Gesetzgeber die Möglichkeit geschaffen, dass sogenannte Kleinunternehmer nicht unter die Umsatzsteuerpflicht fallen. Diese Grenze liegt seit dem 1. Januar 2003 bei einem Jahresumsatz von 17.500 Euro. Wer also weniger als diese Summe pro Jahr einnimmt, ist umsatzsteuerbefreit. Allerdings darf dann auch keine Umsatzsteuer berechnet werden und Vorsteuer kann natürlich auch nicht abgezogen werden.

Wer im laufenden Jahr zwar schon mehr als 17.500 Euro, aber weniger als 50.000 Euro Einnahmen hat, wird erst zum nächsten Jahr umsatzsteuerpflichtig. Der Mehrwertsteuersatz für Kurse, Therapie und Beratung liegt bei neunzehn Prozent auf den Umsatz. Um eigene Einbussen bei den Einnahmen zu vermeiden, sollte dieser Mehrwertsteuersatz auf das eigentliche Honorar beziehungsweise die Kursgebühr aufgeschlagen werden.

Von dieser Umsatzsteuer auf umsatzsteuerpflichtige Einnahmen sind wiederum alle Mehrwertsteuerbeträge der mit Umsatzsteuer belegten Ausgaben als sogenannte „Vorsteuer" abziehbar, so dass sich die Zahllast an das Finanzamt deutlich verringern kann.

Wer eine eigene Schule eröffnet, noch nicht umsatzsteuerpflichtig ist und mit relativ hohen und/oder regelmässigen Ausgaben rechnen muss, die umsatzsteuerpflichtig sind, sollte auf die Umsatzsteuerbefreiung gleich verzichten und die Umsatzbesteuerung beantragen (gleich mit dem „Fragebogen zur steuerlichen Erfassung", s. Anhang ab S. 183). Eine genaue Gegenüberstellung der zu erwartenden Einnahmen und der Ausgaben lohnt, denn wer beispielsweise ein eigenes Zentrum einrichtet mit Matten etc. für die KursteilnehmerInnen, Teppichboden, Lampen, gegebenenfalls noch einer Musik- und EDV-Anlage hat schnell hohe Vorsteuerbeträge zusammen. Bei anfangs wahrscheinlich noch geringen Einnahmen kann das sogar dazu führen, dass die Vorsteuerbeträge über den erzielten Mehrwertsteuersummen liegen. Das wiederum bedeutet, dass das Finanzamt Geld zurückzahlt!
Wer allerdings einmal die Umsatzbesteuerung beantragt hat, kann nicht einfach wieder „zurück in die Steuerbefreiung", für fünf Jahre gilt sie dann in der Regel. Genaues Rechnen lohnt also!

Sind Lehrende, die „gesundheitsfördernde Techniken" unterrichten, nicht grundsätzlich umsatzsteuerbefreit?

Zwar gibt es eine Reihe von Berufsgruppen, die von der Umsatzsteuer grundsätzlich befreit sind. Im Gesundheitsbereich beschränken sich diese aber auf sogenannte „heilberufliche Tätigkeiten". Dazu zählen aber nur solche Tätigkeiten, die im Katalog der Heilberufe im Paragraph 4, Nr. 14 des Umsatzsteuergesetzes (UStG.) aufgeführt sind oder die durch eine Berufsregelung eine Ähnlichkeit mit diesen haben.
Von dieser Gruppe sind eindeutig und unter Benennung in diversen Mitteilungen des Bundesfinanzministeriums ausgeschlossen: Unter anderem „Gymnastiklehrer (auch mit staatlicher Prüfung), Yogalehrer u.a."! Andere Lehrende werden nicht genannt, aber gehen Sie davon aus, dass Taiji-, Qigong-, Autogenes-Training-, Feldenkrais- und andere Lehrende den Yoga-Lehrenden nach dieser Verfügung gleichgestellt werden.

Sie sind HeilpraktikerIn, Ärztin oder Arzt oder gehören einem anderen „Katalogberuf" gemäss § 4,14 des UStG an?

Tatsächlich ist es für solche Lehrenden, die gleichzeitig beispielsweise Arzt/Ärztin oder HeilpraktikerIn sind – und dadurch zu den sogenannten Katalogberufen des Paragraph 4, Nr. 14 Umsatzsteuergesetz (UStG) zählen –, möglich, Yoga- oder anderen Unterricht umsatzsteuerfrei durchzuführen, aber nur, wenn dies

Bestandteil einer ärztlichen bzw. heilpraktischen Therapie ist. Geben sie jedoch Unterricht im Rahmen eines offenen Kursangebotes, so sind die Einnahmen, wenn der Umsatz hieraus über 17.500 Euro im Jahr liegt, umsatzsteuerpflichtig wie bei allen anderen auch!

Kein Stress mit dem Finanzamt

Wenn Freiberufler und/oder Heilpraktiker Waren verkaufen

Vorsicht ist immer dann geboten, wenn die freiberufliche Tätigkeit (Unterricht, Beratung oder Therapie) kombiniert wird mit dem Verkauf von Waren wie Büchern, CDs, Hilfsmitteln und Ähnlichem. Denn ein solcher Verkauf stellt eine gewerbliche Tätigkeit dar. Wird aber nicht unterschieden zwischen den betrieblichen Einnahmen aus freiberuflicher Tätigkeit und dem (gewerblichen) Verkauf von Waren, so kann das Finanzamt alle Einnahmen als gewerblich einstufen. Das könnte bei einem Gewinn über 24.500 Euro im Jahr dann sogar dazu führen, dass Gewerbesteuer zu zahlen wäre. Bei der Weitergabe beziehungsweise dem Verkauf von Waren sollten Sie deshalb als DozentIn, BeraterIn oder TherapeutIn die folgenden Möglichkeiten unterscheiden:

„Sammelbestellung"

TeilnehmerInnen an Ihrem Kurs möchten zum Beispiel auch „so eine schöne Übungsmatte" haben oder ein Sitzbänkchen. Sie bestellen für diese bei einem Hersteller oder Versandhandel eine entsprechende Anzahl. Selbst wenn Sie für diese Bestellung durch den Händler einen (zusätzlichen) Rabatt erhalten, ist dadurch Ihr Status als FreiberuflerIn nicht gefährdet, wenn Sie die Ware ohne „Gewinnaufschlag" zum normalen Listenpreis weitergeben. Sie treten dann nämlich nur als sogenannte „SammelbestellerIn" auf. Den vom Händler gewährten Rabatt für Ihre Sammelbestellung dürfen Sie behalten.

„Ansichtssachen"

Ähnlich wie zuvor ist der Fall gelagert, wenn Sie nicht nur auf Anfrage Waren bestellen und weitergeben, sondern in Ihrer Praxis oder Ihrem Studio Muster ausliegen haben. Interessante Bücher, CDs oder Hilfsmittel für das Üben können Ihre KlientInnen oder TeilnehmerInnen bei Ihnen anschauen oder ausprobieren. Gefällt denen etwas, so müssen diese sich wieder wie zuvor an Sie wenden, damit Sie eine „Sammelbestellung" aufgeben. Die Muster selbst, die bei Ihnen ausliegen, sind unverkäuflich. Es kann vorteilhaft sein, ein (kleines) Schild aufzustellen, mit einem Text wie: „Muster, nicht zum Verkauf bestimmt".

„Bevorratung zum Verkauf"

Eindeutig gewerblich wird der Verkauf dann eingestuft, wenn Sie nicht nur wie zuvor beschrieben auf Bestellung verkaufen, sondern zum Verkauf vorgesehene Waren bevorraten. Das ist dann der Fall, wenn Sie eine mehr oder minder grosse Menge an Büchern, Duftölen, Tees oder anderen Waren präsentieren oder lagern, damit Ihre Kundschaft gleich nach oder schon vor Kurs oder Therapie diese bei Ihnen kaufen und mitnehmen kann.

Haben Sie sich bewusst für den zusätzlichen Verkauf von Waren neben Ihrer freiberuflichen (und gegebenenfalls heilpraktischen) Tätigkeit entschieden, dann trennen Sie sowohl die betrieblichen Einnahmen wie Ausgaben voneinander – soweit möglich. Bei den Einnahmen fällt diese Trennung ja leicht: Eine neue Spalte ins „Amerikanische Journal" bzw. Tabellenkalkulation einfügen reicht. Bei den Ausgaben ist der Wareneinkauf natürlich eindeutig der gewerblichen Tätigkeit zuzuordnen. Wie aber steht es mit dem Telefon, dem Computer, dem Auto, den Mietkosten für die Räume und all den anderen Dingen, die Sie „gemeinsam nutzen" für beide Tätigkeiten. Diese Posten sollten Sie aufteilen. Am einfachsten und auch für das Finanzamt leicht nachvollziehbar, geschieht das nach der Höhe des Umsatzes.

Beispiel: Mit ihrem Studio erzielt Inge jährlich einen Umsatz von 30.000 Euro durch Beratung und Therapie. Mit dem Verkauf von Büchern, Tees und Ölen kommen 3.000 Euro zusammen. Im Umsatzvergleich der beiden Einnahmequellen ergibt sich ein Verhältnis von 10 : 1 oder anders ausgedrückt: Der gewerbliche Anteil an Inges Betriebsausgaben beträgt nach dieser Verteilung zehn Prozent. Sie ermittelt wie oben beschrieben zunächst die gesamten Betriebsausgaben, die nicht eindeutig zuzuordnen sind (Gemeinkosten). Diesen Betrag teilt Inge dann entsprechend auf zu 90 Prozent als Betriebsausgaben der freiberuflichen Tätigkeit und zu zehn Prozent als Betriebsausgaben der gewerblichen Tätigkeit.

Das muss auf eine Rechnung drauf ...

Damit eine Rechnung vom Finanzamt auch als „ordentlicher" Beleg anerkannt wird, müssen folgende Angaben unbedingt enthalten sein:

Rechnungssteller mit voller Anschrift, Rechnungsempfänger mit Vor- und Zuname, eine „individuelle" Rechnungsnummer, Zeitpunkt oder Zeitraum der Lieferung beziehungsweise der Dienstleistung (zum Beispiel „Therapiesitzung am 20.7.2014" oder „Kurs Herbst 2014"), Netto-Rechnungsbetrag, Umsatzsteuersatz (7oder 19 Prozent), Umsatzsteuerbetrag, Brutto-Rechnungsbetrag.

Ausserdem muss der Rechnungssteller seine Steuernummer, die vom Finanzamt für die selbstständige Tätigkeit zugeteilt wurde, angeben. Wurde für die

Umsatzsteuer eine weitere Steuernummer vergeben, so ist auch diese auf jeder Rechnung anzugeben.

Kleinunternehmer-Rechnung

Die Angabe zum Umsatzsteuersatz, der Höhe des Umsatzsteuerbetrages und die Angabe der Steuernummer entfallen, wenn Sie nicht mit Umsatzsteuer arbeiten (müssen). Stattdessen ergänzen Sie dann in Ihren Rechnungen: „umsatzsteuerbefreit nach § 19,1 UStG". Oder: „Kleinunternehmer gemäss Paragraph 19,1 Umsatzsteuergesetz".

Eine „individuelle" Rechnungsnummer ist Pflicht seit 2004. Sie soll dazu dienen, dass bei Prüfvorgängen des Finanzamtes (gedacht ist vor allem an sogenannte „Geldwäsche") schneller Geldströme nachzuvollziehen sind.

Eine einfache Möglichkeit zur „Erstellung" einer individuellen Rechnungsnummer ist die Kombination aus einer fortlaufenden Zahl und dem aktuellen Datum.

Beispiel: Sie erstellen die erste Rechnung am 24. August 2014 mit der individuellen Rechnungsnummer „01-24.08.2014", die nächste Rechnungsnummer mit der „02-24.08.2014" usw.

Ab einem Betrag von mehr als 150 Euro ist immer eine Rechnung erforderlich, da eine Quittung dann nicht mehr anerkannt wird. Und: Auch eine Quittung muss (ausser dem Empfänger, Steuernummer und einer Rechnungsnummer) alle oben genannten Angaben enthalten!
Muster einer Quittung und einer Rechnung finden Sie im Anhang auf Seite 181f und unter „Downloads" auf www.Leitfaden-online.de.

Elektronische Rechnungen

Die meisten Rechnungen erhalten wir heute per Mail. Bei manchen Verträgen (z.B. mit Telefonanbietern) ist der elektronische Versand der monatlichen Rechnung verbindlicher Teil des Vertrages. Seit 1. Juli 2011 hat auch die Finanzverwaltung diese gängige Praxis anerkannt und gestattet diese Form des Rechnungsversandes auch dann, wenn keine „qualifizierte elektronische Signatur" vorhanden ist. Damit ist es möglich, dass Sie Ihre Rechnung an Kunden/TeilnehmerInnen usw. per Mail verschicken dürfen. Und ebenso werden die Rechnungen, die bei Ihnen per Mail eingehen von Ihrem Festnetz- und/oder Mobilfunkanbieter usw. anerkannt.

▶ **Wichtig!** Allerdings gilt zu beachten: auch wenn Sie diese Rechnungen für Ihren Belege-Ordner ausdrucken, muss sie in ihrer „ursprünglichen Form" aufbewahrt werden – und das ist in diesem Fall elektronisch. Legen Sie dazu am besten einen Ordner auf Ihrem Rechner an (Ordner-Name z.B.: Elektronische Rechnungen 2014), sammeln da hinein alle per Mail bzw. Download auf Ihrem Rechner eingehenden Rechnungen und brennen zum Jahresabschluss diesen Ordner auf CD. Diese CD ist dann aufzubewahren für die nächsten zehn Jahre wie alle anderen Buchführungsbelege auch. Mehr dazu siehe im übernächsten Abschnitt „Geschäftsbelege und Aufbewahrungspflicht". ◀

Und wenn Rechnungen nicht bezahlt werden?

Eigentlich gehen wir davon aus, dass wir es mit ehrlichen Menschen zu tun haben, die ihre Unterlagen gut sortieren und deshalb immer pünktlich die Rechnungen bezahlen, die wir ihnen geschickt oder mitgegeben haben. Aber was, wenn es jemand vergessen hat? Oder vielleicht mit Vorsatz nicht bezahlen will oder kann? Dann steht uns seit dem Jahr 2000 das „Gesetz zur Beschleunigung fälliger Zahlungen" hilfreich zur Seite (veröffentlicht im BGBl I, S. 330 ff.). Durch diese gesetzliche Regelung wurde eine generelle Zahlungsfrist von 30 Tagen in Deutschland eingeführt. Diese darf bei Verbrauchern (also unseren Teilnehmerinnen, Klienten, Patientinnen) nicht unterschritten werden. Im Geschäftsverkehr kann allerdings weiterhin eine von den 30 Tagen abweichende (auch kürzere) Zahlungsfrist angegeben werden. Es bedarf keiner gesonderten Mahnung, um den Zahlungsverzug festzustellen (so genannte „automatische Mahnung", § 284, Absatz 3 BGB). Das heisst, dass bereits mit dem Überschreiten des mit der Rechnung vereinbarten Zahlungsziels (oder der gesetzlichen 30 Tage) eine kostenpflichtige Mahnung verschickt werden kann. Die Mahnkosten, die tatsächlich entstanden sind (Zeit für das Erstellen der Mahnung, Porto, Zinsen) können in einem ersten Mahnschreiben bereits geltend gemacht werden. Jedes Mahnschreiben sollte eine mit konkretem Datum versehene (neue) Zahlungsfrist enthalten. In aller Regel können Sie den Zeitraum selbst bestimmen, wobei 14 Tage als Frist bei Mahnungen üblich sind. Wird auf das erste Mahnschreiben nicht reagiert, so folgt ein zweites Mahnschreiben, in dem bereits angekündigt werden sollte, dass nach einer dritten Mahnung das gerichtliche Mahnverfahren eröffnet werden kann beziehungsweise ein Inkasso-Unternehmen beauftragt wird. Und wird auch auf dieses zweite Mahnschreiben nicht reagiert, so sollte die dritte Mahnung bereits als „letzte Mahnung" bezeichnet werden. Wollen Sie tatsächlich das gerichtliche Mahnverfahren beschreiten, so müssen Sie mit dem Beginn dieses (nicht ganz einfachen und zunächst für den Gläubiger!) kostenpflichtigen Verfahrens den Schuldner darüber informieren. So unterbinden Sie in einem eventuellen Rechtsstreit, dass der Schuldner geltend machen kann, dass die Mahnung „plötzlich und überraschend" kam, was zum

Nachteil des Gläubigers gereichen kann. Das gerichtliche Mahnverfahren müssen Sie bei Ihrem zuständigen Amtsgericht beantragen.

Geschäftsbelege und Aufbewahrungspflicht

Gemäss dem ehernen Grundsatz der Buchführung: „Keine Buchung ohne Beleg" ist stets darauf zu achten, dass nicht nur alle Ausgaben, sondern auch alle Einnahmen vollständig durch Belege nachgewiesen werden können. Ohne Belege stehen Sie bei einer möglichen Steuerprüfung ziemlich schlecht da. Das Finanzamt wird nämlich vieles nicht anerkennen. Das führt dazu, dass Schätzungen vorgenommen werden und deren Ergebnis übertrifft meist die schlimmsten Befürchtungen. Belege sind alle Rechnungen, Quittungen und sonstigen Auszüge, aber auch Teilnehmerlisten! Die Belege sind stets nach Vorfall getrennt zu sammeln und sollen folgende Daten enthalten: Name und Anschrift des Verkäufers beziehungsweise Dienstleisters, also zum Beispiel des Lehrenden, Unterschrift des Verkäufers/Dienstleisters, Datum, Bezeichnung des Kaufgegenstandes/ der Dienstleistung (Kurs, Beratung etc.), Art des Schriftstücks (Rechnung, Quittung), Mehrwertsteuersatz, Name des Empfängers/der Empfängerin. Mehr dazu auf Seite 148. Muster für eine Quittung und Rechnung finden Sie im Anhang, Seite 181f.

▶ **Wichtig!** Fehlen eine oder mehrere von den zuvor genannten Angaben aus irgendeinem Grund auf einem Beleg, so sollten Sie diese immer sofort ergänzen (lassen)! Ansonsten könnte bei einer eventuellen Betriebsprüfung die Anerkennung verweigert werden! ◀

Kursliste wird Beleg

Führen Sie eine Kursliste für jeden einzelnen Kurs, auf der Name und Vorname der einzelnen TeilnehmerInnen, Veranstaltungsort, Dauer des Kurses und die einzelnen Termine aufgeführt sind. Vermerken Sie zusätzlich die Anwesenheit beim jeweiligen Kurstermin. In einer gesonderten Spalte halten Sie Zahlungs- und Quittungsvermerke fest. Eine solche Kursliste bewahren Sie zusammen mit weiteren Nachweisen über geleistete Zahlungen der TeilnehmerInnen für die nächsten zehn Jahre auf und können jederzeit Nachweise zu dieser Veranstaltung vorlegen. Oder wissen Sie noch, wer alles bei Ihnen im letzten Jahr am Dienstagabend-Termin in Ihrem Studio teilgenommen hat? Betriebsprüfer stellen manchmal solch komische Fragen ...
Eine Vorlage „Kursliste" finden Sie unter „Download" auf unserer Website www.leitfaden-online.de

„Eigenbeleg"

Geht ein Beleg verloren, so sollte ein Ersatzbeleg angefertigt werden. Wo dies nicht möglich ist beziehungsweise gar keine Belege ausgegeben werden (Schliessfächer in Bahnhöfen und Flughäfen, Imbiss, Parkuhren, Münztelefon etc.), können sogenannte Eigenbelege angefertigt werden. Diese sollen die oben aufgeführten Angaben enthalten, werden als „Eigenbeleg" gekennzeichnet und mit Datum und eigenhändiger Unterschrift versehen. Die Glaubhaftigkeit von Eigenbelegen muss gegebenenfalls dem Finanzamt plausibel gemacht werden können.

Aufbewahrungsfristen

Für alle Geschäftsunterlagen gibt es Aufbewahrungsfristen, die unbedingt einzuhalten sind! Dies gilt für alle haupt- oder nebenberuflich selbstständigen Tätigkeiten. Geschäftsbücher, Kassenbücher, Ihre „Journale" zur Belegerfassung, sowie Inventurlisten, Geschäftspapiere, Belege, Kurslisten usw. sind zehn Jahre lang „geordnet aufzubewahren". Buchungsbelege und Geschäftsbücher können auch auf Diskette oder CD-Rom aufbewahrt werden. Dies setzt allerdings voraus, dass die Daten jederzeit über Bildschirm oder Ausdruck zur Verfügung gestellt werden können. Die entsprechenden Programmversionen müssen ebenfalls für die gleiche Dauer wie die EDV-erfassten Belege aufbewahrt und vorgehalten werden. Bedenken Sie bei System-Updates, dass die alten Programme möglicherweise nicht mehr lauffähig sind! Oder technische Probleme könnten auftreten: Haben Sie an Ihrem Laptop noch ein Laufwerk für 3,5 Zoll-Disketten?

Vorsicht bei Thermobelegen!

Viele Kassenbelege an Tankstellen, Computerkassen und bei Kreditkartenkauf sind sogenannte „Thermobelege". Das heisst, der Text und vor allem die Zahlbeträge werden nicht mit Tinte auf Papier gedruckt, sondern ein spezielles Papier reagiert auf die Wärme des Druckerkopfes und verfärbt sich entsprechend schwarz. Dies ist vorteilhaft für die Geschäfte, aber manchmal von Nachteil für die Archivierung. Dieses Thermopapier reagiert nämlich auch weiterhin auf Wärme, aber auch auf Klebstoff und Plastikfolien (Prospekthüllen!). Der Thermobeleg wird je nach Alter entweder schnell ganz schwarz (bei neuen Belegen und hohen Temperaturen) oder verliert die Schrift im wörtlichen Sinne, weil sie sich in Pulver verwandelt. Wird anlässlich einer Prüfung ein solcher Beleg gefunden, der nicht mehr oder nicht mehr vollständig seine Zahlen offenbart, wird er möglicherweise nicht anerkannt. Das kann dann zur (nachträglichen) Minderung der einst geltend gemachten Betriebsausgaben führen und letztlich zur Steuernachzahlung. Deshalb kopieren Sie Thermo-Belege mit Beträgen über 150 Euro am besten sofort auf Normalpapier und heften es zusammen mit den Kopien ab. Thermo-Belege über relativ geringe Beträge (unter 150 Euro) wie Tankquittungen, Fachzeitschriften etc. können Sie jedoch direkt zu Ihrer Belegesammlung nehmen.

Verlustvortrag

Verluste, die im Rahmen der Ausbildung (lesen Sie dazu auch S. 117) entstehen, dürfen durchaus über mehrere Jahre Steuer sparend mit anderen Einkünften (Gehalt, Miete, Zinsen) verrechnet werden. Das Gleiche gilt, wenn Ihr Geschäft nicht so richtig in Gang kommt und Sie statt dem geplanten Gewinn nur Verlust machen. Voraussetzung ist, dass Sie belegen können, dass Sie auf Dauer Gewinn anstreben. So entschied der Bundesfinanzhof (Aktenzeichen X R 33/03). In diesem Fall ging es um insgesamt immerhin rund drei Millionen Euro Verlust in zwölf Jahren. Vor Gericht zählte schliesslich, dass der Unternehmer alles getan hatte, was aus damaliger Sicht jeweils geeignet erschien, um den Betrieb gewinnbringend zu führen. Dazu gehörten zum Beispiel Investitionen in Marketing und Vertrieb, Sortimentsbereinigung, striktes Kostenmanagement, Kostenplanung und Controlling. Zusammengefasst heisst das: Wenn Sie nachweisen können, dass Sie zum Beispiel Werbung gemacht haben (wenn auch erfolglos) oder zu jeder Zeit zumindest die Möglichkeit bestand, dass Sie Ihr Geschäft gewinnbringend hätten veräussern können, muss das Finanzamt von einem Gewinnstreben ausgehen und Verluste anerkennen.

„Liebhaberei"

Was passiert, wenn im steuerrechtlichen Sinne Unternehmen erfolglos sind? In der nachfolgend genannten Entscheidung ging es zwar um den Vorsteuerabzug, aber sie gibt uns auch wichtige Hinweise darauf, wie das Finanzamt versucht, Ausbildung und Unterricht der Lebenskünste als Betriebsausgabe von der sogenannten „Liebhaberei" zu unterscheiden. Der Europäische Gerichtshof hat entschieden, dass die Unternehmereigenschaft grundsätzlich nicht rückwirkend mit der Begründung aberkannt werden kann, dass es nicht zur Ausführung entgeltlicher Leistungen gekommen ist. Urteil vom 29. Februar 1996 Rs C-110/94 (BStBl 1996 II S. 665).

Die Finanzverwaltung hat zum Vorsteuerabzug bei sogenannten „erfolglosen Unternehmen" Stellung bezogen: Danach muss die unternehmerische Tätigkeit auf die Erzielung von Einnahmen gerichtet sein, das sogenannte „Gewinnstreben". Die Ausführung „entgeltlicher Leistungen" muss also ernsthaft beabsichtigt sein und die Ernsthaftigkeit dieser Absicht ist durch objektive Merkmale nachzuweisen beziehungsweise glaubhaft zu machen. Dieser Nachweis gilt unter anderem dann als erbracht, wenn sogenannte „unternehmensbezogene Vorbereitungshandlungen" durchgeführt werden, wie zum Beispiel die Anmietung oder Errichtung von Büro- oder Übungsräumen, der Erwerb umfangreichen Inventars, Wareneinkauf vor Betriebseröffnung, Anforderung einer Rentabilitätsstudie, Durchführung einer grösseren Anzeigen- oder sonstigen Werbekampagne. Entscheidend ist immer das Gesamtbild der Verhältnisse, um die Unternehmereigenschaft zu bejahen. Wenn die Vorbereitungshandlungen ihrer Art nach sowohl zur unternehmerischen als auch zur nichtunternehmerischen Verwendung bestimmt sein können, was etwa beim Erwerb eines Autos oder eines Computers der Fall ist, so ist der Finanzverwaltung eine abschliessende Beurteilung der Unternehmereigenschaft nicht möglich. Sie kann deshalb Entscheidungen unter dem Vorbehalt der Nachprüfung beziehungsweise „vorläufig" treffen. Bei Vorbereitungshandlungen, die ihrer Art nach typischerweise zur privaten Nutzung bestimmt sind, zum Beispiel der Erwerb eines Wohnmobils, auch wenn damit die Übernachtungskosten bei (Ausbildungs-) Seminaren gespart werden können, oder anderer sogenannter Freizeitgegenstände, ist die Unternehmereigenschaft davon abhängig, dass tatsächlich entgeltliche Leistungen ausgeführt werden. Entgegen früherer Verwaltungspraxis gelten diese Grundsätze übrigens auch, wenn die Aufnahme einer neuen Tätigkeit im Rahmen eines bestehenden Unternehmens erfolgt und die neue mit der bisherigen unternehmerischen Betätigung in keinem sachlichen Zusammenhang steht.

Deklariert das Finanzamt eine Tätigkeit endgültig als „Liebhaberei", wird die Tätigkeit der privaten Lebensführung zugeordnet. Damit können erzielte Verluste steuerlich nicht mehr geltend gemacht werden. Verluste, die bereits vor der Umqualifizierung der unternehmerischen Tätigkeit in einen Liebhabereibetrieb erzielt wurden, können als nachträgliche Betriebsausgaben angesetzt werden, falls eine Verrechnung der Verluste mit dem Vermögen des Unternehmens mangels Masse nicht möglich ist.

Zahlungen über den Jahreswechsel

Regelmässig wiederkehrende Zahlungen, wie zum Beispiel Mietausgaben, sind in dem Jahr zu berücksichtigen, zu dem sie „wirtschaftlich gehören". Das heisst, dass die abgebuchte Miete für Januar 2014, die bereits Ende Dezember 2013 vom Konto ging, tatsächlich erst bei den Betriebsausgaben für Januar 2014 zu berücksichtigen ist. Die Finanzbehörden setzen für diese Fälle voraus, dass Fälligkeit und Bezahlung „kurze Zeit", das ist ein Zeitraum von zehn Tagen, vor oder nach dem Kalenderjahreswechsel liegen.

Steuererklärung: Formulare auf Papier und online

Als selbstständig Tätige sind Sie verpflichtet, bis zum 31. Mai des Folgejahres eine Steuererklärung elektronisch auf den amtlichen Formularen abzugeben. Dazu benötigen Sie den Einkommensteuer-Mantelbogen, die Anlage EÜR sowie gegebenenfalls weitere Anlagen. Je nach Ihrer persönlichen Situation kommen weitere Anlagen hinzu z.B. für Kapitalerträge (Anlage KAP), bei einer zusätzlichen nicht-selbstständigen Tätigkeit (Anlage N), wenn zu Ihrem Haushalt Kinder gehören

(Anlage Kind bzw. ggf. K) u.a. Eine Übersicht über alle Formulare finden Sie auf der Website der Finanzverwaltung: www.formulare-bfinv.de/
Falls Sie es nicht schaffen sollten, bis zum 31. Mai des Folgejahres Ihre Steuererklärung abzugeben, so können Sie formlos eine Fristverlängerung beantragen, die bis zum 30. September auch gewährt werden wird. Länger reichende Fristverlängerungen werden nur noch eingeräumt, wenn sie von einer Steuerberatung beantragt werden (und dann auch nur bis zum 31. Dezember).
Sind Sie umsatzsteuerpflichtig, können Sie Ihre Umsatzsteuererklärung bereits seit 2005 nur noch online abgeben. Im Jahr 2009 stellte der Bundesfinanzhof klar, dass diese Vorgabe verfassungsgemäss sei, niemand dadurch über Gebühr benachteiligt werde und keine unzumutbare Härte vorliege (BFH, Az. XI R 33/09).

Selbstständige Einkünfte – Steuererklärung nur noch online

Beginnend mit der Einkommensteuererklärung für das Jahr 2011 sind alle, die Gewinneinkünfte erzielen, zur elektronischen Übermittlung ihrer Jahressteuererklärungen an das Finanzamt verpflichtet. Grundlage sind das Steuerbürokratieabbaugesetz, BGBl I 2008 S. 2850 und das Jahressteuergesetz 2010 (JStG 2010, BGBl I 2010 S. 1768). Gewinneinkünfte sind in diesem Zusammenhang Einkünfte aus Gewerbebetrieb und/oder aus selbstständiger Arbeit.

▶ **Hinweis:** Die Pflicht zur elektronischen Übermittlung greift nicht, wenn daneben Einkünfte aus nichtselbständiger Arbeit mit Steuerabzug erzielt werden und die positive Summe der Einkünfte, die nicht dem Steuerabzug vom Arbeitslohn zu unterwerfen waren, sowie die positive Summe der Progressionseinkünfte jeweils den Betrag von 410 € nicht übersteigen. ◀

Müssen Sie Ihre Steuererklärung online abgeben, so lesen Sie bitte weiter:

Online mit Elster

Nein, es geht nicht um „diebische Vögel", sondern um die „**El**ektronische **St**euererklärung", die die Finanzverwaltung seit Jahren vorantreibt, um die Wege kürzer zu gestalten, auch bürgerfreundlicher (was immer das heissen mag) und um Papier für Formulare zu sparen. Also ein gutes Ansinnen – und alles auch auf sicheren Datenwegen. Auf der Website www.ELSTER.de finden Sie alle Informationen tatsächlich übersichtlich dargestellt. Klicken Sie in der Navigation bei „Benutzergruppen" auf „Unternehmer". Dort finden Sie alle wichtigen Informationen. Ohne Software-Installation oder Papierformulare ist es mit „Elster" möglich, folgende Erklärungen digital beim Finanzamt abzugeben: Umsatzsteuer-Voranmeldung, Antrag auf Dauerfristverlängerung, Anmeldung der Sondervorauszahlung, Lohnsteuer-Anmeldung, Lohnsteuerbescheinigung, gesonderte und einheitliche

Feststellung von Grundlagen für die Einkommensbesteuerung, Zusammenfassende Meldung, Kapitalertragsteuer-Anmeldung nach dem EStG u.a.

▶ **Wichtig!** Bevor Sie Elster-Online nutzen können, ist eine Registrierung erforderlich. Da die Zugangsdaten aus Sicherheitsgründen per Post verschickt werden, müssen Sie mit acht bis zehn Tagen rechnen, bis Ihr Zugang freigeschaltet werden kann. ◀

Kontrollmitteilungen

Öffentliche Auftraggeber sind per Verordnung dazu verpflichtet, bei (Honorar-) Zahlungen eine Kontrollmitteilung an das jeweils zuständige Finanzamt über Zahlungsempfänger und Höhe dieser geleisteten Zahlungen zu machen. Das betrifft Mieteinkünfte ebenso wie Zahlungen für Bauleistungen, aber auch die Honorarzahlungen aller Volkshochschulen in Deutschland gehören dazu. Mehrere Kontrollmeldungen aus unterschiedlichen Anlässen (Zahlungen einer Volkshochschule, Umsatzsteuererstattung, beschäftigte Honorarkräfte und anderes) können zu einer Betriebsprüfung führen. Mehr dazu nachfolgend.

Wenn der Betriebsprüfer kommt ...

Auch sogenannte „Kleinbetriebe" und Selbstständige mit nur geringen Jahresumsätzen werden von den „Betriebsprüfern" der Finanzbehörden nicht verschont. Deshalb sei hier zusammengefasst, was zu tun ist, wenn „es passiert".
Der Beginn einer Aussenprüfung wird durch eine Prüfungsanordnung schriftlich bekannt gegeben. Als Grund muss kein Verdacht auf Steuerhinterziehung vorliegen, vielmehr werden die allermeisten Aussenprüfungen der Finanzbehörden nach der Länge des Zeitraums angesetzt, in dem keine Prüfung stattgefunden hat. Einer (von vielen möglichen) Hinweisen auf eine kommende Aussenprüfung kann die Mitteilung im Steuerbescheid sein, dass dieser „vorläufig" sei unter „dem Vorbehalt einer Nachprüfung". Besonders gerne schauen die Betriebsprüfer übrigens vorbei, wenn betriebliche oder/und private Baumassnahmen durchgeführt wurden, wenn „Auslandssachverhalte" (beispielsweise Kurstätigkeit oder Fortbildungen im Ausland) vorliegen oder auf die Umsatzsteuerbefreiung (bei Umsatz unter 17.500 Euro im Jahr) verzichtet wurde und es dadurch zu Umsatzsteuer-Rückzahlungen seitens des Finanzamtes gekommen ist aufgrund von hohen Vorsteuerabzügen. In der Prüfungsanordnung wird mitgeteilt, was geprüft werden soll, unterteilt nach Steuerarten (Einkommensteuer, Umsatzsteuer usw.), der sogenannte Prüfungszeitraum, also die Jahre, die geprüft werden sollen, der Name des Prüfers und der Ort der Prüfung. Grundsätzlich dürfen ohne weitere Begründung nur die drei zurückliegenden Jahre nach Abgabe der letzten Steuererklärung geprüft werden. Ist die Steuererklärung für 2013 abgegeben, können also zusätzlich zum

Jahr 2013 nur noch 2012 und 2011 geprüft werden. Sollen weiter zurückliegende Jahre geprüft werden, muss das Finanzamt eine Begründung mitliefern.
Regelmässig vollzieht sich die Aussenprüfung dann wie folgt: Einem Einführungs-gespräch folgt die Betriebsbesichtigung, die bei den meisten von uns wohl recht kurz ausfällt. Dann beginnen die eigentlichen Prüfungshandlungen, je nach ge-troffener Vereinbarung im Büro des zu Prüfenden, bei dessen Steuerberatung oder auf dem Amt. Es folgt am Ende der Prüfung die Schlussbesprechung, in der vor allem die beanstandeten Punkte besprochen und – im wahren Sinne des Wortes! – verhandelt werden. Danach wird ein Prüfbericht angefertigt und zugesandt, der auch vom zuständigen Finanzamt ausgewertet wird sowie gegebenenfalls noch von der Bussgeld- und Strafsachenstelle. Die Betriebs- oder Aussenprüfung ist durch die Staatsmacht abgesichert. Dem Prüfer stehen weitgehende Rechte zu: Einsichtsrechte, Vorlagerechte, Besichtigungsrechte usw. Alle Steuerpflichtigen sind gut beraten, sich dem nicht zu widersetzen! Sie sind darüber hinaus auch zur Mitwirkung verpflichtet: Sie müssen zur Auskunft und zur Herausgabe von Unterlagen zur Verfügung stehen.
Es ist sicher hilfreich, für ein „gutes Prüfungsklima" zu sorgen, doch darf der Prü-fer noch lange nicht alles. Die „Geprüften" sollten jederzeit und besonders bei scheinbaren „Privatgesprächen" zwischen ihnen und dem Prüfer daran denken, dass er kein neuer Kunde beziehungsweise Kursinteressent ist – selbst wenn er das sagt. Betriebsprüfer sind aus beruflichen Gründen misstrauisch und zudem darin geschult, durch geschicktes Fragen sogenannte „verdeckte Steuerumstän-de" zu erfahren!
Wie über den Erfahrungsaustausch von Vätern über den Windeleinkauf ein verstecktes Abfragen über die Nutzung der geschäftlich genutzten Fahrzeuge wurde, durfte der Autor selbst bei einer Aussenprüfung erleben.

In den folgenden sechs Punkten erfahren Sie, wie eine Betriebsprüfung einiger-massen reibungslos vonstatten gehen kann:

1. Grundvoraussetzung ist natürlich eine ordnungsgemässe und nachvollziehbare Buchführung, die vollständig ist.
2. Alle Verträge, die steuerrelevant sein könnten, sollten vorhanden sein, damit sie auf Verlangen vorgezeigt werden können. Es empfiehlt sich, aufgrund steti-ger Änderungen der Gesetzeslage, von Zeit zu Zeit insbesondere bestehende Verträge zu überprüfen.
3. Ist die Prüfungsanordnung eingegangen, wird es ernst und die folgenden zwei Fragen sollten umgehend geklärt werden: Kann die Betriebsprüfung durch die Anfechtung einer (fehlerhaften) Anordnung verschoben oder ganz verhindert werden? Soll noch eine Selbstanzeige abgegeben werden? Beide Möglichkeiten sind jedoch riskant. Im ersten Fall hätte dies nur aufschieben-

de Wirkung. Im zweiten Fall kann es sein, dass die Selbstanzeige nicht mehr „schonend" wirkt, weil sie zu spät kommt.

4. Vor Beginn der Prüfung sollten folgende Fragen geklärt sein: Sind alle steuerlich erheblichen Unterlagen und Verträge vorhanden? Ist die Auskunftsperson für den Prüfer richtig gewählt beziehungsweise dauernd anwesend? Sind gegebenenfalls Arbeitnehmer, aber auch Familienangehörige (!) auf ihr Auskunftsverbot hingewiesen worden? Liegt der Arbeitsplatz für den Prüfer fest? Hat ein zu Überprüfender keinen genügend grossen oder sonst geeigneten Raum zur Verfügung, zum Beispiel weil das Büro in der Wohnung liegt, eine sehr kleine Fläche und nur einen Schreibtisch hat, so wird der Prüfer meist bewegt sein, die Aussenprüfung im Amt durchzuführen. Das bedeutet, dass alle Unterlagen dem Prüfer ins Finanzamt gebracht werden müssen – mit dem Vorteil, dass fehlende Unterlagen von ihm gezielt angefordert werden müssten.

5. Kopien sollten nur von der Auskunftsperson angefertigt werden – und diese fertigt gleich ein Doppel für den steuerlichen Beistand, damit der Prüfungsverlauf nachvollziehbar bleibt.

6. Ein freundlicher Umgang mit dem Betriebsprüfer schadet nicht, denn er ist vor allem ein Mensch, der seiner Aufgabe nachgeht. Ein entspanntes Prüfungsklima ist für alle gut! Besonders, wenn Sie (noch) keinen Steuerberater haben, sollten Sie sich bei Zustellung der Prüfungsanordnung überlegen, ob Sie nicht doch – zumindest für die Prüfung – einen steuerlichen Beistand hinzuziehen. Gerade in der Schlussbesprechung kann ein Steuerberater so manches aushandeln, was einem Laien vielleicht gar nicht einfiele. Sicher ist die Betriebsprüfung die „Feuerprobe" für die eigene Buchhaltung und die gesamte Geschäftsführung. Gleichwohl kann jedeR diesem Akt der Finanzbehörde gelassen entgegensehen, wenn stets alles sauber und nachvollziehbar verbucht wurde und keine – selbst kleinen – Beträge „vergessen" wurden. Vor allem sollte der Prüfer nicht als Feind gesehen werden, der im privaten Bereich herumschnüffelt. Das darf er nämlich nicht und wird es in der Regel auch nicht versuchen. Sollte das Frage- oder Prüfverhalten dennoch Anlass zur kritischen Betrachtung geben, sollte man sich nicht scheuen, einen steuerlichen Beistand hinzuzuziehen (JuristIn, BeraterIn).

Private Tipps

Kinderbetreuungskosten, Handwerkerrechnungen, Umzug

Kinderbetreuungskosten

Ein Abzug von Kinderbetreuungskosten ist seit 2012 für Kinder bis zur Vollendung des 14. Lebensjahres (bei behinderten Kindern auch danach unter bestimmten Voraussetzungen) generell als Sonderausgabe möglich – und zwar unabhängig von der Situation der Eltern (gemäss § 10 Abs. 1 Nr. 5 EStG). Von den Aufwendungen für „Dienstleistungen zur Betreuung eines zum Haushalt des Steuerpflichtigen gehörenden Kindes" können zwei Drittel, höchstens 4.000 Euro je Kind geltend gemacht werden. Sind beide Elternteile berufstätig und ist die Kinderbetreuung Voraussetzung, dass eine selbstständige Tätigkeit ausgeübt werden kann, so sind die gleichen Beträge direkt als Betriebsausgabe ansetzbar.

Beiträge für Krippe oder Kindergarten sind – jedoch abzüglich Spiel-, Essens- und Getränkegeld – ebenso abziehbar wie das Honorar für Tagesmütter oder für Hausaufgabenbetreuung. Die Vergütung für Au-Pair-Mädchen kann ebenfalls angesetzt werden. Allerdings müssen dabei eventuell Kosten (geschätzt) aufgeteilt werden, wenn vom Au-Pair auch noch „normale Hausarbeiten" mit erledigt werden. Aufwendungen für den Erwerb von Fähigkeiten (wie zum Beispiel Musikunterricht oder ein Sprachkurs) sind jedoch grundsätzlich nicht abziehbar.

Handwerkerrechnungen

Seit 2009 können Steuerzahler pro Jahr bis zu 1.200 Euro (nämlich 20 Prozent von maximal 6.000 Euro) von Instandhaltungs- und Modernisierungskosten für die Wohnung, egal ob Eigenheim oder Mietwohnung, steuerlich geltend machen.

▶ **Wichtig!** Rechnungen dürfen nicht bar bezahlt, sondern müssen zwingend überwiesen werden, da sonst die steuerliche Anerkennung verweigert wird, um Schwarzarbeit zu unterbinden. So entschied der Bundesfinanzhof im Februar 2009 (Az.:VI R 14/08). ◀

Sonstige haushaltsnahe Dienstleistungen

Für Dienstleistungskosten im Haushalt (Putzen, Kochen, Waschen, Gartenarbeit, Betreuung pflegebedürftiger Angehörige) sind jetzt insgesamt bis zu 4.000 Euro jährlich von den zu zahlenden Steuern absetzbar (20 Prozent von maximal 20.000 Euro Kosten).

Umzugskosten

Private Umzugskosten sind auch als sogenannte haushaltsnahe Dienstleistungen absetzbar. Das Finanzamt akzeptiert pro Jahr bis zu 6.000 Euro, und eben auch Speditionskosten (davon aber nur die Arbeits- und nicht die Materialkosten). Hiervon darf man 20 Prozent, maximal somit 1.200 Euro, geltend machen (Oberfinanzdirektion Koblenz, Aktenzeichen S 2296b A-St 32 3).

Versicherungen?!
Von Pflicht über sinnvoll bis überflüssig

Ausser Glück und Liebe gibt es nichts, was sich nicht versichern liesse gegen Verlust, Diebstahl oder Ersatz. Dem Wunsch des Menschen nach grösstmöglicher Sicherheit im irdischen Leben kommen die Versicherungsgesellschaften gerne entgegen und bieten Policen für und gegen so ziemlich alle denkbaren und undenkbaren „Schicksalsschläge" an. Dabei ist die Basis des Versicherungsgeschäftes die menschliche Angst vor der Zukunft, die nun mal nicht vorhersehbar ist. Allerdings sollten auch angstfreie Menschen über einige Versicherungen nachdenken, denn das Prinzip des Versicherungswesens beruht auf Gegenseitigkeit. Das bedeutet, dass alle in eine gemeinsame Kasse zahlen, aus der dann diejenigen Leistungen erhalten, denen ein Schaden zugestossen ist.

Altersvorsorge ist eines der Themen in diesem Kapitel. Lange denken wir nicht daran oder schieben es vor uns her. Man kann ja so viel falsch machen, in unrentable Versicherungen oder Produkte investieren und überhaupt, woher soll man das Geld nehmen?! Ja, das ist richtig. Und richtig ist auch: Die perfekte Altersvorsorge gibt es nicht. Versuchen Sie es erst gar nicht. Den einzigen, später wirklich teuren Fehler, den Sie machen können, machen Sie ganz einfach dann, wenn Sie nichts machen. Irgendwann ist es nämlich zu spät für „gut und günstig". Starten Sie also rechtzeitig mit einer Vorsorge für Ihr Alter. Und verschaffen Sie sich hier einen Überblick über die Möglichkeiten.

Sicher ist, dass nichts sicher ist.
Selbst das nicht.

Joachim Ringelnatz

Kapitel 5 im Überblick:

1

Rentenversicherung

Rentenversicherungspflicht
und private Altersvorsorge

Seite 162 bis 169

2

Krankenversicherung

Gesetzlich oder privat

Seite 170 bis 171

3

Von sinnvoll bis überflüssig

Berufsunfähigkeit

Seite 172 bis 172

Unfallversicherung

Seite 173 bis 174

Berufs-Haftpflicht

Seite 174 bis 175

Betriebs-Haftpflicht

Seite 175

Betriebsversicherung

Seite 175 bis 176

Rechtschutzversicherung

Seite 176

4

**Tipp für angemeldete
Teilnehmer**

Seite 176 bis 177

Die in diesem Kapitel vorgestellten Versicherungen wurden wie folgt „klassifiziert":

„Pflicht": Eine Krankenversicherung ist in Deutschland Pflicht für alle. Die gesetzliche Rentenversicherung ist Pflicht für alle, die Gewinn höher als 4.800 Euro im Jahr erzielen aus selbstständig unterrichtender Tätigkeit.

„Wichtig": Das sind Versicherungen, die bei existenzbedrohenden Schäden/Ereignissen greifen.

„Sinnvoll": Diese Versicherungen können für Ihre konkrete Situation sinnvoll sein.

„Überflüssig": So sind die unnötigen Versicherungen beschrieben.

Gesetzliche Rentenversicherung

Rentenversicherungspflicht für selbstständig Lehrende

Selbstständig Lehrende sind nach Paragraph 2 des sechsten Sozialgesetzbuches bei der Deutschen Rentenversicherung Bund (DRV) versicherungspflichtig. „Selbstständig" sind in diesem Zusammenhang alle, die nicht angestellt unterrichten, und diejenigen, die neben einer – auch angestellten – Tätigkeit irgendwo Kurse geben oder Beratungen anbieten.

„Lehrende" sind nach der sehr weit gefassten Definition der DRV grundsätzlich alle Personen, die in irgendeiner Form „Wissen, Können und/oder Fertigkeiten vermitteln". Oder wie es mal ein DRV-Berater am Telefon etwas salopp formulierte: „Auch der Tae-Kwon-Do-Lehrer im Altersheim ist rentenversicherungspflichtig." Aber auch hier gilt: Keine Regel ohne Ausnahme. Vier Ausnahmen folgen:

1. Ihr Jahresgewinn aus Ihrer unterrichtenden Tätigkeit liegt unter 5.400 Euro
Wenn Sie nur nebenberuflich tätig sind, sind Sie zwar auch rentenversicherungspflichtig, aber weder melde- noch zahlpflichtig gegenüber der DRV, soweit Sie im Kalenderjahr einen Gewinn erzielen, der unter 5.400 Euro liegt. Das ist die Summe, die sogenannte „geringfügig Beschäftigte" verdienen dürfen. Wie Sie Ihren Gewinn ermitteln, lesen Sie ab Seite 109f.

Beispiel: Luisa organisiert selbst drei Kurse in der Woche für einen festen Teilnehmerkreis. Im Jahr erzielt sie dadurch Einnahmen in Höhe von 5.800 Euro. Für Miete, Organisation, eigene Fortbildung und Fachbücher usw. gibt Luisa 1.800 Euro im Jahr aus. Rechnung: 5.800 Euro – 1.800 Euro = 4.000 Euro Jahresgewinn. Damit liegt Luisa deutlich unter der Freigrenze von 5.400 Euro und ist der DRV gegenüber nicht meldepflichtig.

2. Übungsleiter-Pauschale
Ebenfalls nicht melde- und zahlungspflichtig sind Sie, wenn Sie nebenberuflich für eine Körperschaft des öffentlichen Rechts tätig sind (Universität, Behörde, Krankenkasse, VHS etc.) oder für eine als gemeinnützig, mildtätig oder kirchlichen Zwecken dienend anerkannte Organisation oder eine Volkshochschule tätig sind und jährlich dadurch nicht mehr als 2.400 Euro als Honorar erhalten. Dies ist die sogenannte Übungsleiterpauschale, mehr dazu ab Seite 143.

Beispiel: Norbert gibt an der Volkshochschule (VHS) seiner Gemeinde viermal im Jahr Kurse oder Seminare. Dafür erhält er ein Honorar von jeweils 375 Euro. Rechnung: 4 x 375 Euro = 1.500 Euro Honorar im Jahr . Damit liegt Norbert unter der Freigrenze der sogenannten Übungsleiterpauschale und wäre nicht meldepflichtig.

3. Rentenbezieher

RentnerInnen, die eine volle Altersrente (ab 63 bzw. 65 Jahren) beziehen, sind auch bei einem Gewinn aus selbstständigem Unterricht über 5.400 Euro im Jahr nicht rentenversicherungspflichtig. RentnerInnen mit sogenannter Teilrente – vorzeitige Rente oder Berufsunfähigkeitsrente – sind jedoch bei selbstständiger Tätigkeit mit Gewinn über 5.400 Euro Euro im Jahr rentenversicherungspflichtig!

▶ **Hinweis:** BezieherInnen einer Erwerbsunfähigkeitsrente dürfen generell nicht selbstständig tätig sein, auch nicht unter 450 Euro im Monat! ◀

4. Beamte und kirchliche Angestellte.

Auch BeamtInnen und kirchliche Angestellte sind für selbstständige Unterrichts-Tätigkeiten über 5.400 Euro im Jahr rentenversicherungspflichtig.

Und was passiert, wenn Sie neben- oder hauptberuflich mit Ihrem erzielten Gewinn über den Freigrenzen liegen?
Dann müssen Sie diesen Umstand von sich aus der Deutschen Rentenversicherung in Berlin oder bei einer ihrer Zweigstellen melden.

Kann man sich per Antrag von der Rentenversicherungspflicht befreien?
Nein, von der Versicherungspflicht kann man sich nicht befreien lassen.
Es gibt aber für selbstständig Lehrende eine bzw. zwei Möglichkeiten, die Rentenversicherungspflicht legal zu umgehen.

Möglichkeit 1: Sie beschäftigen jemanden sozialversicherungspflichtig. So steht es im Paragraph 2 des 6. Sozialgesetzbuchs. Das heisst, diese Beschäftigte muss mehr als 450 Euro Lohn/Gehalt im Monat erhalten, denn erst dann wird sie tatsächlich sozialversicherungspflichtig. Sie darf ausserdem nur für eine Tätigkeit eingestellt werden, die im direkten Zusammenhang zur selbstständigen (rentenversicherungspflichtigen) Tätigkeit steht. Das kann zum Beispiel eine Bürokraft sein. Auch eine Angestellte für die regelmässige Vertretung im Kurs oder eine Reinigungskraft für die Schule wirkt befreiend von der Versicherungspflicht.
Sie können auch jemand Sozialversicherungspflichtigen beschäftigen, der/die während (!) Ihrer eigenen selbstständigen Unterrichtstätigkeit Ihre Kinder betreut. Diese Kinderbetreuung darf aber nur ausschliesslich dazu dienen, dass Sie Ihrer selbstständigen Tätigkeit nachgehen können. Das ist dann der Fall, wenn Ihnen die Organisation von Kursen oder Seminaren oder der Unterricht selbst erst durch die Kinderbetreuung ermöglicht wird.

▶ **Wichtig!** Eine Kinderbetreuung, die eher privat veranlasst ist oder privat und nur zum Teil während Ihrer selbstständigen Arbeit tätig ist, wird in aller Regel nicht als versicherungsbefreiend anerkannt. ◀

Möglichkeit 2: Sie können zwei (oder mehr) Minijob-Kräfte einstellen, die jede weniger als 450 Euro je Monat erhält. Wenn diese Minijobber zusammengenommen aber „einen versicherungspflichtigen Arbeitnehmer ersetzen", wie es die DRV formuliert, sind Sie ebenfalls aus der Rentenversicherungs-Pflicht. Heisst also: die Summe aller Minijob-Löhne muss über 450 Euro im Monat liegen und „mehrere" Minijobber werden beschäftigt. Auf die Möglichkeit, mit einer Kollegin in Anstellung die RV-Pflicht zu umgehen, wurde bereits im zweiten Kapitel hingewiesen. Mehr dazu also auf Seite 58.

Weitere Informationen und Kontakt:
Deutsche Rentenversicherung Bund,
Ruhrstrasse 2 in 10709 Berlin,
www.deutsche-rentenversicherung-bund.de

Die DRV unterhält eine gebührenfreie telefonische Auskunft zu allen Rentenfragen, die erreichbar ist unter 0800-1000 480 70
(Montag bis Donnerstag: 7.30 bis 19.30 Uhr, Freitag: 7.30 bis 15.30 Uhr). Diese Telefonauskunft wird auf Wunsch anonym betrieben, so dass Sie sich hier über Einzelheiten Ihrer individuellen Situation erkundigen können. Trotzdem sei davor gewarnt, dass einzelne MitarbeiterInnen angeben, dass eine genaue Auskunft nur unter Angabe persönlicher Daten möglich sei. Bestehen Sie dann auf einer unverbindlichen und anonymen Auskunft beziehungsweise Information.
Die DRV hat verschiedene Broschüren zum Thema Versicherungspflicht von Selbstständigen herausgegeben. Diese können über deren Internetseite (siehe oben) kostenlos herunterladen werden oder aber in gedruckter Form bestellt werden, zu finden unter „Formulare und Publikationen".

Private Altersvorsorge

Selbst wenn Sie vierzig Jahre in die gesetzliche Rentenversicherung einbezahlt haben, können Sie nicht unbedingt viel an monatlicher Leistung nach Eintritt ins Rentenalter erwarten. Das ist bekannt und deshalb gilt es, sich zusätzlich zur gesetzlichen Rente um eine private Altersvorsorge zu kümmern.
Welche Möglichkeiten gibt es dazu? Die Antwort ist abhängig von Ihren persönlichen Lebensumständen: Sind Sie ledig oder verheiratet, mit oder ohne Kinder? Haben Sie bereits eine ausreichende Grundversorgung? Haben Sie durch geleistete Einzahlungen in die gesetzliche Rentenversicherung einen Rentenanspruch an die gesetzlichen Rentenversicherer oder haben Sie nur sehr wenige Jahre (oder gar nicht) in Deutschland sozialabgabenpflichtig gearbeitet? Einige Möglichkeiten der privaten Altersvorsorge sollen Ihnen nachfolgend vorgestellt werden. Dies kann jedoch aufgrund des zuvor Gesagten nur dem Überblick dienen und auf keinen Fall eine persönliche Beratung ersetzen! Das Thema Altersvorsorge scheint weit weg

zu sein, wenn Sie mitten im Berufsleben stehen und Geld vorhanden ist. Auch der Autor dieses Buches rät Ihnen jedoch unbedingt zu frühzeitigen Überlegungen, und zwar zusammen mit Fachleuten Ihrer Wahl und Ihres Vertrauens, sich mit diesem Thema zu beschäftigen. Denn unglücklicherweise ist Altersvorsorge dann am billigsten, wenn man am wenigsten daran denkt – nämlich vor dem Erreichen des 30. Lebensjahres. Nutzen Sie die Zeit, damit Sie im Alter entscheiden können, ob Sie immer noch einen Kurs oder eine Therapie-Sitzung geben wollen. Das kann ja schön sein. Mit 78 Jahren aber eventuell immer noch arbeiten zu müssen, das ist dann wahrscheinlich nicht mehr so lustig...

Sinnvoll: Private Rentenversicherung

Nach dem Prinzip der gesetzlichen Rentenversicherung arbeitet auch die private Rentenversicherung, das heisst, durch jahrelanges Einzahlen entsteht ein Anspruch auf eine Mindestrente. Je nach Vertrag und Anbieter wird die monatliche Rentenhöhe vorab festgelegt oder es wird erst im Erlebensfall entschieden, ob die Gesamtsumme ausbezahlt werden soll oder eine monatliche Rente „mit Verbrauch" oder „ohne Verbrauch" ausbezahlt werden soll. Bei der Auszahlung mit Verbrauch wird für einen vereinbarten Zeitraum, meist zehn bis fünfzehn Jahre, die Höhe der monatlichen Rentenauszahlung so bemessen, dass am Ende alles ausbezahlt wurde. Bei einer Auszahlung ohne Verbrauch wird ein Betrag ausgezahlt, der etwas geringer ausfällt als in der Variante „mit Verbrauch", dafür aber auf jeden Fall solange, wie der/die Versicherte lebt.

Sinnvoll: Basisrente oder auch „Rürup-Rente"

Diese Form privater Altersvorsorge mit staatlicher Förderung wurde speziell für Selbstständige entwickelt. Da sie auf eine Idee des Ökonomen Prof. Bert Rürup zurückgeht, hat sie im (medialen) Sprachgebrauch auch diesen Namen. Für Selbstständige ist es die einzige Möglichkeit, steuerbegünstigt Altersvorsorge zu betreiben, denn die Förderung der Riester-Rente geht nur mit einem Ehegatten, der angestellt „riestert". Die Beiträge zur Rentenversicherung oder Kapitallebensversicherung sind seit 2005 nicht mehr als Sonderausgaben abzugsfähig, es sei denn, die Laufzeit dieser Versicherungen hat vor dem 1. Januar 2005 begonnen und ein Versicherungsbeitrag ist bis zum 31. Dezember 2004 entrichtet worden. So bleibt also die Basisrente, die von allen bekannten Versicherungs-Unternehmen angeboten wird. Mit dieser können Sie eine Altersvorsorge mit staatlicher Förderung (Steuervorteile über Sonderausgabenabzug) aufbauen. Das Kapital, das sich in einem „Rürup-Vertrag" befindet, bleibt im Falle einer längeren Arbeitslosigkeit (ALG II) bei der Anrechnung von Vermögen unberücksichtigt und kann in der Ansparphase nicht gepfändet werden. Der zu versteuernde Anteil an der Basisrente wächst mit den Jahren, d.h. im Jahr 2014 sind 78 Prozent steuerpflichtig, bis im Jahr

2025 der volle Beitrag steuerlich anzumelden ist. Erlangen Sie das „Berechtigungsalter" zum Bezug, werden dann auf die monatlichen Bezüge aus Ihrer Basisrente entsprechend Ihrem dann zugrundeliegenden Steuersatz die Abzüge berechnet und einbehalten. Da aber davon auszugehen ist, dass die meisten dann nur noch eingeschränkt oder gar nicht mehr beruflich aktiv sind, darf mit einem niedrigen Steuersatz zu rechnen sein. Aufgrund der Möglichkeit, während der sogenannten Ansparphase jederzeit auch mit Einmal- und Sonderzahlungen zusätzlich Kapital (steuermindernd) einzuzahlen, ist die Basisrente ideal für Selbstständige. Sie vereinbaren eine feste monatliche Rate und können bei zusätzlichen Einnahmen oder bei Jahresüberschüssen das Konto ihrer Basisrente füllen.
Informieren Sie sich zu dieser Form der Altersvorsorge bei Ihrer Bank oder Sparkasse und zusätzlich bei einem Versicherungsunternehmen.

Fonds-Sparen

Banken und Sparkassen bieten eine grosse Palette: von Aktien-, Immobilien- oder gemischten Fonds, die über einen längeren Zeitraum relativ sicher eine solide Rendite abwerfen. Viele dieser Fonds bieten Ihnen sogar die Möglichkeit, jederzeit unbegrenzt innerhalb von wenigen Werktagen an Ihr Geld zu kommen. Spezielle Fonds-Sparpläne für den Aufbau einer privaten Altersvorsorge bieten ebenfalls die meisten Geldinstitute. Wer nicht gerade Aktien von Bayer, BASF oder Krauss-Maffei in seinem Depot haben möchte: Es gibt eine ganze Reihe (auch renditemässig) guter Fonds, die sich zum Beispiel ökologischen Projekten oder Firmen verschrieben haben, die auf die Achtung von Umwelt und Ressourcen besonderen Wert legen.
Bei langfristigen Sparverträgen locken die Institute damit, dass nach einer mehrjährigen Ansparphase ein Bonus von der Bank gezahlt wird und nach einem einzahlungsfreien Jahr dann ein „hübsches Sümmchen" (Dresdner Bank) zur Verfügung steht. Aber hier ist unbedingt abzuwägen zwischen der Sicherheit der vereinbarten Rendite und deren Höhe.

Hierzu ein Rechenbeispiel im Vergleich:
Es wird von einem sogenannten „Anlagezeitraum", also der Zeit, in der nur eingezahlt wird, von 30 Jahren ausgegangen. Frau P. legt 100 Euro monatlich 30 Jahre lang zu 6 % an. Sie erzielt damit eine sogenannte „Ablaufleistung" von circa 98.000 Euro. Frau S. hat ihr Geld zu 8 % angelegt. Ihre Ablaufleistung beträgt schon circa 142.000 Euro. Die kleinen Prozentzahlen summieren sich über einen langen Zeitraum plötzlich zu erstaunlich grossen Beträgen. Aber bitte immer vorsichtig bis skeptisch sein bei Renditeversprechen jenseits der zehn Prozent. Ab 18 Prozent wird es grundsätzlich anrüchig, wenn nicht gar kriminell! Tragen Sie Ihr Geld unbedingt nur zu seriösen Anbietern wie Banken, Sparkassen oder zu bekannten Versicherungs- oder Fonds-Unternehmen.

Für die Altersversorgung zwei grobe Faustformeln:

Faustformel 1: Für jede 2.000 Euro, die Sie im Alter monatlich zur Verfügung haben wollen, müssen Sie spätestens bis zu einem Alter von 40 Jahren angefangen haben, monatlich die Hälfte, also 1.000 Euro „beiseite" zu legen. Je früher Sie mit dem Einzahlen beginnen, umso besser. Denn die Höhe der Zahlungen errechnet sich auch nach dem Alter. Jüngere zahlen weniger über einen längeren Zeitraum. Ältere (ab etwa 45 Jahre) zahlen umgekehrt mehr über einen kürzeren Zeitraum.

Faustformel 2: Für jede 100 Euro monatliche Rente mehr benötigen Sie ungefähr 14.000 Euro Kapital bei Rentenbeginn.

Strategie der eigenen Altersvorsorge

Ratschläge erhalten Sie zu diesem Thema überall, von Ihrem Banker ebenso wie vom Versicherungsmakler, ganz zu schweigen von Büchern, Fernsehsendungen und Zeitschriften, wovon eine ganz passend titelte: „Altersvorsorge fängt mit Alter an und hört mit Sorge auf – beides nicht unbedingt prickelnd ..."
Der Autor möchte hier ein paar Überlegungen und Erfahrungen aus der Beratungspraxis einfliessen lassen. Die private Altersvorsorge ist vor allem eine Frage der Geldanlage, der Strategie und der persönlichen Wünsche für den eigenen Lebensstandard im Alter.
Beginnen Sie mit der Frage: Wie und wo möchte ich im Alter leben? Dazu fällt Ihnen jetzt so spontan nichts ein? Das ist wohl normal und auch dem Autor ging es in dieser Situation ähnlich. Ein befreundeter Versicherungsberater gab dann den befreienden Hinweis:
„Es ist nicht wichtig, dass du heute weisst, was du mit 65 machen willst und wo. Wichtig ist doch nur, dass du mit 65 oder 70 Jahren finanziell so unabhängig bist, um dich dann entscheiden zu können, was du wo und wie tun und lassen willst."

Also Vorsorge mehr im Sinne von: Schaffen von (nicht nur finanziellen) Möglichkeiten in der Zukunft. Zur Geldanlage kann natürlich auch das eigene Haus gehören; denn es kann mietfreies Wohnen im Alter ermöglichen. Aber auch die zu erwartende Erbschaft eines Hauses oder Vermögens können Sie in Ihre Vorsorgestrategie mit einbauen.

Wichtig ist aber vor allem eines:
Warten Sie nicht mit dem Beginn einer eigenen Altersvorsorge, sondern starten Sie frühzeitig! Heute. Und das gerade auch dann, wenn Sie nur mit kleinen Beträgen ansparen können. Aber – es ist lange noch nicht zu spät, denn auch mit fünfzig und älter können Sie Ihre finanzielle Perspektive für die Zeit nach dem Erwerbsleben immer noch durch spezielle Versicherungen oder Anlageformen verbessern.

Säulen der Altersvorsorge

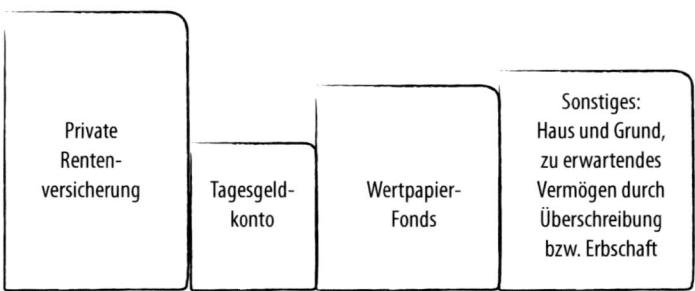

Private Rentenversicherung | Tagesgeldkonto | Wertpapier-Fonds | Sonstiges: Haus und Grund, zu erwartendes Vermögen durch Überschreibung bzw. Erbschaft

Legen Sie sich nicht nur auf eine Form der Vorsorge fest, sondern bauen Sie besser auf mehrere „Säulen". Beginnen Sie so früh wie möglich und als erstes mit einer privaten Rentenversicherung. Legen Sie nach und nach auf einem Tagesgeld-Konto Geld an, bis Sie soviel zusammen haben, dass Sie davon drei Monate leben könnten. Bauen Sie danach Ihr eigenes Wertpapier-Depot auf. Dafür müssen Sie nicht täglich die Kurszahlen analysieren. Setzen Sie auf bewährte Fonds, die das Kursrisiko durch breite Anlage abfedern und nehmen Sie nur maximal 30 Prozent an spezialisierten Branchen-Fonds in Ihr Depot. Sie können sich durch Aktienkauf bei ausgewählten Unternehmen beteiligen, deren Geschäftspolitik und Produkte Sie sinnvoll und gut finden. Der Anteil an Einzelaktien in Ihrem Depot sollte in der Regel bei höchstens 25 bis 35 Prozent liegen. Lassen Sie sich zu Ihrer persönlichen Altersvorsorge beraten und holen Sie unbedingt immer mehrere voneinander unabhängige Angebote zu Fonds, Versicherungen etc. ein. Unter anderem bieten die Verbraucherzentralen unabhängige Beratungen und Informationen zum Thema an.

▶ **Wichtig!** Ein „Ansparen" bei gleichzeitig laufendem Dispo-Kredit bringt nichts! Die Überziehungszinsen für ein Girokonto im Minus liegen immer deutlich höher als jede Rendite auf Rücklagen. „Das Minus" auf dem Girokonto muss also immer als erstes weg. Dann erst gehen Sie Schritt für Schritt vor wie oben beschrieben. ◀

Eventuell sinnvoll: Risiko-Lebensversicherung

Für Familien mit Kindern und zur Absicherung bei grösseren Finanzierungen ist eine Risiko-Lebensversicherung bedingt empfehlenswert. Was ist, wenn ein Elternteil plötzlich stirbt? Die Hinterbliebenen müssen meist mit unzureichender Rente auskommen und besonders bei kleinen Kindern wird das „Hinzuverdienen" des nun alleinigen Elternteils schwierig oder ist wiederum mit zusätzlichen Kosten für Kinderbetreuung usw. verbunden. In diesem Fall zahlt die Risiko-Lebensversicherung einen vorher vereinbarten Kapitalbetrag aus, die sogenannte Risikosumme. Für einen 30-jährigen Mann kosten 100.000 Euro Versicherungssumme bei einer vertraglichen Laufzeit von 30 Jahren bei einer günstigen Gesellschaft etwa 20 bis 25 Euro im Monat, für eine gleichaltrige Frau 15 bis 20 Euro im Monat. Es können sich Mann und Frau sowohl einzeln versichern lassen wie auch gemeinsam mit einer Police, die dann an den/die HinterbliebeneN die Versicherungssumme auszahlt. Allerdings erlischt hierbei auch der Risikoschutz für die/den ÜberlebendeN. Soll die Versicherung weiter bestehen bleiben, so muss ein erneuter Abschluss getätigt werden. Die Prämie bei dieser Form beträgt allerdings nur drei Viertel gegenüber zwei Einzelverträgen.

Die Höhe der Risikosumme ermitteln Sie durch die Faustformel: Monatlicher Bedarf der Hinterbliebenen x 200 = Versicherungssumme für den Todesfall. Das ergibt ohne Berücksichtigung von Zins und Zinseszins und eventueller Wiederanlage eine Zahlungsdauer von 200 Monaten, also knapp 17 Jahre.

Wenig sinnvoll: Kapital-Lebensversicherung

Zahlt die Risiko-Lebensversicherung nur im Todesfall des oder der Versicherten und läuft beim „Erleben" des vereinbarten Endes der Vertrag einfach aus, so bietet die Kapital-Lebensversicherung neben dem „Risiko-Schutz" die Möglichkeit, beim Erleben des Versicherungsendes über eine je nach Vereinbarung auch höhere Summe zu verfügen. Die Höhe der zu erwartenden Auszahlung beruht auf einem komplizierten Schlüssel, der sich zusammensetzt aus den geleisteten Einzahlungen und der davon durch die Versicherungsgesellschaft erzielten Rendite. Die tatsächlich erreichte Rendite ist schlecht zu schätzen, da es auf den Finanzmärkten immer Höhen und Tiefen geben kann. Die gesetzlich garantierte Mindestrendite liegt bei 2,75 Prozent. Die zu erwartende Rendite nach Ablauf meist zwischen 4 und 5,5 Prozent. Im „Erlebensfall" am Ende der Versicherungslaufzeit steht dann die Summe aus Einzahlung plus Rendite dem Versicherten frei zur Verfügung. Allerdings fallen bei Verträgen, die seit 2005 abgeschlossen wurden, Steuern an, die man besser schon beim Abschluss der Versicherungspolice mit berücksichtigt. Sonst fehlt im Alter plötzlich zu viel! Die Kapital-Lebensversicherung hat gegenüber anderen Formen der Altersvorsorge aber deutlich ihren Stellenwert verloren und wird hier nur der Vollständigkeit halber aufgeführt.

Weitere Versicherungen – von Pflicht bis überflüssig

Pflicht: Krankenversicherung

Sie ist generell der wichtigste Schutz, denn schon ein einziger Tag im Krankenhausbett kann so viel kosten wie ein durchschnittlicher Monatsbeitrag. Wer angestellt ist und nicht mehr als 4.462.50 Euro im Monat verdient, ist automatisch pflichtversichert. Wer mehr verdient oder selbstständig ist, ist seit 2007 aber ebenfalls krankenversicherungspflichtig! Selbstständige können sich als freiwilliges Mitglied bei einer gesetzlichen oder Ersatzkasse versichern lassen oder auch eine private Krankenversicherung abschliessen.

Beim Ehepartner in der Krankenversicherung und selbstständig?

Familienangehörige, die keine eigenen Einkünfte erzielen, sind in der sogenannten „Familienversicherung" in der Krankenversicherung des Ehepartners mit Einkommen mitversichert. Dazu gehören die Kinder, häufig aber auch der oder die Ehegattin. Erzielt dieser mitversicherte Ehepartner nun eigene Einkünfte, können sich die nachfolgenden Konstellationen und Konsequenzen ergeben.

Fall 1: Mitversicherter Ehepartner erzielt Gewinn bis maximal <mark>4.740 Euro</mark>

Ist ein mitversicherter Ehepartner selbstständig tätig, zum Beispiel weil er oder sie Kurse gibt, und erzielt dabei einen Jahresgewinn, der unter 4.740 Euro liegt, so ist dies „unschädlich" für die Familienversicherung in der Krankenkasse des Partners.

Vorsicht allerdings bei einem Minijob!

Sollte ein solchermassen mitversicherter Partner neben der selbstständigen Tätigkeit noch einem Minijob (bis 450 Euro Lohn im Monat) nachgehen, so darf die Jahreslohnsumme aus Minijob *und(!)* Gewinn aus selbstständiger Tätigkeit zusammen nicht höher liegen als 5.400 Euro!

Fall 2: Mitversicherter Ehepartner erzielt Gewinn über 4.740 Euro

Kommt ein mitversicherter Ehepartner mit seinen Einnahmen aus selbstständiger Tätigkeit (und ggf. anderen Einnahmen z.B. aus Zinserträgen auf Kapitalvermögen oder Mieteinnahmen) auf einen Gewinn von mehr als 4.740 Euro im Jahr, muss die Krankenkasse darüber informiert werden! Wird ein Gewinn, der über der Freigrenze liegt, der Krankenkasse nicht mitgeteilt, kann es zu nicht unerheblichen Nachzahlungsforderungen kommen. Suchen Sie unbedingt frühzeitig das Gespräch mit der zuständigen örtlichen Vertretung Ihrer Krankenkasse. Erkundigen Sie sich, was Sie zu erwarten haben, wenn Sie einen Gewinn über der Freigrenze erzielen sollten. Fragen Sie konkret nach Tarifen und Zahlen - und nach Alternativen.

[handschriftliche Notiz:] Bezugsgröße 1/7 von 34.860 / 2016   35.700 / 2018 darf nicht überschritten werden 2016: 4.800 € 2017: 5.100 €

Fall 3: Krankenversichert als Angestellte und nebenberuflich selbstständig
Sie sind nicht familienversichert, sondern selbst krankenversichert, und ausserdem sind Sie noch selbstständig tätig. Dann gilt es für die Krankenkasse abzuwägen, welche der Tätigkeiten die beitragsrelevante ist. Das wird so lange die Angestelltentätigkeit sein, wie in dieser deutlich mehr Bruttogehalt bezogen wird als durch die Selbstständigkeit an Brutto-Gewinn erzielt wurde. Da in diesem Fall aber die Grenzen von der jeweiligen Lohn- bzw. Gehaltssumme abhängen, von der wiederum die Krankenkassenbeiträge berechnet werden, sollten Sie frühzeitig das Gespräch mit Ihrer Krankenkassenvertretung vor Ort suchen.

Privat oder gesetzlich krankenversichert?

Das ist eine Frage der Lebens- und Familienplanung, denn die tendenziell günstigeren Tarife der Privatversicherer für junge Ledige können plötzlich sehr teuer werden, wenn eine ganze Familie zu versichern ist oder der Bedarf im Alter steigt – und damit auch die Beitragsforderungen der Versicherer. Die gesetzlichen und Ersatzkassen legen das Einkommen beziehungsweise den ermittelten Gewinn bei Selbstständigen als Beitragsbemessungswert zugrunde und versichern dafür auch die im Haushalt lebende Familie ohne Aufpreis mit (Familienversicherung). Der Beitrag für eine private Krankenversicherung errechnet sich nach dem Alter und dem vereinbarten Leistungsumfang – und wird stets für jede einzelne Person berechnet, also auch für Ehegatte und jedes Kind. Wer sich also für einen Wechsel zur privaten Krankenversicherung interessiert, sollte sich die Prämie nicht nur für das Eintrittsalter, sondern auch für die Zeit nach dem 60. Geburtstag ausrechnen lassen und stets Angebote von mehreren Versicherern einholen, sowie die Tarife und Leistungen der gesetzlichen Kassen zum Vergleich hinzunehmen.

Sinnvoll: Krankentagegeld

Für freiwillig gesetzlich oder privat Versicherte kommt noch das sogenannte Krankentagegeld dazu, denn nur für pflichtversicherte Angestellte gibt es vom ersten Krankentag an eine Lohnfortzahlung, die erst vom Arbeitgeber und ab dem 43. Krankheitstag von der gesetzlichen Krankenkasse übernommen wird. Bevor Sie als Selbstständige jedoch einen Krankengeldanspruch ab dem ersten Tag durch Ihre Krankenversicherung absichern lassen, sollten Sie die sehr teuren Tarife durchrechnen. Statt monatlich hohe Beiträge zu zahlen, können Sie vielleicht die ersten drei Wochen einer Krankheit – und einen eventuell damit verbundenen Einkommensausfall – günstiger durch Erspartes überbrücken.

Überflüssig: Krankenhaustagegeld

Diese Versicherung kostet mehr als sie nutzt und wird nicht gebraucht. Denn während das Krankentagegeld läuft, wenn jemand krank ist, wird diese Versicherung nur aktiv, wenn man im Krankenhaus liegt. Aber dann greifen auch die anderen Versicherungen (Krankentagegeld, Krankenversicherung, ggf. Unfall usw.).

Sinnvoll bei Bedarf: Auslandsreise-Krankenversicherung

Da die gesetzlichen Kassen nur bei Krankheitsfällen in Ländern Leistungen übernehmen, mit denen ein Sozialversicherungsabkommen besteht, sollten alle, die viel oder regelmässig im Ausland unterwegs sind, eine Auslandsreise-Krankenversicherung abschliessen. Bei günstigen Anbietern kostet eine Jahrespolice circa 10 Euro, die sich bereits ab einem Auslandsaufenthalt von 14 Tagen im Jahr rechnet.

Auch hier gilt es jedoch, das Kleingedruckte zu lesen. Einige Gesellschaften versichern nur privat veranlasste Reisen, was also nicht einen Urlaubskurs wie „Meditation in der Toskana" einschliessen würde. Andere zahlen nur für die ersten zehn Tage eines Auslandsaufenthaltes und fast alle nur für eine Maximaldauer je Reise von vier bis sechs Wochen. Wer für eine längere Zeit zum Beispiel auf Reisen gehen möchte, sollte sich bei den Gesellschaften entsprechende Angebote vorher einholen. Meiden sollten Sie Angebote, die Erkrankungen nicht versichern, die bereits vor Reiseantritt bestanden, oder solche, die erst nach „Vorleistung" der gesetzlichen Kassen zahlen.

Wichtig: Berufsunfähigkeitsversicherung

Bei lang andauernden Krankheiten zahlen die Krankenkassen nur einen begrenzten Zeitraum das Krankentagegeld. Die Zahlungen werden eingestellt, sobald die Berufsunfähigkeit festgestellt wird. Wer als SelbstständigeR durch Unfall oder Krankheit die Arbeitskraft verliert, kann kein Geld mehr verdienen. In all diesen Fällen zahlt die Berufsunfähigkeitsversicherung eine Rente, deren Höhe bei Vertragsabschluss vereinbart wird. Für hauptberuflich Selbstständige ist diese Versicherung unbedingt empfehlenswert.

Als Faustformel sollten diejenigen, die keine Ansprüche aus der gesetzlichen Rentenversicherung haben, mindestens eine monatliche Rente von 1.200 Euro vereinbaren. Die anderen sollten ein Drittel des Monatsverdienstes als Rentenleistung vereinbaren. Zu bedenken ist, dass die Versicherung der Berufsunfähigkeit mit jedem Lebensjahr teurer wird, da sich der Beitrag nach dem Eintrittsalter richtet.

Zwar sind Prämien günstiger, wenn die Dauer der Versicherungszeit begrenzt wird (zum Beispiel auf zwölf Jahre Laufzeit oder bis zum Erreichen des 55. Lebensjahres), aber besonders im Alter steigt die Wahrscheinlichkeit der Unfähigkeit zur Berufsausübung!

Vorsicht ist geboten bei dem „Angebot", die Berufsunfähigkeit mit einer Renten- oder Lebensversicherung zu kombinieren. Dann gibt es zwar am Ende der Laufzeit Geld zurück, aber diese Kombination kostet mitunter mehr im Vergleich zu Abschlüssen von Einzelversicherungen. Da die Versicherungsunternehmen ihre Risiken unterschiedlich bewerten, geht es für uns „Aussenstehende" nicht immer „logisch" zu.
Für eine monatliche Rente von 1.200 Euro, die ab 50 % Berufsunfähigkeit bis zum 60. Lebensjahr gezahlt wird, beträgt der monatliche Beitrag für Männer etwa 35 bis 50 Euro, für Frauen 40 bis 60 Euro bei jeweiligem Eintrittsalter von 35 Jahren.

Sinnvoll bis wichtig: Unfallversicherung

Diese Versicherung rundet die nötige Grundsicherung ab, obwohl vieles, was durch einen Unfall passieren kann, zum Teil durch andere Stellen wie Arbeitgeber, gesetzliche Unfallversicherung oder andere Versicherungen wie KFZ-Versicherung oder Berufsunfähigkeitsversicherung abgedeckt wird. Diese genannten Versicherungen decken aber eben oftmals nur einen Teil ab. Schnell können grosse Summen zusammen kommen, wenn unfallbedingt eine schwere Behinderung entsteht oder hohe Rehabilitationskosten anfallen. Hierbei tritt die Unfallversicherung ein, die es bei günstigen Versicherern bereits ab circa 12 Euro Monatsbeitrag gibt. Ein kaum spürbarer Betrag, der vom Konto geht, aber „im Ernstfall" allemal lohnt. Wichtig ist bei der Unfallversicherung die Vereinbarung einer ausreichend hohen Versicherungssumme für den Invaliditätsfall.

Als Faustformel für die Ermittlung der richtigen Versicherungssumme gilt:
Monatlicher Bedarf x 200 = Vollinvaliditätsentschädigung.
Bedarf bei Invalidität von alleinstehenden Alleinverdienern ca. 1.500 Euro monatlich
1.500 Euro x 200 = 300.000 Euro Invaliditätsentschädigung

Werden diese 300.000 Euro zu 6 % Zinsen bei der Bank angelegt, bringen sie ohne Berücksichtigung von Steuern 18.000 Euro Zinsen im Jahr, also entsprechend 1.500 Euro pro Monat. Empfehlenswert ist es für die meisten, eine Berufsunfähigkeits- und eine Unfallversicherung aufeinander abgestimmt abzuschliessen. Teuer und nicht empfehlenswert ist die zusätzliche Versicherung von Unfallkrankentage- und Unfallkrankenhaustagegeld, Genesungsgeld, Kurkostenbeihilfe und Kosten für kosmetische Operationen.

Die letzten beiden werden durch die Krankenkassen übernommen, die ersten beiden stehen meist in keinem Verhältnis von Beitrag zu Leistungshöhe. Bergungskosten sind meistens bis 4.000 Euro beitragsfrei mitversichert. Ausserdem dringend abzuraten ist von Unfallversicherungen, bei denen der Versicherer erst ab einem bestimmten Prozentsatz der Invalidität (manche tatsächlich erst ab 50 Prozent!) zahlt oder von sogenannten Mehrleistungstarifen oder Tarifen mit Progression, die erst ab einem bestimmten Invaliditätsgrad bezahlt werden (manche erst ab 70 Prozent Invalidität).

Sinnvoll: Berufs-Haftpflichtversicherung

Diese Versicherung deckt für freiberuflich, aber auch für angestellt Tätige Haftungsschäden ab, die beispielsweise durch TeilnehmerInnen gegen sie gestellt werden. Denken Sie dabei vielleicht an das ausgerenkte Gelenk durch starkes Überdehnen in der Körperarbeit? Ja, ein solcher Haftungsfall würde auch übernommen. Viel unspektakulärer sind aber meist die Schäden, die tatsächlich in Kursen vorkommen. Da tritt eine Meditationslehrerin zur Korrektur der Haltung einer Teilnehmerin auf deren Matte und – zertritt die unter der Matte abgelegte Brille!
Bei Beratenden ist bei Abschluss darauf zu achten, dass die jeweiligen Beratungsbereiche genau benannt sind. Ist nämlich im Vertrag nur die „Einzelberatung" oder „persönliche Beratung" aufgeführt, es entsteht aber ein Haftungsfall durch eine Beratung für eine Firma oder einen Verein, so kann die Versicherungsgesellschaft eventuell die Schadensübernahme verweigern.
Für HeilpraktikerInnen ist die Berufs-Haftpflichtversicherung vorgeschrieben durch die Berufsordnung, die Teil der Satzung ihres Verbandes ist. Ähnliches kann für manche TherapeutInnen gelten. Wenn Sie sich nicht sicher sind, so fragen Sie bitte bei Ihrem Berufsverband nach.

Für alle gilt: Melden Sie auch unberechtigt erscheinende Haftungsansprüche umgehend der Berufs-Haftpflichtversicherung, denn die Gesellschaften prüfen vor jeder Zahlung und gewähren Ihnen bei unberechtigten Ansprüchen „Rechtsschutz", das heisst, die Berufshaftpflichtversicherung übernimmt für Sie die Anwalts- und gegebenenfalls Gerichtskosten. Die Beiträge für eine Berufs-Haftpflichtversicherung können bei den einzelnen Versicherungsgesellschaften sehr unterschiedlich ausfallen. Günstig sind immer Gruppentarife, wie sie Berufsverbände mit einzelnen Versicherern aushandeln können. Wenn es das für Sie und Ihren Bereich nicht gibt, so bitten Sie Ihren Versicherer der privaten Haftpflicht um ein erweitertes Angebot. Denn die Kombination von privater und beruflicher Haftpflichtversicherung kostet bei den lehrenden und den meisten beratenden Tätigkeiten im Schnitt nur doppelt soviel wie die private Police gekostet hat. Rechnen Sie in dieser Kombination mit einem Jahresbeitrag von 120 bis 180 Euro.

Reicht nicht ein Haftungsausschluss im Flyer und auf der Website?
Das wäre schön, zumal häufig in Broschüren von Kolleginnen und Kollegen etwas zu lesen ist wie: „Für alle Erfahrungen der Teilnehmerinnen und Teilnehmer in meinen Veranstaltungen und Kursen sind diese selbst verantwortlich. Ich übernehme keinerlei Haftung." Da sich eine Haftung aber immer aus einer konkreten Situation ergibt, kann sie nicht pauschal (und vorab) abgelehnt werden.
Damit erübrigen sich also „Informationen an die Teilnehmer" wie zuvor beschrieben. Im Gegenteil: Sie machen eher einen unseriösen Eindruck.

Sinnvoll bei Bedarf: Betriebs-Haftpflichtversicherung

Mit der sogenannten Betriebs-Haftpflichtversicherung gibt es den nächsten Baustein zu einer „Rundum-Absicherung" für die selbstständige Tätigkeit. Denn durch die Berufs-Haftpflichtversicherung wird nur der Haftungsfall durch das Ausüben der Tätigkeit selbst abgesichert. Wer in eigenen Räumen (gleich ob Eigentum oder auf Dauer gemietet) Unterricht, Beratung oder Therapie durchführt, kann an ihn/sie selbst gerichtete Haftungsansprüche noch über die Berufs-Haftpflichtversicherung abwickeln. Sobald aber auch andere diese Räume nutzen, können Haftungsansprüche Dritter (also zum Beispiel von Teilnehmenden an Angeboten in den eigenen Räumen, die von einem Kollegen angeboten werden) nur durch die Betriebs-Haftpflichtversicherung abgedeckt werden. Typische Beispiele für mögliche Haftungsfälle sind etwa der Sturz einer Teilnehmerin durch unsachgemäss verlegten Teppichboden oder herumliegende Kabel, aber auch der „Ausrutscher" auf der Treppe.
Insbesondere ist die Betriebs-Haftpflichtversicherung also dann zu empfehlen, wenn Sie Ihre Räume regelmässig untervermieten oder Sie dort mit mehreren anderen KollegInnen arbeiten. Ist die Haftungsfrage nämlich unklar, kann aufgrund der sogenannten „Durchgreifhaftung" bis zur endgültigen Klärung der Sachlage die Eigentümerin beziehungsweise der Hauptmieter in die Haft-Pflicht genommen werden.

Sinnvoll: Betriebsversicherung

Wer für die Ausübung der selbstständigen Tätigkeit ein eigenes Büro oder/ und einen Übungsraum, Praxis oder Studio unterhält, beachte bitte, dass die aus dem privaten Bereich bekannte Hausratversicherung Sachwerte in geschäftlich genutzten Räumen nicht einschliesst.
Dies gilt im Übrigen auch, wenn Sie im eigenen oder gemieteten Haus Ihre geschäftlich genutzten Räume haben und Sie eine private Hausratversicherung abgeschlossen haben. Für die geschäftlich genutzten Räume empfiehlt es sich, das Risiko durch Feuer, Diebstahl, Sturm und Leitungswasser abzuschätzen.

Denn die Betriebsversicherung ist die „geschäftliche Variante" der privaten Hausratversicherung. Sie kann aber neben dem finanziellen Ersatz im Schadensfall für die geschädigten oder gestohlenen Sachen auch Arbeitsentgelt „zur Wiederherstellung des vorhergehenden Standes" mit einschliessen. Denn was nutzt es zum Beispiel, wenn Sie den Computer nebst Software ersetzt bekämen, aber die Texte, Adressen etc. selbst neu eingeben müssten. Hier kann die Betriebsversicherung helfen, indem sie den Arbeitslohn für eine Kraft übernimmt, die Ihnen diese Arbeit erledigt. Viele Variationen sind möglich, so dass diese Versicherung genau auf die individuellen Bedürfnisse im Baukastensystem abgestimmt werden kann.

Beispiel: Für eine Geschäftsausstattung bis 15.000 Euro für ein kleines Studio mit einem Büro inklusive Kopierer, Computer, Telefonanlage und den sonstigen üblichen elektrischen und elektronischen Geräten liegen die jährlichen Kosten für diese Versicherung bei etwa 130 - 180 Euro.

Überflüssig: Rechtsschutzversicherung

Die Werbung der Rechtsschutzversicherer zielt immer ab auf die Prozesskosten in Deutschland. Diese sind zwar unbestritten hoch, aber dennoch kommt es nicht „plötzlich" zu einer gerichtlichen Verhandlung. Das heisst, entstehende Kosten sind grossenteils vorhersehbar und können durch einen kostenbewussten Anwalt auch noch gering gehalten werden. Deshalb empfiehlt sich diese Versicherung nur, wenn Sie wirklich viel mit dem Auto unterwegs sind – und dann auch nur den Verkehrsrechtsschutz abschliessen – oder wenn Sie schon öfter wegen Mietrecht, Sozial- oder Verwaltungsangelegenheiten klagen wollten oder mussten.
Bei einer Jahresprämie für eine Rechtsschutzversicherung für Selbstständige mit Familie von 400 Euro könnten Sie aber auch einmal durchrechnen, was Sie mit diesem Betrag, gut verzinst angelegt, zusammensparen könnten über einen Zeitraum von zum Beispiel zehn Jahren. Ausserdem zahlt die Rechtsschutzversicherung gerade dann nicht, wenn es wirklich teuer wird, zum Beispiel bei Scheidung und anderen Zivilprozessen. Auch bei Rechtsstreitigkeiten in Vertragsangelegenheiten bei Selbstständigen und Mahnklagen gegen säumige Zahler übernehmen deutsche Rechtsschutzversicherer keine Kosten!

Ein Tipp für Ihre angemeldeten TeilnehmerInnen:

Hinweis auf Reiserücktrittsversicherung

Diese Versicherung wird Ihnen sicher auch schon mal im Reisebüro oder am Fahrkartenschalter der Bahn angeboten worden sein. Was wird damit versichert? Wenn Sie den Preis für die Reise bereits ganz oder teilweise gezahlt haben und müssen aus persönlichen Gründen vorher zurücktreten, so zahlt diese Versicherung Ihre entstehenden und die entstandenen Kosten. Heisst im Klartext: Sie bekommen das bereits gezahlte Geld von der Versicherung, die auch eventuelle Stornokosten übernimmt. Für die Reiserücktrittsversicherungen ist es von nachrangiger Bedeutung, wohin die Reise gehen soll und ob jemand am Zielort ein Seminar oder irgendeine andere Veranstaltung besucht. Eine „Reise" findet immer dann statt, wenn jemand den Wohnort verlässt, um an einen anderen Ort zu gelangen und sich dort aufzuhalten. So können sich also Ihre TeilnehmerInnen mit einer Reiserücktrittsversicherung davor schützen, dass von ihnen bereits gezahlte Gebühren, Fahrtkosten und Stornokosten verloren gehen. Und Sie können als VeranstalterIn Ihre Fürsorge für die Teilnehmenden ganz praktisch zeigen, indem Sie auf diese Minderung des finanziellen Risikos hinweisen. Eine Reiserücktrittsversicherung kann in jedem Reisebüro, an den Schaltern der Deutschen Bahn und bei Sparkassen und Volksbanken abgeschlossen werden.

Wer bietet Hilfe an und berät unabhängig?

Verbraucherzentralen
Die lokalen Büros der Verbraucherzentrale halten Infobroschüren zu verschiedenen Versicherungen bereit und führen zum Teil Infoveranstaltungen durch. Das komplette Informationsangebot erhalten Sie über:
vzbv Verbraucherzentrale Bundesverband e. V.
Besuchereingang: Markgrafenstr. 66, 10969 Berlin
Kontakt zu den einzelnen Fachbereichen über: www.vzbv.de

Bundesanstalt für Finanzdienstleistungsaufsicht
Wer Ärger mit seiner Versicherungsgesellschaft hat, kann sich hier beschweren. Das Amt (dem Bundesministerium der Finanzen unterstellt) holt dann eine Stellungnahme des Versicherungsunternehmens ein, wird aber selbst nur aktiv, wenn der Versicherer gegen gesetzliche oder aufsichtsrechtliche Vorschriften verstossen hat. Bei Streitigkeiten im Schadensfall hilft es nicht.

Bundesanstalt für Finanzdienstleistungsaufsicht
Graurheindorfer Str. 108, 53117 Bonn
Fon: 02 28 - 41 08-0, Fax: 02 28 - 41 08-15 50
Website: www.bafin.de
Verbrauchertelefon: 0228 - 299 70 299
(Mo. - Fr. 08:00 - 18:00 Uhr)

"Kunst ist schön, macht aber auch viel Arbeit."

Karl Valentin

Anhang
Literatur und Adressen zu den Kapiteln des Leitfadens

Alle Weblinks finden Sie auch auf der Website www.leitfaden-online.de unter „Links".

zu: *Wie starte ich eine selbstständige Tätigkeit?*

„Wie werde ich Unternehmer" – Hans Emge, ISBN: 978-3779501671, Peter Hammer Verlag.

„www.impulse-gruenderzeit.de" – die Wirtschaftszeitschrift impulse bietet laufend aktuelle Informationen und „alles Wissenswerte für den Start".

„www.ifb-gruendung.de" – bietet eine Übersicht zu Gründung, Förderung etc., nicht nur für Freie Berufe.

„www.bmwi.de" – Bundesministeriums für Wirtschaft und Technologie: Expertenhotline, Mo.-Fr. von 9 bis 16 Uhr besetzt: Telefon 0 18 05/61 50 01 (14 Cent pro Minute aus Festnetz, Preise abweichend aus Mobilfunknetzen).

„www.foerderdatenbank.de" – Die Datenbank zu (fast) allen Fördermöglichkeiten des Bundeswirtschaftsministeriums.

„www.kfw.de" – die Bank des Bundes für Förderungen jeder Art, führt über den Suchbegriff/Link „Gründen" zu allem, was wichtig ist und interessant sein könnte, von Finanzierung über Recht, Steuern, Coaching, Controlling bis zu Kontaktbörse und Specials.

zu: *Grundkenntnisse für Selbstständige*

„Wichtige Wirtschaftsgesetze" – ISBN: 978-3482587573, Verlag Neue Wirtschafts-Briefe, Herne/Berlin 2014.

„www.business-wissen.de" – Informationen zu „Organisation und Management", interessante Links.

„www.unternehmertipps.de" – mit sehr vielen kommentierten Links zu allen Bereichen, die für Selbstständige interessant sein können, auch spezielle Gründungslinks.

„www.anwaltssuchdienst.de" – ist der Deutsche Anwaltssuchdienst für die Expertensuche vor Ort, Informationen zu Anwalts- und Prozesskosten.

„www.anwalt-suchservice.de" – ist ein Link-Verzeichnis zu Kanzlei-Websites mit deren Arbeits-Schwerpunkten.

„www.bmj.de" – Die Website des Bundesjustizministeriums bringt Informationen über Gesetze und die Rechtspolitik.

„www.gesetze-im-internet.de" – Linksammlung des Bundesjustizminis-teriums zu allen deutschen Gesetzen und vielen Durchführungsverordnungen, Vorschriften usw.
„www.formblitz.de" – hält Formblätter und Verträge zum (teilweise allerdings kostenpflichtigen) Download bereit.
„Verwaltungs-Berufsgenossenschaft" – VBG, Fon 040 - 51 46-0, Internet: www.vbg.de, Anschrift: 22297 Hamburg

zu: *Marketing und Werbung*

„Leitfaden für die Pressearbeit" – Knut S. Pauli, ISBN: 978-3423058681, dtv, München.
„www.hach.de" – Hach AG, Versand für Werbemittel (Kugelschreiber, Feuerzeuge etc.).
„www.memo.de" – memo AG, Versand mit ökologischem Anspruch für Büro-bedarf und Werbemittel, 97259 Greußenheim.

zu: *Hilfe, ich mache Gewinn?!*

„Vereine und Steuern" – Otto Sauer u. Franz Luger, ISBN: 978-3423052641, dtv, München.
„Wichtige Steuergesetze" – ISBN: 978-3482604553, Verlag NWB, Herne/Berlin 2014.
„Gewinnermittlung für Selbstständige" – Girlich u. Obermeier, ISBN: 978-3423508230, dtv, München, 2009.
„www.steuerberater-suchservice.de" – Link-Verzeichnis des Deutschen Steuer-beraterverbandes mit Suchmasken für die passende Steuerberatung.
„www.finanzamt.de" – Portal zu allen deutschen Finanzämtern, Übersichten, Tabellen, Fristen, aktuelle Formulare zum Download.
„www.bundesfinanzhof.de" – aktuelle Informationen aus der Steuerrechtspre-chung, Urteile und mündliche Verhandlungen.
„www.bundesfinanzministerium.de" – informiert über aktuelle Gesetze und Erlasse, Tabellen zu ausgewählten Themen, Steuer-Lexikon.

zu: *Versicherungen*

„www.deutsche-rentenversicherung-bund.de" – Die DRV betreibt eine ge-bührenfreie telefonische Auskunft zu allen Rentenfragen, die erreichbar ist unter 08 00-1 00 04 80 70 (Mo. bis Do.: 7.30 bis 19.30 Uhr, Freitag: 7.30 bis 15.30 Uhr).
„www.vzbv.de" – führt zum Bundesverband der Verbraucherzentralen, Links zu den Länderzentralen.
„www.klipp-und-klar.de" – Website des Informationszentrum der deutschen Versicherungen – kostenloser Service und Beratungstelefon zu allen Versicherun-gen (außer private Krankenversicherungen) unter der Nummer: 08 00 - 3 39 93 99.
„www.versicherung-und-verkehr.de" – bringt Gerichtsurteile rund ums Auto.

Vorlagen

Alle Vorlagen finden Sie auch auf der Website www.leitfaden-online.de unter „Downloads". ◀

Bewirtungskosten (s. S. 136)

Folgende Angaben sind neben der maschinengedruckten Rechnung nötig:

Angaben zu Bewirtungsaufwendungen

Tag der Bewirtung: _____

Ort der Bewirtung: _____

Teilnehmende der Bewirtung: _____

_____

Anlass der Bewirtung: _____

Höhe der Gesamtaufwendungen lt. Rechnung: _____

Ort, Datum, Unterschrift: _____

Quittung (s. S. 149 und 151)

Müller Beratung
Blumenstr. 35, 12345 Muckelbach
Tel.: 02 02/7 07 08
info@mueller-beratung.de
www. mueller-beratung.de   Quittung vom 32. Februar 2014

Frau/Herr

_____

hat für den Kurs
„Schamanen lächeln leise" an vier Abenden im Januar und Februar 2014

98,- EUR (netto 82,35 EUR zzgl. 19% MwSt. = 15,65 EUR) bar bezahlt.

Mit bestem Dank – Müller Beratung   Ust-ID: DE1235467892

▶ Auch diese Vorlage finden Sie auf unserer Website unter „Downloads".

Rechnung (s. S. 148 und 151)

Emil Rechnungssteller
Musterstrasse 1a
12345 Musterstadt

An   31. Februar 2014
Fritz Rechnungsempfänger
Meisterweg 3
12345 Musterstadt

Rechnung (Beispiel individuelle Nummer) 1 – 31.Februar.201

Sehr geehrter Herr Rechnungsempfänger,

gemäß unserer Absprache berechne ich Ihnen

für Einzelberatung in drei Sitzungen im Jan. und Feb. 2013   200,00 €

zzgl. 19 % Mwst.   32,00 €

Gesamtbetrag   **232,00 €**

Bitte überweisen Sie den Betrag auf mein umseitig genanntes Konto.

Mit freundlichen Grüßen

Unterschrift

Steuernummer des Finanzamtes Musterstadt für Emil Rechnungssteller: 32012/35678

„Fragebogen zur steuerlichen Erfassung" (ab Seite 184)

Nach den Angaben auf diesem Bogen berechnet das Finanzamt Fristen, Vorauszahlungen und mehr. Deshalb sollten Sie unbedingt realistische Angaben machen, um nicht frühzeitig hohe Vorauszahlungen leisten zu müssen.
Zeile 3: Freiberuflich Tätige machen ihre Angaben unter „selbstständige Arbeit".
Punkt 1.5: Muss nicht benannt werden.
Punkt 2.1: Ohne eigene Räume tragen Sie hier Ihre private Anschrift ein.
Punkt 2.4: Kammerzugehörigkeit: Nein.
Punkt 3.1, Zeile 128: Schätzen Sie Ihren Umsatz höher als 17.500 Euro im Jahr ein, werden Sie sofort umsatzsteuerpflichtig.
Punkt 4.: Ihre Gewinnermittlungsart ist die „Einnahmenüberschussrechnung"
Punkt 7.1: Schätzen Sie Ihren Umsatz höher als 17.500 Euro im Jahr ein, werden Sie sofort umsatzsteuerpflichtig.
Punkt 7.3: Die „Kleinunternehmer-Regelung" ermöglicht es bis zu einem Jahresumsatz, der geringer ist als 17.500 Euro, die Umsatzsteuer nicht zu berechnen. Verzichten Sie auf die „Kleinunternehmer-Regelung", müssen Sie sofort die Umsatzsteuer berechnen und natürlich gegenüber dem Finanzamt erklären und abführen, und zwar für die nächsten fünf Jahre. Mehr dazu auf Seite 145.
Punkt 7.6: Unterricht und Beratung haben den normalen Steuersatz von 19%. Ermässigt mit 7% sind Kunst, Bücher, Blumen, Lebensmittel u.a.
Punkt 7.8: Berechnen Sie die Umsatzsteuer nach „vereinnahmten Entgelten", also der „Ist-Versteuerung". Das heißt, dass nur diejenigen Einnahmen umsatzsteuerlich berücksichtigt werden, die Sie tatsächlich auch erhalten haben. Bei der „Soll-Versteuerung" wird die Umsatzsteuer bereits fällig bei Rechnungsstellung.
Punkt 7.9: Der „innergemeinschaftliche Handel" ist der Geschäftsverkehr mit Ländern der EU. Wenn Sie nur innerhalb Deutschlands tätig sind, benötigen Sie keine Umsatzsteuer-Identifikationsnummer.

Formular EÜR des Finanzamtes (ab Seite 192)

Angaben zu den einzelnen Positionen im Formular finden Sie im Kapitel 4 „Hife ich mache Gewinn?!". Bitte daran denken: Keine Buchungsbelege abgeben!

An das Finanzamt

Eingangsstempel oder -datum

1

2 Steuernummer

Fragebogen zur steuerlichen Erfassung

3 **Aufnahme einer gewerblichen, selbständigen (freiberuflichen) oder land- und forstwirtschaftlichen Tätigkeitoder einer Vermietungstätigkeit**

4 **Beteiligung an einer Personengesellschaft / -gemeinschaft**
– Bitte beantworten Sie nur die Fragen zu Abschnitt 1, Abschnitt 2 – nur Textziffer 2.7, Abschnitt 3 und Abschnitt 8 –

1. Allgemeine Angaben

1.1 Steuerpflichtige(r) / Beteiligte(r)

5 Name | Vorname

6 Ggf. Geburtsname

7 Ausgeübter Beruf | Geburtsdatum

8 Straße | Haus-Nr. | Haus-Nr.-Zusatz

9 Postleitzahl | Wohnort

10 Postleitzahl | Ort (Postfach) | Postfach

11 Identifikationsnummer | Identifikationsnummer | **Religionsschlüssel:** Evangelisch = EV Römisch-Katholisch = RK nicht kirchensteuerpflichtig = VD weitere siehe Ausfüllhilfe | Religion

1.2 Ehegatte(in) / Lebenspartner(in)

12 Name | Vorname

13 Ggf. Geburtsname

14 Ausgeübter Beruf | Geburtsdatum

15 Falls von den Zeilen 8 und 9 abweichend: Straße | Haus-Nr. | Haus-Nr.-Zusatz

16 Postleitzahl | Wohnort

17 Identifikationsnummer | Identifikationsnummer | **Religionsschlüssel:** Evangelisch = EV Römisch-Katholisch = RK nicht kirchensteuerpflichtig = VD weitere siehe Ausfüllhilfe | Religion

Stand der Ehe / Lebenspartnerschaft (Datum = TT.MM.JJJJ)

18 Verheiratet / Eingetragen seit dem | Verwitwet seit dem | Geschieden / Aufgehoben seit dem | Dauernd getrennt lebend seit dem

Kommunikationsverbindungen

Telefon:

19 Vorwahl international | Vorwahl national | Rufnummer

20 E-Mail

21 Internetadresse

Art der Tätigkeit (genaue Bezeichnung des Gewerbezweiges)

22

22a

1.3 Bankverbindung(en) für Steuererstattungen / SEPA Basislastschrift-Verfahren
Alle Steuererstattungen sollen an folgende Bankverbindung erfolgen:

23 frei IBAN

24 BIC

25

26 Geldinstitut (Name, Ort)

27 Kontoinhaber(in) laut Zeile 5

28 Ggf. abweichende(r) Kontoinhaber(in)

Steuernummer

31 **Personensteuererstattungen**
(z.B. Einkommensteuer) sollen an folgende Bankverbindung erfolgen:

32 frei

33 IBAN

34 BIC

35 Geldinstitut (Name, Ort)

36 Kontoinhaber(in) (Steuerpflichtige/r)

37 Ggf. abweichende(r) Kontoinhaber(in)

38 **Betriebssteuererstattungen**
(z.B. Umsatz-, Lohnsteuer) sollen an folgende Bankverbindung erfolgen:

39 frei

40 IBAN

41 BIC

42 Geldinstitut (Name, Ort)

43 Kontoinhaber(in) (Steuerpflichtige/r)

44 Ggf. abweichende(r) Kontoinhaber(in)

Möchten Sie am **SEPA Basislastschrift-Verfahren,** dem für beide Seiten einfachsten Zahlungsweg, teilnehmen?

45 ☐ Ja. Die ausgefüllte Teilnahmeerklärung ist beigefügt.

46 **1.4 Steuerliche Beratung** ☐ Nein ☐ Ja

47 Firma

oder

48 Name | Vorname

49 Straße | Haus-Nr. | Haus-Nr.-Zusatz

50 Postleitzahl | Ort

51 Postleitzahl | Ort (Postfach) | Postfach

Kommunikationsverbindungen
Telefon

52 Vorwahl international | Vorwahl national | Rufnummer

53 frei

54 E-Mail

55 ☐ mit Empfangsvollmacht: Die gesonderte Vollmacht ist beigefügt.

1.5 Empfangsbevollmächtigte(r) für alle Steuerarten

56 Firma

oder

57 Name | Vorname

58 Straße | Haus-Nr. | Haus-Nr.-Zusatz

59 Postleitzahl | Ort

60 Postleitzahl | Ort (Postfach) | Postfach

Steuernummer

Kommunikationsverbindungen

Telefon:

Vorwahl international | Vorwahl national | Rufnummer

61

62 frei

E-Mail

63

64 ☐ Die gesonderte **Vollmacht** ist beigefügt.

1.6 Bisherige persönliche Verhältnisse

65 Falls Sie innerhalb der letzten 12 Monate zugezogen sind:

Zugezogen am (TT.MM.JJJJ)

Straße | Haus-Nr. | Haus-Nr.-Zusatz

66

Postleitzahl | Wohnort

67

Postleitzahl | Ort (Postfach) | Postfach

68

Waren Sie (oder ggf. Ihr(e) Ehegatte(in) / Lebenspartner(in)) in den letzten drei Jahren für Zwecke der Einkommensteuer steuerlich erfasst?

69 ☐ Nein ☐ Ja

Finanzamt

70

Steuernummer

2. Angaben zur gewerblichen, selbständigen (freiberuflichen) oder land- und forstwirtschaftlichen Tätigkeit oder einer Vermietungstätigkeit

71 frei

2.1 Anschrift des Unternehmens

Bezeichnung

72

Straße | Haus-Nr. | Haus-Nr.-Zusatz

73

Postleitzahl | Ort

74

Postleitzahl | Ort (Postfach) | Postfach

75

ggf. abweichender Ort der Geschäftsleitung

Straße | Haus-Nr. | Haus-Nr.-Zusatz

76

Postleitzahl | Ort

77

Kommunikationsverbindungen

Telefon:

Vorwahl international | Vorwahl national | Rufnummer

78

79 frei

E-Mail

80

Internetadresse

81

82 **2.2 Beginn der Tätigkeit** | (TT.MM.JJJJ)

Steuernummer

2.3 Betriebsstätten

91 Werden in mehreren Gemeinden Betriebsstätten unterhalten?   Nein

lfd. Nr.   Bezeichnung

92 Ja **001**

93 Anschrift, Straße   Haus-Nr   Haus-Nr.-Zusatz

94 Postleitzahl   Ort

Telefon:
95 Vorwahl international   Vorwahl national   Rufnummer

lfd. Nr.   Bezeichnung
96 **002**

97 Anschrift, Straße   Haus-Nr   Haus-Nr.-Zusatz

98 Postleitzahl   Ort

Telefon:
99 Vorwahl international   Vorwahl national   Rufnummer

100 Bei mehr als zwei Betriebsstätten: Gesonderte Aufstellung ist beigefügt.

101 2.4 Kammerzugehörigkeit (Handwerks- / Industrie- und Handelskammer)   Ja   Nein

2.5 Handelsregistereintragung

102 Ja, seit   Nein   Eine Eintragung ist beabsichtigt.

103 Bitte Handelsregisterauszug beifügen!   Antrag beim Handelsregister gestellt

104 beim Amtsgericht   am   (TT.MM.JJJJ)

105 Ort

106 Registernummer

2.6 Gründungsform (Bitte ggf. die entsprechenden Verträge beifügen!)   (Datum = TT.MM.JJJJ)

107 Neugründung zum   Verlegung zum

108 Übernahme (z.B. Kauf, Pacht, Vererbung, Schenkung) zum   Umwandlung / Einbringung / Verschmelzung zum

109 Vorheriges Unternehmen, Firma

oder
110 Name   Vorname

111 Straße   Haus-Nr   Haus-Nr.-Zusatz

112 Postleitzahl   Ort

113 Finanzamt   Steuernummer

114 ggf. Umsatzsteuer-Identifikationsnummer

Steuernummer	

2.7 Bisherige betriebliche Verhältnisse

Ist in den letzten Jahren schon ein Gewerbe, eine selbständige (freiberufliche) oder eine land- und forstwirtschaftliche Tätigkeit ausgeübt worden oder waren Sie an einer Personengesellschaft oder innerhalb der letzten fünf Jahre zu mindestens 1% an einer Kapitalgesellschaft beteiligt?

121   Nein   Ja   Art der Tätigkeit / Beteiligung

122   Ort

123   Dauer vom   bis   (TT.MM.JJJJ)

124   Finanzamt   Steuernummer

125   ggf. Umsatzsteuer-Identifikationsnummer

3. Angaben zur Festsetzung der Vorauszahlungen (Einkommensteuer, Gewerbesteuer)

3.1 Voraussichtliche Einkünfte aus	im Jahr der Betriebseröffnung		im Folgejahr	
	Steuerpflichtige(r) EUR	Ehegatte(in) / Lebenspartner(in) EUR	Steuerpflichtige(r) EUR	Ehegatte(in) / Lebenspartner(in) EUR
126 Land- und Forstwirtschaft				
127 Gewerbebetrieb				
128 Selbständiger Arbeit				
129 Nichtselbständiger Arbeit				
130 Kapitalvermögen				
131 Vermietung und Verpachtung				
132 Sonstigen Einkünften (z. B. Renten)				
3.2 Voraussichtliche Höhe der				
133 Sonderausgaben				
134 Steuerabzugsbeträge				

4. Angaben zur Gewinnermittlung

135 Gewinnermittlungsart   Einnahmenüberschussrechnung

136   Vermögensvergleich (Bilanz)   Eröffnungsbilanz   liegt bei.   wird nachgereicht.

137   Gewinnermittlung nach Durchschnittssätzen (nur bei Land- und Forstwirtschaft)

137a   Sonstige (z. B. § 5a EStG)

Liegt ein vom Kalenderjahr abweichendes Wirtschaftsjahr vor?

138   Nein   Ja,   Beginn   (TT.MM.JJJJ)

5. Freistellungsbescheinigung gemäß § 48b Einkommensteuergesetz (EStG) (ABauabzugsteuer")

Das Merkblatt zum Steuerabzug bei Bauleistungen steht Ihnen im Internet unter www.bzst.de zum Download zur Verfügung. Sie können es aber auch bei Ihrem Finanzamt erhalten.

139   Ich beantrage die Erteilung einer Bescheinigung zur Freistellung vom Steuerabzug bei Bauleistungen gemäß § 48b EStG.

6. Angaben zur Anmeldung und Abführung der Lohnsteuer

140 Zahl der Arbeitnehmer (einschließlich Aushilfskräfte)   Insgesamt   a) davon Familien- angehörige   b) davon geringfügig Beschäftigte

141 Beginn der Lohnzahlungen   (TT.MM.JJJJ)

142 Anmeldungszeitraum (voraussichtliche Lohnsteuer im Kalenderjahr)   **monatlich** (mehr als 4 000 EUR)   **vierteljährlich** (mehr als 1 000 EUR)   **jährlich** (nicht mehr als 1 000 EUR)

2013FsEEU015NET   2013FsEEU015NET

Steuernummer

Die für die Lohnberechnung maßgebenden Lohnbestandteile werden zusammengefasst im Betrieb / Betriebsteil:

151 Bezeichnung

152 Straße   Haus-Nr.   Haus-Nr.-Zusatz

153 Postleitzahl   Ort

7. Angaben zur Anmeldung und Abführung der Umsatzsteuer

7.1 Summe der Umsätze (geschätzt)   im Jahr der Betriebseröffnung   im Folgejahr
       EUR   EUR

154

7.2 Geschäftsveräußerung im Ganzen (§ 1 Abs. 1a Umsatzsteuergesetz (UStG))

Es wurde ein Unternehmen oder ein in der Gliederung eines Unternehmens gesondert geführter Betrieb erworben:

155   Nein   Ja   (siehe Eintragungen zu Tz. 2.6 Übernahme)

7.3 Kleinunternehmer-Regelung

156   Der auf das Kalenderjahr hochgerechnete Gesamtumsatz wird die Grenze von 17.500 EUR voraussichtlich nicht überschreiten. Es wird die Kleinunternehmer-Regelung (§ 19 Abs. 1 UStG) in Anspruch genommen.
In Rechnungen wird keine Umsatzsteuer gesondert ausgewiesen und es kann kein Vorsteuerabzug geltend gemacht werden.

Hinweis: Angaben zu Tz. 7.8 sind nicht erforderlich; Umsatzsteuer-Voranmeldungen sind grundsätzlich nicht zu übermitteln.

157   Der auf das Kalenderjahr hochgerechnete Gesamtumsatz wird die Grenze von 17.500 EUR voraussichtlich nicht überschreiten. Es wird auf die Anwendung der Kleinunternehmer-Regelung verzichtet.
Die Besteuerung erfolgt nach den allgemeinen Vorschriften des Umsatzsteuergesetzes **für mindestens fünf Kalenderjahre** (§ 19 Abs. 2 UStG); Umsatzsteuer-Voranmeldungen sind monatlich in elektronischer Form zu übermitteln.

7.4 Organschaft (§ 2 Abs. 2 Nr. 2 UStG)

158   Ich bin Organträger folgender Organgesellschaft:

159 Firma

160 Straße   Haus-Nr.   Haus-Nr.-Zusatz

161 Postleitzahl   Ort

162 Postleitzahl   Ort (Postfach)   Postfach

163 Rechtsform

164 Beteiligungsverhältnis (Bruchteil)   /

165 Finanzamt   Steuernummer

166 ggf. Umsatzsteuer-Identifikationsnummer

Hinweis: Weitere organschaftliche Verbindungen bitte in einer Anlage (formlos) mitteilen.

7.5 Steuerbefreiung

Es werden ganz oder teilweise steuerfreie Umsätze gem. § 4 UStG ausgeführt:

167   Nein   Ja   Art des Umsatzes / der Tätigkeit   (§4Nr.   UStG)

7.6 Steuersatz

Es werden Umsätze ausgeführt, die ganz oder teilweise dem ermäßigten Steuersatz gem. § 12 Abs. 2 UStG unterliegen:

168   Nein   Ja   Art des Umsatzes / der Tätigkeit   (§ 12 Abs. 2 Nr.   UStG)

7.7 Durchschnittssatzbesteuerung

Es werden ganz oder teilweise Umsätze ausgeführt, die der Durchschnittssatzbesteuerung gem. § 24 UStG unterliegen:

169   Nein   Ja   Art des Umsatzes / der Tätigkeit   (§ 24 Abs. 1 Nr.   UStG)

Steuernummer

7.8 Soll- / Istversteuerung der Entgelte

171   Ich berechne die Umsatzsteuer nach   ☐ vereinbarten Entgelten **(Sollversteuerung).**

172   ☐ vereinnahmten Entgelten. Ich beantrage hiermit die **Istversteuerung,** weil

173   ☐ der Gesamtumsatz für das Gründungsjahr voraussichtlich nicht mehr als 500.000 EUR betragen wird.

174   ☐ ich von der Verpflichtung, Bücher zu führen und auf Grund jährlicher Bestandsaufnahmen regelmäßig Abschlüsse zu machen, nach § 148 der Abgabenordnung befreit bin.

175   ☐ ich Umsätze ausführe, für die ich als Angehöriger eines freien Berufs im Sinne von § 18 Abs. 1 Nr. 1 des Einkommensteuergesetzes weder buchführungspflichtig bin noch freiwillig Bücher führe.

7.9 Umsatzsteuer-Identifikationsnummer

176   ☐ Ich **benötige** für die Teilnahme am innergemeinschaftlichen Waren- und Dienstleistungsverkehr eine Umsatzsteuer- Identifikations-nummer (USt-IdNr.).

    Hinweis: Bei Vorliegen einer Organschaft ist die USt-IdNr. der Organgesellschaft vom Organträger zu beantragen.

177   ☐ Ich **habe bereits** für eine frühere Tätigkeit folgende USt-IdNr. erhalten:

178   USt-IdNr.   Vergabedatum: (TT.MM.JJJJ)

8. Angaben zur Beteiligung an einer Personengesellschaft/- gemeinschaft

179   Bezeichnung der Gesellschaft / Gemeinschaft

180   Straße   Haus-Nr.   Haus-Nr.-Zusatz

181   Postleitzahl   Ort

182   Postleitzahl   Ort (Postfach)   Postfach

183   Finanzamt   Steuernummer

(Fügen Sie bitte eine Kopie des Gesellschaftsvertrags bei!)

Hinweis: Die mit diesem Fragebogen angeforderten Daten werden aufgrund der §§ 85, 88, 90, 93 und 97 der Abgabenordnung (AO) erhoben.

184   Ort, Datum   Unterschrift des / der Steuerpflichtigen und ggf. des / der Ehegatten(in) bzw. des / der Lebens-partners(in) bzw. des(der) Vertreter(s) oder Bevollmächtigten

Steuernummer	

191 Anlagen: ☐ Teilnahmeerklärung für das SEPA Basislastschrift-Verfahren (Tz. 1.3)

192 ☐ Empfangsvollmacht (Tz. 1.4/1.5)

193 ☐ Aufstellung über Betriebsstätten (Tz. 2.3)

194 ☐ Handelsregisterauszug (Tz. 2.5)

195 ☐ Verträge bei Übernahme bzw. Umwandlung (Tz. 2.6)

196 ☐ Eröffnungsbilanz (Tz. 4)

197 ☐ Weitere organschaftliche Verbindungen (Tz. 7.4)

198 ☐ Gesellschaftsvertrag (Tz. 8)

199 ☐

Finanzamt

2013

Name/Gesellschaft/Gemeinschaft/Körperschaft

1

Vorname

2

Anlage EÜR

Bitte für jeden Betrieb eine
gesonderte Anlage EÜR einreichen!

3 (Betriebs-)Steuernummer

77 | 13 | 1

99 | 15

Einnahmenüberschussrechnung
nach § 4 Abs. 3 EStG für das Kalenderjahr 2013   Beginn   Ende

4   **davon abweichend**   131   2 0 1 3   132

Art des Betriebs   Zuordnung zur Einkunfts-
art (siehe Anleitung)

5   100   105

Rechtsform des Betriebs

6

7 Wurde im Kalenderjahr/Wirtschaftsjahr der Betrieb veräußert oder aufgegeben? (Bitte Zeile 76 beachten)   111   Ja = 1

8 Wurden im Kalenderjahr/Wirtschaftsjahr Grundstücke/grundstücksgleiche Rechte entnommen oder veräußert?   120   Ja = 1 oder Nein = 2

1. Gewinnermittlung
Betriebseinnahmen   EUR   99 | 20   Ct

9 Betriebseinnahmen als umsatzsteuerlicher **Kleinunternehmer** (nach § 19 Abs. 1 UStG)   111

10 davon nicht steuerbare Umsätze sowie Umsätze nach § 19 Abs. 3 Satz 1 Nr. 1   119   *(weiter ab Zeile 15)* und 2 UStG

11 Betriebseinnahmen als **Land- und Forstwirt**, soweit die Durchschnittssatz-besteuerung nach § 24 UStG angewandt wird   104

12 Umsatzsteuerpflichtige Betriebseinnahmen   112

13 Umsatzsteuerfreie, nicht umsatzsteuerbare Betriebseinnahmen sowie Betriebsein-nahmen, für die der Leistungsempfänger die Umsatzsteuer nach § 13b UStG schuldet   103

14 Vereinnahmte Umsatzsteuer sowie Umsatzsteuer auf unentgeltliche Wertabgaben   140

15 Vom Finanzamt erstattete und ggf. verrechnete Umsatzsteuer   141

16 Veräußerung oder Entnahme von Anlagevermögen   102

17 Private Kfz-Nutzung   106

18 Sonstige Sach-, Nutzungs- und Leistungsentnahmen   108

19 Auflösung von Rücklagen und Ausgleichsposten (Übertrag aus Zeile 86)   159

20 **Summe Betriebseinnahmen** (Übertrag in Zeile 71)   159

Betriebsausgaben   EUR   99 | 25   Ct

21 Betriebsausgabenpauschale **für bestimmte Berufsgruppen** und/oder Freibetrag nach § 3 Nr. 26, 26a und/oder 26b EStG   190

22 Sachliche Bebauungskostenpauschale für **Weinbaubetriebe/** Betriebsausgabenpauschale für **Forstwirte**   191

23 Waren, Rohstoffe und Hilfsstoffe einschl. der Nebenkosten   100

24 Bezogene Fremdleistungen   110

25 Ausgaben für eigenes Personal (z. B. Gehälter, Löhne und Versicherungsbeiträge)   120

Absetzung für Abnutzung (AfA)

26 AfA auf unbewegliche Wirtschaftsgüter (ohne AfA für das häusliche Arbeitszimmer)   136

27 AfA auf immaterielle Wirtschaftsgüter (z. B. erworbene Firmen-, Geschäfts- oder Praxiswerte)   131

28 AfA auf bewegliche Wirtschaftsgüter (z. B. Maschinen, Kfz)   130

Übertrag (Summe Zeilen 21 bis 28)

2013AnlEÜR801   – Juni 2013 –   2013AnlEÜR801

(Betriebs-)Steuernummer

		EUR	Ct
Übertrag (Summe Zeilen 21 bis 28)		. . ,	

			EUR		Ct
31	Sonderabschreibungen nach § 7g EStG	134	.	.	,
32	Herabsetzungsbeträge nach § 7g Abs. 2 EStG (Erläuterungen auf gesondertem Blatt)	138	.	.	,
33	Aufwendungen für geringwertige Wirtschaftsgüter nach § 6 Abs. 2 EStG	132	.	.	,
34	Auflösung Sammelposten nach § 6 Abs. 2a EStG	137	.	.	,
35	Restbuchwert der ausgeschiedenen Anlagegüter	135	.	.	,

Raumkosten und sonstige Grundstücksaufwendungen
(ohne häusliches Arbeitszimmer)

			EUR		Ct
36	Miete/Pacht für Geschäftsräume und betrieblich genutzte Grundstücke	150	.	.	,
37	Miete/Aufwendungen für doppelte Haushaltsführung	152	.	.	,
38	Sonstige Aufwendungen für betrieblich genutzte Grundstücke (ohne Schuldzinsen und AfA)	151	.	.	,

Sonstige unbeschränkt abziehbare Betriebsausgaben

			EUR		Ct
39	Aufwendungen für Telekommunikation (z. B. Telefon, Internet)	280	.	.	,
40	Übernachtungs- und Reisenebenkosten bei Geschäftsreisen des Steuerpflichtigen	221	.	.	,
41	Fortbildungskosten (ohne Reisekosten)	281	.	.	,
42	Rechts- und Steuerberatung, Buchführung	194	.	.	,
43	Miete/Leasing für bewegliche Wirtschaftsgüter (ohne Kraftfahrzeuge)	222	.	.	,
44	Beiträge, Gebühren, Abgaben und Versicherungen (ohne solche für Gebäude und Kraftfahrzeuge)	223	.	.	,
45	Werbekosten (z. B. Inserate, Werbespots, Plakate)	224	.	.	,
46	Schuldzinsen zur Finanzierung von Anschaffungs- und Herstellungskosten von Wirtschaftsgütern des Anlagevermögens (ohne häusliches Arbeitszimmer)	232	.	.	,
47	Übrige Schuldzinsen	234	.	.	,
48	Gezahlte Vorsteuerbeträge	185	.	.	,
49	An das Finanzamt gezahlte und ggf. verrechnete Umsatzsteuer (Die Regelung zum 10-Tageszeitraum nach § 11 Abs. 2 Satz 2 EStG ist zu beachten)	186	.	.	,
50	Rücklagen, stille Reserven und/oder Ausgleichsposten (Übertrag aus Zeile 86)		.	.	,
51	Übrige unbeschränkt abziehbare Betriebsausgaben	183	.	.	,

Beschränkt abziehbare Betriebsausgaben und Gewerbesteuer		nicht abziehbar EUR		Ct		abziehbar EUR		Ct
52	Geschenke	164	. .	,	174	.	.	,
53	Bewirtungsaufwendungen	165	. .	,	175	.	.	,
54	Verpflegungsmehraufwendungen				171	.	.	,
55	Aufwendungen für ein häusliches Arbeitszimmer (einschl. AfA und Schuldzinsen)	162	. .	,	172	.	.	,
56	Sonstige beschränkt abziehbare Betriebsausgaben	168	. .	,	177	.	.	,
57	Gewerbesteuer	217	. .	,	218	.	.	,

Kraftfahrzeugkosten und andere Fahrtkosten

			EUR		Ct
58	Leasingkosten	144	.	.	,
59	Steuern, Versicherungen und Maut	145	.	.	,
60	Sonstige tatsächliche Fahrtkosten ohne AfA und Zinsen (z. B. Reparaturen, Wartungen, Treibstoff, Kosten für Flugstrecken, Kosten für öffentliche Verkehrsmittel)	146	.	.	,
61	Fahrtkosten für nicht zum Betriebsvermögen gehörende Fahrzeuge (Nutzungseinlage)	147	.	.	,
62	Kraftfahrzeugkosten für Wege zwischen Wohnung und Betriebsstätte; Familienheimfahrten (pauschaliert oder tatsächlich)	142 −	.	.	,
63	Mindestens abziehbare Kraftfahrzeugkosten für Wege zwischen Wohnung und Betriebsstätte (Entfernungspauschale); Familienheimfahrten	176 +	.	.	,
64	**Summe Betriebsausgaben** (Übertrag in Zeile 72)	199	.	.	,

2013AnlEÜR802   2013AnlEÜR802

(Betriebs-)Steuernummer

Ermittlung des Gewinns

EUR | Ct

Zeile	Beschreibung	Kennziffer	
71	Summe der Betriebseinnahmen (Übertrag aus Zeile 20)		
72	abzüglich Summe der Betriebsausgaben (Übertrag aus Zeile 64)	—	
	zuzüglich		
73	– Hinzurechnung der Investitionsabzugsbeträge nach § 7g Abs. 2 EStG (Erläuterungen auf gesondertem Blatt)	188 +	
74	– Gewinnzuschlag nach § 6b Abs. 7 und 10 EStG	123 +	
	abzüglich		
75	– Investitionsabzugsbeträge nach § 7g Abs. 1 EStG (Erläuterungen auf gesondertem Blatt)	187 —	
76	Hinzurechnungen und Abrechnungen bei Wechsel der Gewinnermittlungsart (Erläuterungen auf gesondertem Blatt)	250	
77	Ergebnisanteile aus Beteiligungen an Personengesellschaften	255	
78	Korrigierter Gewinn/Verlust	290	

Zeile	Beschreibung		Gesamtbetrag		Korrekturbetrag
79	Bereits berücksichtigte Beträge, für die das Teileinkünfteverfahren bzw. § 8b KStG gilt	261		262	
80	Steuerpflichtiger Gewinn/Verlust vor Anwendung des § 4 Abs. 4a EStG		293		
81	Hinzurechnungsbetrag nach § 4 Abs. 4a EStG		271 +		
82	**Steuerpflichtiger Gewinn/Verlust**		219		

2. Ergänzende Angaben

99 | 27

Rücklagen und stille Reserven
(Erläuterungen auf gesondertem Blatt)

Zeile	Beschreibung		Bildung/Übertragung EUR	Ct	Auflösung EUR	Ct
83	Rücklagen nach § 6c i. V. m. § 6b EStG, R 6.6 EStR	187		120		
84	Übertragung von stillen Reserven nach § 6c i. V. m. § 6b EStG, R 6.6 EStR	170				
85	Ausgleichsposten nach § 4g EStG	191		125		
86	Gesamtsumme	190		124		
			(Übertrag in Zeile 50)		(Übertrag in Zeile 19)	

3. Zusätzliche Angaben bei Einzelunternehmen

99 | 29

Entnahmen und Einlagen i. S. d. § 4 Abs. 4a EStG

EUR | Ct

Zeile	Beschreibung	Kennziffer	
87	Entnahmen einschl. Sach-, Leistungs- und Nutzungsentnahmen	122	
88	Einlagen einschl. Sach-, Leistungs- und Nutzungseinlagen	123	

Arbeitsvertrag

Zwischen _____ (nachfolgend Arbeitgeber genannt)

und _____ (nachfolgend Angestellte/r genannt)

wird folgender Arbeitsvertrag abgeschlossen:

§ 1 Beginn des Anstellungsverhältnisses und Tätigkeit
Das Arbeitsverhältnis beginnt am _____ für die Tätigkeit als _____ .
Der Arbeitgeber ist berechtigt, der/dem Angestellten eine andere ihren/seinen
Fähigkeiten entsprechende gleichwertige und gleich bezahlte Tätigkeit zuzuweisen.

§ 2 Probezeit
1. Der Anstellungsvertrag wird auf unbestimmte Zeit abgeschlossen.
2. Die ersten sechs Monate gelten als Probezeit. Während der Probezeit kann
   das Angestelltenverhältnis beiderseits mit einer Frist von einem Monat zum
   Monatsende gekündigt werden.

§ 3 Beendigung des Angestelltenverhältnisses
1. Nach Ablauf der Probezeit gelten für beide Seiten die gesetzlichen Kündi-
   gungsfristen.
2. Die Kündigung bedarf der Schriftform.
3. Ohne Kündigung endet das Angestelltenverhältnis mit dem Ablauf des 65./63.
   Lebensjahres.

§ 4 Gehalt
1. Die/Der Angestellte erhält für ihre Tätigkeit ein Gehalt in Höhe von _____ Euro.
2. Das monatliche Bruttogehalt wird jeweils am Ersten des folgenden Monats fällig.
3. Die Zahlung des Gehalts erfolgt bargeldlos auf ein von der/dem Angestellten
   einzurichtendes Bank-, Sparkassen- oder Postgirokonto.

§ 5 Gratifikation
1. Die/Der Angestellte erhält eine freiwillige, jederzeit widerrufliche Gratifikation
   in Höhe von _____ Euro.
2. Auf die Gratifikation besteht auch nach wiederholter Zahlung kein Rechts-
   anspruch.
3. Voraussetzung für die Zahlung der Gratifikation ist, dass am Auszahlungstag
   (z.B. 1.7. oder 1.12.) ein ungekündigtes Arbeitsverhältnis auf unbestimmte Zeit
   besteht, es sei denn, dass das Arbeitsverhältnis aus betriebsbedingten oder
   aus personenbedingten, von der/dem Angestellten nicht zu vertretenden
   Gründen gekündigt wurde.

§ 6 Arbeitszeit

1. Die regelmäßige Arbeitszeit beträgt derzeit _____ Stunden wöchentlich. Sie richtet sich nach den gesetzlichen Bestimmungen und nach der im Betrieb für die Angestellten üblichen Arbeitszeit.
2. Beginn und Ende der tägliche Arbeitszeit richten sich nach der Übung des Betriebs.
3. Die/Der Angestellte ist verpflichtet, im gesetzlich zulässigen Rahmen Samstag-/Sonntag-/Mehr- oder Überarbeit zu leisten.
4. Über- und Mehrarbeitsstunden werden in Freizeit ausgeglichen.
5. Über- oder Mehrarbeitsstunden werden nur in Freizeit ausgeglichen, wenn sie ausdrücklich angeordnet oder vereinbart wurden oder wenn sie wegen dringlicher betrieblicher Interessen erforderlich waren und die/der Angestellte Anfang und Ende spätestens am nächsten Tag dem Arbeitgeber schriftlich mitteilt.

§ 7 Urlaub

1. Der Urlaubsanspruch beträgt (mindestens 24 Tage bei Vollzeit) _____ Arbeitstage. Im Kalenderjahr des Beginns und des Endes des Arbeitsverhältnisses wird für jeden Monat, in dem das Arbeitsverhältnis mindestens 15 Kalendertage bestand, 1/12 des Jahresurlaubs gewährt.
2. Der Urlaub wird in Abstimmung mit dem Arbeitgeber festgelegt.

§ 8 Arbeitsverhinderung/Krankheit

1. Jede Arbeitsverhinderung infolge Krankheit oder aus anderen Gründen ist dem Arbeitgeber unverzüglich anzuzeigen.
2. Bei Arbeitsunfähigkeit infolge Krankheit ist vor Ablauf des dritten Kalendertages nach Beginn der Arbeitsunfähigkeit eine ärztliche Bescheinigung über die Arbeitsunfähigkeit sowie deren voraussichtliche Dauer vorzulegen. Dauert die Arbeitsunfähigkeit länger als in der Bescheinigung angegeben, so ist innerhalb von drei Tagen eine neue ärztliche Bescheinigung einzureichen.

§ 9 Nebenabreden/Vertragsänderungen

1. Nebenabreden und Vertragsänderungen bedürfen zu ihrer Rechtswirksamkeit der Schriftform. Dieses Formerfordernis kann weder mündlich noch stillschweigend abbedungen werden.

Ort, Datum, Unterschriften: Arbeitgeber   Angestellte/r

▶ Auch diese Vorlage für einen Arbeitsvertrag und den Honorarvertrag auf der folgenden Seite finden Sie auf der Website www.leitfaden-online.de unter „Downloads".

Honorarvertrag

Zwischen (Vor- und Zuname, Anschrift)
– nachfolgend Auftraggeber/in genannt –

und

(Vor- und Zuname, Anschrift)
– nachfolgend freie/r Mitarbeiter/in genannt –

1. Tätigkeit der freien Mitarbeit: _____
2. Das Vertragsverhältnis beginnt am _____. Das Vertragsverhältnis wird nach Abschluss der unter 1. genannten Tätigkeit beendet, ohne dass es einer besonderen Kündigung bedarf. Ein festes Anstellungsverhältnis wollen die Vertragspartner nicht begründen.
3. Der Auftraggeber honoriert die Arbeitsstunde (45/60 Minuten) mit _____ Euro je tatsächlich geleisteter Arbeitsstunde.
4. Das oben genannte Honorar ist die Vergütung für sämtliche Kosten. Falls nichts anderes vereinbart wurde, sind Vor- und Nachbereitung, An- und Abreisezeiten und Reisekosten in dem Honorar enthalten.
5. Soweit für eine nebenberufliche Tätigkeit der/des freien Mitarbeiters/in beim Auftraggeber die Genehmigung Dritter erforderlich ist, ist die/der freie Mitarbeiter/in für die rechtzeitige und ordnungsgemäße Erledigung selbst verantwortlich.
6. Der/dem freien Mitarbeiter/in obliegt die Verpflichtung, die Einkünfte aus dem Honorarvertrag beim zuständigen Finanzamt anzumelden und die Steuern (Einkommen-, ggf. Kirchen- und Umsatzsteuer) für das ihr/ihm gezahlte Honorar selbst zu entrichten sowie bei bestehender Sozialversicherungspflicht die erforderlichen Meldungen selbst ordnungsgemäß vorzunehmen und die gesetzlichen Beiträge abzuführen.
7. Der/Die freie Mitarbeiter/in verpflichtet sich zur Geheimhaltung aller Geschäftsvorfälle.
8. Ansprüche der/des freien Mitarbeiters/in aus diesem Vertrag müssen innerhalb einer Frist von sechs Monaten seit ihrem Entstehen, im Falle einer Beendigung des Vertragsverhältnisses jedoch spätestens zwei Monate nach Vertragsablauf schriftlich geltend gemacht werden.
9. Mündliche Abreden haben neben diesem Vertrag keine Gültigkeit. Nebenabreden bestehen nicht. Änderungen des Vertrages bedürfen der Schriftform.
10. Die Honorarkraft ist bei der Auftragsvorbereitung und der Auftragsdurchführung nicht weisungsgebunden.

Ort, Datum, Unterschriften: Auftraggeber/in   freie/r Mitarbeiter/in

Telemediengesetz

„Telemediengesetz vom 26. Februar 2007 (BGBl. I S. 179), zuletzt geändert durch Artikel 2 des Gesetzes vom 31. Mai 2010 (BGBl. I S. 692)"

§ 1 Anwendungsbereich

(1) Dieses Gesetz gilt für alle elektronischen Informations- und Kommunikationsdienste, soweit sie nicht Telekommunikationsdienste nach § 3 Nr. 24 des Telekommunikationsgesetzes, die ganz in der Übertragung von Signalen über Telekommunikationsnetze bestehen, telekommunikationsgestützte Dienste nach § 3 Nr. 25 des Telekommunikationsgesetzes oder Rundfunk nach § 2 des Rundfunkstaatsvertrages sind (Telemedien). Dieses Gesetz gilt für alle Anbieter einschließlich der öffentlichen Stellen unabhängig davon, ob für die Nutzung ein Entgelt erhoben wird.

§ 2 Begriffsbestimmungen

Im Sinne dieses Gesetzes

1. ist Diensteanbieter jede natürliche oder juristische Person, die eigene oder fremde Telemedien zur Nutzung bereithält oder den Zugang zur Nutzung vermittelt,
2. ist niedergelassener Diensteanbieter jeder Anbieter, der mittels einer festen Einrichtung auf unbestimmte Zeit Telemedien geschäftsmäßig anbietet oder erbringt; der Standort der technischen Einrichtung allein begründet keine Niederlassung des Anbieters,
3. ist Nutzer jede natürliche oder juristische Person, die Telemedien nutzt, insbesondere um Informationen zu erlangen oder zugänglich zu machen,
4. sind Verteildienste Telemedien, die im Wege einer Übertragung von Daten ohne individuelle Anforderung gleichzeitig für eine unbegrenzte Anzahl von Nutzern erbracht werden,
5. ist kommerzielle Kommunikation jede Form der Kommunikation, die der unmittelbaren oder mittelbaren Förderung des Absatzes von Waren, Dienstleistungen oder des Erscheinungsbilds eines Unternehmens, einer sonstigen Organisation oder einer natürlichen Person dient, die eine Tätigkeit im Handel, Gewerbe oder Handwerk oder einen freien Beruf ausübt; die Übermittlung der folgenden Angaben stellt als solche keine Form der kommerziellen Kommunikation dar:
   a) Angaben, die unmittelbaren Zugang zur Tätigkeit des Unternehmens oder der Organisation oder Person ermöglichen, wie insbesondere ein Domain-Name oder eine Adresse der elektronischen Post,
   b) Angaben in Bezug auf Waren und Dienstleistungen oder das Erscheinungsbild eines Unternehmens, einer Organisation oder Person, die unabhängig und insbesondere ohne finanzielle Gegenleistung gemacht werden.

Einer juristischen Person steht eine Personengesellschaft gleich, die mit der Fähigkeit ausgestattet ist, Rechte zu erwerben und Verbindlichkeiten einzugehen.

§ 4 Zulassungsfreiheit
Telemedien sind im Rahmen der Gesetze zulassungs- und anmeldefrei.

§ 5 Allgemeine Informationspflichten
(1) Diensteanbieter haben für geschäftsmäßige, in der Regel gegen Entgelt angebotene Telemedien folgende Informationen leicht erkennbar, unmittelbar erreichbar und ständig verfügbar zu halten:

1. den Namen und die Anschrift, unter der sie niedergelassen sind, bei juristischen Personen zusätzlich die Rechtsform, den Vertretungsberechtigten und, sofern Angaben über das Kapital der Gesellschaft gemacht werden, das Stamm- oder Grundkapital sowie, wenn nicht alle in Geld zu leistenden Einlagen eingezahlt sind, der Gesamtbetrag der ausstehenden Einlagen,

2. Angaben, die eine schnelle elektronische Kontaktaufnahme und unmittelbare Kommunikation mit ihnen ermöglichen, einschließlich der Adresse der elektronischen Post,

3. soweit der Dienst im Rahmen einer Tätigkeit angeboten oder erbracht wird, die der behördlichen Zulassung bedarf, Angaben zur zuständigen Aufsichtsbehörde,

4. das Handelsregister, Vereinsregister, Partnerschaftsregister oder Genossenschaftsregister, in das sie eingetragen sind, und die entsprechende Registernummer,

5. soweit der Dienst in Ausübung eines Berufs im Sinne von Artikel 1 Buchstabe d der Richtlinie 89/48/EWG des Rates vom 21. Dezember 1988 über eine allgemeine Regelung zur Anerkennung der Hochschuldiplome, die eine mindestens dreijährige Berufsausbildung abschließen (ABl. EG Nr. L 19 S. 16), oder im Sinne von Artikel 1 Buchstabe f der Richtlinie 92/51/EWG des Rates vom 18. Juni 1992 über eine zweite allgemeine Regelung zur Anerkennung beruflicher Befähigungsnachweise in Ergänzung zur Richtlinie 89/48/EWG (ABl. EG Nr. L 209 S. 25, 1995 Nr. L 17 S. 20), zuletzt geändert durch die Richtlinie 97/38/EG der Kommission vom 20. Juni 1997 (ABl. EG Nr. L 184 S. 31), angeboten oder erbracht wird, Angaben über
   a) die Kammer, welcher die Diensteanbieter angehören,
   b) die gesetzliche Berufsbezeichnung und den Staat, in dem die Berufsbezeichnung verliehen worden ist,
   c) die Bezeichnung der berufsrechtlichen Regelungen und dazu, wie diese zugänglich sind,

6. in Fällen, in denen sie eine Umsatzsteueridentifikationsnummer nach § 27a des Umsatzsteuergesetzes oder eine Wirtschafts-Identifikationsnummer nach § 139c der Abgabenordnung besitzen, die Angabe dieser Nummer,

7. bei Aktiengesellschaften, Kommanditgesellschaften auf Aktien und Gesellschaften mit beschränkter Haftung, die sich in Abwicklung oder Liquidation befinden, die Angabe hierüber.

(2) Weitergehende Informationspflichten nach anderen Rechtsvorschriften bleiben unberührt.

§ 6 Besondere Informationspflichten bei kommerziellen Kommunikationen
(1) Diensteanbieter haben bei kommerziellen Kommunikationen, die Telemedien oder Bestandteile von Telemedien sind, mindestens die folgenden Voraussetzungen zu beachten:
1. Kommerzielle Kommunikationen müssen klar als solche zu erkennen sein.
2. Die natürliche oder juristische Person, in deren Auftrag kommerzielle Kommunikationen erfolgen, muss klar identifizierbar sein.
3. Angebote zur Verkaufsförderung wie Preisnachlässe, Zugaben und Geschenke müssen klar als solche erkennbar sein, und die Bedingungen für ihre Inanspruchnahme müssen leicht zugänglich sein sowie klar und unzweideutig angegeben werden.
4. Preisausschreiben oder Gewinnspiele mit Werbecharakter müssen klar als solche erkennbar und die Teilnahmebedingungen leicht zugänglich sein sowie klar und unzweideutig angegeben werden.

(2) Werden kommerzielle Kommunikationen per elektronischer Post versandt, darf in der Kopf- und Betreffzeile weder der Absender noch der kommerzielle Charakter der Nachricht verschleiert oder verheimlicht werden. Ein Verschleiern oder Verheimlichen liegt dann vor, wenn die Kopf- und Betreffzeile absichtlich so gestaltet sind, dass der Empfänger vor Einsichtnahme in den Inhalt der Kommunikation keine oder irreführende Informationen über die tatsächliche Identität des Absenders oder den kommerziellen Charakter der Nachricht erhält.

(3) Die Vorschriften des Gesetzes gegen den unlauteren Wettbewerb bleiben unberührt.
....

Über den Autor

Thomas Bannenberg

Autor und Herausgeber des Buches „Der Leitfaden", Berater für Verbände und freie Gesundheitsberufe, KursleiterInnen und Beratende in den Lebenskünsten. Er studierte Soziologie, Pädagogik, Psychologie, Sozialpädagogik und später noch Betriebswirtschaft, vielfältige Erwerbs- und Berufstätigkeiten.

Lebt und arbeitet in Heidelberg, seit 1986 selbstständig als Yogalehrer und Berater, leitete u.a. sechs Jahre eine verhaltenstherapeutische Praxis und gründete drei weitere erfolgreiche Unternehmen, zuletzt ein Institut für qualitative Markt- und Sozialforschung.

Heute berät Thomas Bannenberg in allen Fragen der Betriebsführung und des Marketings – von der Gründung bis zur kontinuierlich erfolgreichen Selbstständigkeit. Er ist tätig als Berater für Verbände und Institutionen zu Leitbild- und Konzept-Entwicklung und zu strategischer Organisations-Entwicklung.

Als Moderator und Impulsgeber leitet er Workshops und vermittelt durch Konflikt-Moderation.

Für Verbände und Ausbildungsschulen bietet er Mitgliederberatung und Seminare an zu Marketing, Finanzplanung und Existenzgründung (auch ausbildungsbegleitend).

Thomas Bannenberg leitet die international tätige Kinderyoga-Akademie (www.kinderyoga-akademie.de), die unter anderem alle zwei Jahre die Heidelberger Kinderyoga-Konferenz durchführt, und ist Webmaster von www.kinderyoga.de.

Mehr auf www.bannenberg.de

> Sie interessieren sich für eine Beratung oder Moderation von Thomas Bannenberg?
>
> Schreiben Sie einfach eine eMail oder rufen Sie an!
> Das Motto seiner Beratung: „Fragen kostet nix!". Wenn die Antwort zeitaufwändig sein sollte, so erfahren Sie zuerst, wieviel Ihnen an Kosten entstehen, minutengenau. Erst dann entscheiden Sie, ob Sie die Beratung in Anspruch nehmen möchten. Zahlbar gegen Rechnung mit 30 Tagen Zahlungsziel. Transparenz ist uns wichtig.
>
> Schreiben Sie an info@bannenberg.de oder rufen Sie an: 06221 – 80 55 05

Inhaltsverzeichnis